吉林人民出版社

简体字本二十六史

辽史

卷一——卷五一

（一）

［元］ 脱 脱 等 撰

宋德金等 标点

目 录

辽史卷一
本纪第一

太祖上

太祖大圣大明神烈天皇帝,姓耶律氏,讳亿,字阿保机,小字啜里只,契丹迭剌部霞濑益石烈卿耶律弥里人。德祖皇帝长子,母曰宣简皇后萧氏。唐咸通十三年生。初,母梦日堕怀中,有娠。及生,室有神光异香,体如三岁儿,即能匍匐。祖母简献皇后异之,鞠为己子,常匿于别幕,涂其面,不令他人见。三月能行,晬而能言,知未然事。自谓左右若有神人翼卫。虽龆龀,言必及世务。时伯父当国,疑辄咨焉。既长,身长九尺,丰上锐下,目光射人,关弓三百斤。为挞马狘沙里。时小黄室韦不附,太祖以计降之。伐越兀及乌古、六奚、比沙狘诸部,克之。国人号阿主沙里。

唐天复元年,岁辛酉,痕德堇可汗立,以太祖为本部夷离堇,专征讨,连破室韦、于厥及奚帅辖剌哥,俘获甚众。冬十月,授大迭烈府夷离堇。

明年秋七月,以兵四十万伐河东伐北,攻下九郡,获生口九万五千,驼马牛羊不可胜纪。九月,城龙化州于潢河之南,始建开教寺。

明年春,伐女直,下之,获其户三百。九月,复攻下河东怀远等军。十月,引军冬略至蓟北,俘获以还。先是德祖俘奚七千户,徙饶乐之清河。至是创为奚迭剌部,分十三县。遂拜太祖于越、总知军国事。

明年岁甲子,三月,广龙化州之东城。九月,讨黑车子室韦,唐卢龙军节度使刘仁恭发兵数万,遣养子赵霸来拒。霸至武州,太祖谍知之,伏劲兵桃山下。遣室韦人牟里诈称其酋长所遣,约霸兵会平原。既至,四面伏发,擒霸,歼其众,乘胜大破室韦。

明年七月,复讨黑车子室韦。唐河东节度使李克用遣通事康令德乞盟。冬十月,太祖以骑兵七万会克用于云州,宴酣,克用借兵以报刘仁恭木瓜涧之役,太祖许之。易袍马,约为兄弟。及进兵击仁恭,拔数州,尽徙其民以归。

明年二月,复击刘仁恭。还,袭山北奚,破之。汴州朱全忠遣人浮海奉书币、衣带、珍玩来聘。十一月,遣偏师讨奚、霤诸部及东北女直之未附者,悉破降之。十二月,痕德堇可汗殂,群臣奉遗命请立太祖。曷鲁等劝进。太祖三让,从之。

元年春正月庚寅,命有司设坛于如迁王集会埚,燔柴告天,即皇帝位。尊母萧氏为皇太后,立皇后萧氏。北宰相萧辖剌、南宰相耶律欧里思率群臣上尊号曰天皇帝,后曰地皇后。庚子,诏皇族承遥辇氏九帐为第十帐。

二月戊午,以从弟迭栗底为迭烈府夷离堇。是月,征黑车子室韦,降其八部。

夏四月丁未朔,唐梁王朱全忠废其主,寻弑之,自立为帝,国号梁,遣使来告。刘仁恭子守光囚其父,自称幽州卢龙军节度使。

秋七月乙酉,其兄平州刺史守奇率其众数千人来降,命置之平卢城。

冬十月乙巳,讨黑车子室韦,破之。

二年春正月癸酉朔,御正殿,受百官及诸国使朝。辛巳,始置惕隐,典族属,以皇弟撒剌为之。河东李克用子存勖袭,遣使吊慰。

夏五月癸酉,诏撒剌讨乌丸、黑车子室韦。

秋八月壬子,幽州进合欢瓜。

冬十月己亥朔，建明王楼。筑长城于镇东海口。遣轻兵取吐浑叛入室韦者。

三年春正月，幸辽东。

二月丁酉朔，梁遣郎公远来聘。

三月，沧州节度使刘守文为弟守光所攻，遣人来乞兵讨之。命皇弟舍利素、夷离堇萧敌鲁以兵会守文于北淖口。进至横海军近淀，一鼓破之，守光溃去。因名北淖口为会盟口。

夏四月乙卯，诏左仆射韩知古建碑龙化州大广寺，以纪功德。

五月甲申，置羊城于炭山之北以通市易。

冬十月纪巳，遣鹰军讨黑车子室韦，破之。西北嗢娘改部族进挽车人。

四年秋七月戊子朔，以后兄萧敌鲁为北府宰相。后族为相自此始。

冬十月，乌马山奚库支及查剌底、锄勃德等叛，讨平之。

五年春正月丙戌朔，日有食之。丙申，上亲征西部奚。奚阻险，叛服不常，数招谕弗听。是役所向辄下，遂分兵讨东部奚，亦平之。于是尽有奚、霫之地。东际海，南暨白檀，西逾松漠，北抵潢水，凡五部，咸入版籍。

三月，次滦河，刻石纪功，复略地蓟州。

夏四月壬申，遣人使梁。

五月，皇弟剌葛、迭剌、寅底石、安端谋反。安端妻粘睦姑知之，以告，得实。上不忍加诛，乃与诸弟登山刑牲，告天地为誓而赦其罪。出剌葛为迭剌部夷离堇，封粘睦姑为晋国夫人。

秋七月壬午朔，斜离底泊诸番使来贡。

八月甲子，刘守光僭号幽州，称燕。

冬十月戊午，置铁冶。

十一月壬午,遣人使梁。

六年春正月,以化葛为惕隐。

二月戊午,亲征刘守光。

三月,至自幽州。

夏四月,梁郢王友珪弑父自立。

秋七月丙午,亲征术不姑,降之,俘获以数万计。命弟剌葛分兵攻平州。

八月壬辰,上次恩德山。皇子李胡生。

冬十月戊寅,剌葛破平州,还,复与迭剌、寅底石、安端等反。甲申,遣人使梁致祭。壬辰,还次北阿鲁山,闻诸弟以兵阻道,引军南趋十七泺。是日,燔柴。翼日,次七渡河,诸弟各遣人谢罪。止犹矜怜,许以自新。

是岁,以兵讨两冶,以所获僧崇文等五十人归西楼,建天雄寺以居之,以示天助雄武。

七年春正月甲辰朔,以用兵免朝。晋王李存勖拔幽州,擒刘守光。甲寅,王师次赤水城,弟剌葛等乞降。上素服,乘赭白马,以将军耶律乐姑、辖剌仅阿钵为御,解兵器、肃侍卫以受之,因加慰谕。剌葛等引退,上复数遣使抚慰。

二月甲戌朔,梁均王友贞讨杀其兄友珪,嗣立。

三月癸丑,次芦水。弟迭剌哥图为奚王,与安端拥千余骑而至,绐称入觐。上怒曰:“尔曹始谋逆乱,朕特恕之,使改过自新,尚尔反覆,将不利于朕!”遂拘之,以所部分隶诸军。而剌葛引其众至乙室堇淀,具天子旗鼓,将自立,皇太后阴遣人谕令避去。会弭姑乃、怀里阳言车驾且至,其众惊溃,掠居民北走,上以兵追之。剌葛遣其党寅底石引兵经趋行宫,焚其辎重、庐帐,纵兵大杀。皇后急遣蜀古鲁救之,仅得天子旗鼓而已。其党神速姑复劫西楼,焚明王楼。上至土河,秣马休兵,若不为意。诸将请急追之,上曰:“俟其远遁,人各怀土。怀土既切，其心必离。我军乘之，破之必矣!"尽以先所获资畜分赐将士，留夷离毕直里姑总政务。

夏四月戊寅，北追刺葛。己卯，次弥里，问诸弟面木叶山射鬼箭厌禳，乃执叛人解里向彼，亦以其法厌之。至达里淀，选辖骑追及培只河。尽获其党辎重、生口。先遣室韦及吐浑酋长拔刺、迪里姑等五人分兵伏其前路，命北宰相迪里古为先锋进击之。刺葛率兵逆战，迪里古以轻兵薄之。其弟遏古只临阵，射数十人毙，众莫敢前。相拒至晡，众乃溃。追至柴河，遂自焚其车乘庐帐而去。前遇拔刺、迪里姑等伏发，合击，遂大败之。刺葛奔溃，遗其所夺神帐于路，上见而拜奠之。所获生口尽纵归本土。其党库古只、磨朵皆面缚请罪。师次札堵河，大雨暴涨。

五月癸丑，遣北宰相迪辇率骁骑先渡。甲寅，奏擒刺葛、涅里衮阿钵于榆河。前北宰相萧实鲁、寅底石自刭不殊。遂以黑白羊祭天地。壬戌，刺葛、涅里衮阿钵诣行在，以稿索自缚，牵羊望拜。上还至大岭。时大军久出，辎重不相属，士卒煮马驹、采野菜以为食，孳畜道毙者十七八，物贾十倍，器服、资货委弃于楚里河，狼藉数百里，因更刺葛名暴里。丙寅，至库里，以青牛白马祭天地。以生口六百、马二千三百分赐大小鹘军。

六月辛巳，至榆岭，以辖赖县人扫古非法残民，磔之。甲申，上登都庵山，抚其先奇首可汗遗迹，徘徊顾瞻而兴叹焉。闻狱官涅离擅造大校，人不堪其苦，有至死者，命诛之。壬辰，次狼河，获逆党雅里、弥里，生埋之铜河南轨下。放所俘还，多为于骨里所掠。上怒，引轻骑驰击，复遣骁将分道追袭，尽获其众并掠者。庚子，次阿敦泺，以养子涅里思附诸弟叛，以鬼箭射杀之。其余党六千，各以轻重论刑。于厥掠生口者三十余人，亦俾赎其罪，放归本部。至石岭西，诏收回军乏食所弃兵仗，召北府兵验而还之。以夷离堇涅里衮附诸弟为叛，不忍显戮，命自投崖而死。

秋八月己卯，幸龙眉宫，辖逆党二十九人，以其妻女赐有功将校，所掠珍宝、孳畜还主。亡其本物者，命责偿其家。不能偿者，赐以其部曲。

九月壬戌，上发自西楼。

冬十月庚午，驻赤崖。戊寅，和州回鹘来贡。癸未，乙室府人迪里古、迷骨离部人特里以从逆诛。诏群臣分决滞讼，以韩知古录其事，只里姑掌捕亡。

十一月，祠木叶山。还次昭乌山，省风俗，见高年，议朝政，定吉凶仪。

十二月戊子，燔柴于莲花泺。

八年春正月甲辰，以曷鲁为迭剌部夷离堇，忽烈为惕隐。于骨里部人特离敏执逆党怖胡、亚里只等十七人来献，上亲鞫之。辞多连宗室及有胁从者，乃杖杀首恶怖胡，余并原释。于越率懒之子化哥屡蓄奸谋，上每优容之，而反覆不悛。召父老群臣正其罪，并其子戮之，分其财以给卫士。有司所鞫逆党三百余人，狱既具，上以人命至重，死不复生，赐宴一日，随其平生之好，使为之。酒酣，或歌、或舞，或戏射、角抵，各极其意。明日，乃以轻重论刑。首恶剌葛，其次迭剌哥，上犹弟之，不忍置法，杖而释之。以寅底石、安端性本庸弱，为剌葛所使，皆释其罪。前于越赫底里子解里、剌葛妻辖剌已实预逆谋，命皆绞杀之。寅底石妻涅离胁从，安端妻粘睦姑尝有忠告，并免。因谓左右曰："诸弟性虽敏黠，而蓄奸稔恶。尝自矜有出人之智，安忍凶狠，溪壑奇塞而贪黩无厌。求人之失，虽小而可恕，谓重如泰山；身行不义，虽入大恶，谓轻于鸿毛。昵比群小，谋及妇人，同恶相济，以危国祚。虽欲不败，其可得乎！北宰相实鲁妻余卢睹姑于国至亲，一旦负朕，从于叛逆，未置之法而病死，此天诛也。解里自幼与朕常同寝食，眷遇之厚，冠于宗属，亦与其父背大恩而从不轨，兹可恕乎！"

秋七月丙申朔，有司上诸帐族与谋逆者三百余人罪状，皆弃市。上叹曰："致人于死，岂朕所欲！若止负朕躬，尚可容贷。此曹恣行不道，残害忠良，涂炭生民，剥掠财产。民间昔有万马，今皆徒步,有国以来所未尝有。实不得已而诛之。"

冬十月甲子朔,建开皇殿于明王楼基。

九年春正月,乌古部叛,讨平之。夏六月,幽州军校齐行本举其族及其部曲男女三千人请降,诏授检校尚书、左仆射,赐名兀欲,给其廪食。数日亡去,幽帅周德威纳之。及诏索之,德威语不逊,乃议南征。

冬十月戊申,钩鱼于鸭渌江。新罗遣使贡方物,高丽遣使进宝剑,吴越王钱镠遣滕彦休来贡。

是岁,君基太一神数见,诏图其像。

神册元年春二月丙戌朔,上在龙化州,迭烈部夷离堇耶律曷鲁等率百僚请上尊号,三表乃允。丙申,群臣及诸属国筑坛州东,上尊号曰大圣大明天皇帝,后曰应天大明地皇后。大赦。建元神册。初,阙地为坛,得金铃,因名其地曰金铃冈,坛侧满林曰册圣林。

三月丙辰,以迭烈部夷离堇曷鲁为阿庐朵里于越,百僚进秩、颁赉有差,赐酺三日。立子倍为皇太子。

夏四月乙酉朔,晋幽州节度使卢国用来降,以为幽州兵马留后。甲辰,梁遣郎公远来贺。

六月庚寅,吴越王遣滕彦休来贡。

秋七月壬申,亲征突厥、吐浑、党项、小蕃、沙陀诸部,皆平之。俘其酋长及其户万五千六百,铠甲、兵仗、器服九十余万,宝货、驼马、牛羊不可胜算。

八月,拔朔州,擒节度使李嗣本。勒石纪功于青冢南。

冬十月癸未朔,乘胜而东。

十一月,攻蔚、新、武、妫、儒五州,斩首万四千七百余级。自代北至河曲,逾阴山,尽有其地。遂改武州为归化州,妫州为可汗州,置西南面招讨司,选有功者领之。其围蔚州,敌楼无故自坏,众军大噪乘之,不逾时而破。时梁及吴越二使皆在焉,诏引环城观之,因赐滕彦休名曰述吕。

十二月,收山北八军

二年春二月,晋新州裨将卢文进杀节度使李存矩来降。进攻其城,刺史安金全遁,以文进部将刘殷为刺史。

三月辛亥,攻幽州,节度使周德威以幽、并、镇、定、魏五州之兵拒于居庸关之西,合战于新州东,大破之,斩首三万余级,杀李嗣本之子武八。以后弟阿骨只为统军,实鲁为先锋,东出关略燕、赵,不遇敌而还。己未,于骨里叛,命室鲁以兵讨之。

夏四月壬午,围幽州,不克。

六月乙巳,望城中有气如烟火状,上曰:"未可攻也。"以大暑霖潦,班师。留曷鲁、卢国用守之。刺葛与其子赛保里叛,入幽州。

秋八月,李存勖遣李嗣源等救幽州,曷鲁等以兵少而还。

三年春正月丙申,以皇弟安端为大内惕隐,命攻云州及西南诸部。

二月,达旦国来聘。癸亥,城皇都,以礼部尚书康默记充版筑使。梁遣使来聘。晋、吴越、渤海、高丽、回鹘、阻卜、党项及幽、镇、定、魏、潞等州各遣使来贡。

夏四月乙巳,皇弟迭烈哥谋叛,事觉,知有罪当诛,预为营圹,而诸戚请免。上素恶其弟寅底石妻涅里衮,乃曰:"涅里衮能代其死,则从。"涅里衮自缢圹中,并以奴女古、叛人曷鲁只生瘗其中。遂赦迭烈哥。

五月乙亥,诏建孔子庙、佛寺、道观。

秋七月乙酉,于越曷鲁薨,上震悼久之,辍朝三日,赠赙有加。

冬十二月庚子朔,幸辽阳故城。

辛丑,北府宰相萧敌鲁薨。戊午,以于越曷鲁弟汗里轸为迭烈部夷离堇,萧阿古只为北府宰相。甲子,皇孙隈欲生。

辽史卷二
本纪第二

太祖下

四年春正月丙申,射虎东山。

二月丙寅,修辽阳故城,以汉民、渤海户实之,改为东平郡,置防御使。

夏五月庚辰,至自东平郡。

秋八月丁酉,谒孔子庙,命皇后皇、太子分谒寺观。

九月,征乌古部。道闻皇太后不豫,一日驰六百里还,侍太后,病间,复还军中。

冬十月丙午,次乌古部。天大风雪,兵不能进。上祷于天,俄顷而霁。命皇太子将先锋军进击,破之。俘获生口万四千二百,牛马、车乘、庐帐、器物二十余万。自是举部来附。

五年春正月乙丑,始制契丹大字。

夏五月丙寅,吴越王复遣滕彦休贡犀角、珊瑚,授官以遣。庚辰,有龙见于拽剌山阳水上,上射获之,藏其骨内府。

闰六月丁卯,以皇弟苏为惕隐,康默记为夷离毕。

秋八月己未朔,党项诸部叛。辛未,上亲征。

九月己丑朔,梁遣郎公远来聘。壬寅,大字成,诏颁行之。皇太子率迭剌部夷离堇污里轸等略地云内、天德。

冬十月辛未,攻天德。癸酉,节度使宋瑶降,赐弓矢、鞍马、旗鼓,更其军曰应天。甲戌,班师。宋瑶复叛。丙子,拔其城,擒宋瑶,俘其家属,徙其民于阴山南。

十二月己未,师还。

六年春正月丙午,以皇弟苏为南府宰相,迭里为惕隐。南府宰相,自诸弟构乱,府之名族之罹其祸,故其位久虚,以锄得部辖得里、只里古摄之。府中数请择任宗室,上以旧制不可辄变。请不已,乃告于宗庙而后授之。宗室为南府宰相自此始。

夏五月丙戌朔,诏定法律,正班爵。丙申,诏画前代直臣像为《招谏图》,及诏长吏,四孟月询民利病。

六月乙卯朔,日有食之。冬十月癸丑朔,晋新州防御使王郁以所部山北兵马内附。丙子,上率大军入居庸关。

十一月癸卯,下古北口。丁未,分兵略檀、顺、安远、三河、良乡、望都、潞、满城、遂城等十余城,俘其民徙内地。

十二月癸丑,王郁率其众来朝,上呼郁为子,赏赉甚厚,而徙其众于潢水之南。庚申,皇太子率王郁略地定州,康默记攻长芦。晋义武军节度使王处直养子都囚其父,自称留后。癸亥,围涿州,有白兔缘垒而上。是日破其郛。癸酉,刺史李嗣弼以城降。乙亥,存勖至定州,王都迎谒马前。存勖引兵趋望都,遇我军秃馁五千骑,围之。存勖力战数四,不解。李嗣昭领三百骑来救,我军少却,存勖乃得出,大战,我军不利,引归。存勖至幽州,遣二百骑蹑我军后,我军反击,悉擒之。己卯,还次檀州,幽人来袭,击走之,擒其裨将。诏徙檀、顺民于东平、沈州。

天赞元年春二月庚申,复徇幽、蓟地。癸酉,诏改元,赦军前殊死以下。

夏四月甲寅,攻蓟州。戊午,拔之,擒刺史胡琼,以卢国用、涅鲁古典军民事。壬戌,大飨军士。癸亥,李存勖围镇州,张文礼求援,命郎君迭烈、将军康末怛往击,败之,杀其将李嗣昭。辛未,攻石城县,拔之。

五月丁未,张文礼卒,其子处瑾遣人奉表来谢。

六月,遣鹰军击西南诸部,以所获赐贫民。

冬十月甲子,以萧霞的为北府宰相。分迭剌部为二院:斜涅赤为北院夷离堇,绾思为南院夷离堇。诏分北大浓兀为二部,立两节度使以统之。

十一月壬寅,命皇子尧骨为天下兵马大元帅,略地蓟北。

二年春正月丙申,大元帅尧骨克平州,获刺史赵思温、裨将张崇。

二月,如平州。甲子,以平州为卢龙军,置节度使。

三月戊寅,军于箭笴山,讨叛奚胡损,获之,射以鬼箭。诛其党三百人,沉之狗河。置奚堕瑰部,以勃鲁恩权总其事。

夏四月己酉,梁遣使来聘,吴越王遣使来贡。癸丑,命尧骨攻幽州,迭剌部夷离堇觌烈徇山西地。庚申,尧骨军幽州东,节度使符存审遣人出战,败之,擒其将裴信父子。

闰月庚辰,尧骨抵镇州。壬午,拔曲阳。丙戌,下北平。是月,晋王李存勖即皇帝位,国号唐。

五月戊午,尧骨师还。癸亥,大飨军士,赏赉有差。

六月辛丑,波斯国来贡。

秋七月,前北府宰相萧阿古只及王郁徇地燕、赵。

冬十月辛未朔,日有食之。己卯,唐兵灭梁。

三年春正月,遣兵略地燕南。

夏五月丙午,以惕隐迭里为南院夷离堇。是月,徙蓟州民实辽州地。渤海杀其刺史张秀实而掠其民。

六月乙酉,召皇后、皇太子、大元帅及二宰相、诸部头等,诏曰:"上天降监,惠及烝民。圣主明王,万载一遇。朕既上承天命,下统群生,每有征行,皆奉天意。是以机谋在已,取舍如神。国令既行,人情大附，舛讹归正，遐迩无怼。可谓大含溟海，安纳泰山矣！自我国之经营，为群方之父母。宪章斯在，胤嗣何忧。升降有期，去来在我。良筹圣会，自有契于天人；众国群王，岂可化其凡骨！三年之后，岁在丙戌，时值初秋，必有归处。然未终两事，岂负亲诚！日月非遥，戒严是速。”闻诏者皆惊惧，莫识其意。是日，大举征吐浑、党项、阻卜等部。诏皇太子监国，大元帅尧骨从行。

秋七月辛亥，曷剌等击素昆那山东部族，破之。

八月乙酉，至乌孤山，以鹅祭天。甲午，次古单于国，登阿里典压得斯山，以麃鹿祭。

九月丙申朔，次古回鹘城，勒石纪功。庚子，拜日于蹛林。丙午，遣骑攻阻卜。南府宰相苏、南院夷离堇迭里略地西南。乙卯，苏等献俘。丁巳，凿金河水，取乌山石。辇致潢河、木叶山，以示山川朝海宗岳之意。癸亥，大食国来贡。甲子，诏砱辟遏可汗故碑，以契丹、突厥、汉字纪其功。是月，破胡母思山诸蕃部，次业得思山，以赤牛青马祭天地。回鹘霸野遣使来贡。

冬十月丙寅朔，猎寓乐山，获野兽数千，以充军食。丁卯，军于霸离思山。遣兵逾流沙，拔浮图城，尽取西鄙诸部。

十一月乙未朔，获甘州回鹘都督毕离遏，因遣使谕其主乌母主可汗。射虎于乌剌邪里山，抵霸室山。六百余里且行且猎，日有鲜食，军士皆给。

四年春正月壬寅，以捷报皇后、皇太子。

二月丙寅，大元帅尧骨略党项。丁卯，皇后遣康末怛问起居，进御服、酒膳。乙亥，萧阿古只略燕、赵还，进牙旗兵仗。辛卯，尧骨献党项俘。

三月丙申，飨军于水精山。

夏四月甲子，南攻小蕃，下之。皇后、皇太子迎谒于札里河。癸酉。回鹘乌母主可汗遣使贡谢。

五月甲寅，清暑室韦北阣。

秋九月癸巳，至自西征。

冬十月丁卯，唐以灭梁来告，即遣使报聘。庚辰，日本国来贡。辛巳，高丽国来贡。

十一月丁酉，幸安国寺，饭僧，赦京师囚，纵五坊鹰鹘。己酉，新罗国来贡。

十二月乙亥，诏曰："所谓两事，一事已毕，惟渤海世仇未雪，岂宜安驻！"乃举兵亲征渤海大諲譔，皇后、皇太子、大元帅尧骨皆从。

闰月壬辰，祠木叶山。壬寅，以青牛白马祭天地于乌山。己酉，次撒葛山，射鬼箭。丁巳，次商岭，夜围扶余府。

天显元年春正月己未，白气贯日。庚申，拔扶余城，诛其守将。丙审，命惕隐安端、前北府宰相萧阿古只等将万骑为先锋，遇諲譔老相兵，破之。皇太子、大元帅尧骨、南府宰相苏、北院夷离堇斜涅赤、南院夷离堇迭里是夜围忽汗城。己巳，諲譔请降。庚午，驻军于忽汗城南。辛未，諲譔素服，稿索牵羊，率僚属三百余人出降。上优礼而释之。甲戌，诏谕渤海郡县。丙子，遣近侍康末怛等十三人入城索兵器，为逻卒所害。丁丑，諲譔复叛，攻其城，破之。驾幸城中，諲譔请罪马前。诏以兵卫諲譔及族属以出。祭告天地，复还军中。

二月庚寅，安边、鄚颉、南海、定理等府，泊诸道节度、刺史来朝，慰劳遣之。以所获器币诸物赐将士。壬辰，以青牛白马祭天地。大赦，改元天显。以平渤海遣使报唐。甲午，复幸忽汗城，阅府库物，赐从臣有差。以奚部长勃鲁恩、王郁自回鹘、新罗、吐蕃、党项、室韦、沙陀、乌古等从征有功，优加赏赉。丙午，改渤海国为东丹，忽汗城为天福，册皇太子倍为人皇王以主之。以皇弟迭剌为左大相，渤海老相为右大相，渤海司徒大素贤为左次相，耶律羽之为右次相。赦其国内殊死以下。丁未，高丽、濊貊、铁骊、靺鞨来贡。

三月戊午，遣夷离毕康默记、左仆射韩延徽攻长岭府。甲子，祭天。丁卯，幸人皇王宫。己巳，安边、鄚颉、定理三府叛，遣安端讨之。丁丑，三府平。壬午，安端献俘，诛安边府叛帅二人。癸未，宴东丹国僚佐,颁赐有差。甲申,幸天福城。乙酉,班师。以大諲譔举族行。

夏四月丁亥朔,次伞子山。辛卯,人皇王率东丹国僚属辞。是月,唐养子李嗣源反,郭存谦弑其主存勖,嗣源遂即位。

五月辛酉,南海、定理二府复叛,大元帅尧骨讨之。

六月丁酉,二府平。丙午,次慎州,唐遣姚坤以国哀来告。

秋七月丙辰,铁州刺史卫钧反。乙丑,尧骨攻拔铁州。庚午,东丹国左大相迭剌卒。辛未,卫送太諲譔于皇都西,筑城以居之。赐諲譔名曰乌鲁古,妻曰阿里只。卢龙行军司马张崇叛,奔唐。甲戌,次扶余府,上不豫。是夕,大星陨于幄前。辛巳,平旦,于城上见黄龙缭绕,可长一里,光耀夺目,入于行宫。有紫黑气蔽天,逾日乃散。是日,上崩,年五十五。天赞三年,上所谓“丙戌秋初,必有归处”,至是乃验。壬午,皇后称制,权决军国事。

八月辛卯,廉默记等攻下长岭府。甲午,皇后奉梓宫西还。壬寅,尧骨讨平诸州,奔赴行在。乙巳,人皇王倍继至。

九月壬戌,南府宰相苏薨。丁卯,梓宫至皇都,权殡于子城西北。乙巳,上谥升天皇帝,庙号太祖。

冬十月,卢龙军节度使卢国用叛,奔于唐。

十一月丙寅,杀南院夷离堇耶律迭里、郎君耶律匹鲁等。

二年八月丁酉,葬太祖皇帝于祖陵,置祖州天城军节度使以奉陵寝。统和二十六年七月,进谥大圣大明天皇帝。重熙二十一年九月,加谥大圣大明神烈天皇帝。太祖所崩行宫在扶余城西南两河之间,后建升天殿于此,而以扶余为黄龙府云。

赞曰:辽之先,出自炎帝,世为审吉国,其可知者盖自奇首云。奇首生都庵山,徙潢河之滨,传至雅里,始立制度,置官属,刻木为契,穴地为牢,让阻午而不肯自立。雅里生毗牒,毗牒生颏领。颏领生耨里思,大度寡欲,令不严而人化,是为肃祖。肃祖生萨剌德,尝与黄室韦挑战,矢贯数札,是为懿祖。懿祖生匀德实,始教民稼穑,善畜牧，国以殷富，是为玄祖。玄祖生撒剌的，仁民爱物，始置铁冶，教民鼓铸，是为德祖，即太祖之父也，世为契丹遥辇氏之夷离堇，执其政柄。德祖之弟述澜，北征于厥、室韦，南略易、定、奚、霫始兴板筑，置城邑，教民种桑麻，习织组，已有广土众民之志。而太祖受可汗之禅，遂建国。东征西讨，如折枯拉朽。东自海，西至于流沙，北绝大漠，信威万里，历年二百，岂一日之故哉！周公诛管、蔡，人未有能非之者。剌葛、安端之乱，太祖既贷其死而复用之，非人君之度乎？旧史扶余之变，亦异矣夫！

辽史卷三
本纪第三

太宗上

　　太宗孝武惠文皇帝,讳德光,字德谨,小字尧骨。太祖第二子,母淳钦皇后萧氏。唐天复二年生,神光异常,猎者获白鹿、白鹰,人以为瑞。及长,貌严重而性宽仁,军国之务多所取决。天赞元年,授天下兵马大元帅,寻诏统六军南徇地。明年,下平州,获赵思温、张崇。回破箭笴山胡逊奚,诸部悉降。复以兵掠镇、定,所至皆坚壁不敢战。师次幽州,符存审拒于州南,纵兵邀击,大破之,擒裨将裴信等数十人。及从太祖破于厥里诸部,定河壖党项,下山西诸镇,取回鹘单于城,东平渤海,破达卢古部,东西万里,所向皆有功。

　　天显元年七月,太祖崩,皇后摄军国事。
　　明年秋,治祖陵毕。冬十一月壬戌,人皇王倍率群臣请于后曰:"皇子大元帅勋望,中外攸属,宜承大统。"后从之。是日即皇帝位。癸亥,谒太祖庙。丙寅,行柴册礼。戊辰,还都。壬申,御宣政殿,群臣上尊号曰嗣圣皇帝。大赦。有司请改元,不许。十二月庚辰,尊皇太后为太皇太后,皇后为应天皇太后,立妃萧氏为皇后。礼毕,阅近侍班局。辛巳,诸道将帅辞归镇。己丑,祀天地。庚寅,遣使谕诸国。辛卯,阅群牧于近郊。戊戌,女直遣使来贡。壬寅,谒太祖庙。甲辰,阅旗鼓、客省诸局官属。丁未,诏选遥辇氏九帐子弟可任官者。

三年春正月己酉,阅北克兵籍。庚戌,阅南克兵籍。丁巳,阅皮室、拽剌、墨离三军。己未,黄龙府罗涅河女直、达卢古来贡。庚午,以王郁为兴国军节度使,守中书令。

二月,幸长泺。己亥,惕隐涅里衮进白狼。辛丑,达卢古来贡。

三月乙卯,东蒐。癸亥,猎殁瘠山。乙丑,猎松山。唐义武军节度使王都遣人以定州来归。唐主出师讨之,使来乞援,命奚秃里铁剌往救之。

四月戊寅,东巡。己卯,祭麅鹿神。丁亥,于猎所纵公私取羽毛革木之材。甲午,取箭材赤山。丙申,猎三山。铁剌败唐将王晏球于定州。唐兵大集,铁整请益师,辛丑,命惕隐涅里衮、都统查剌赴之。

五月丙午,建天膳堂。猎索剌山。戊申,至自猎。丁卯,命林牙突吕不讨乌古部。己巳,女直来贡。

六月己卯,行瑟瑟礼。

秋七月丁未,突吕不献讨乌古捷。壬子,王都奏唐兵破定州,铁剌死之,涅里衮、查剌等数十人被执。上以出师非时,甚悔之,厚赐战殁将校之家。庚午,有事于太祖庙。

八月丙子,突厥来贡。庚辰,诏建应天皇太后诞圣碑于仪坤州。

九月己卯,突吕不遣人献讨乌古俘。癸未,诏分赐群臣。己丑,幸人皇王倍第。庚寅,遣人使唐。辛卯,再幸人皇王第。癸巳,有司请以上生日为天授节,皇太后生日为永宁节。

冬十月癸卯朔,以永宁节,上率群臣上寿于延和宫。己酉,谒太祖庙。唐遣使遗玉笛。甲子,天授节,上御五鸾殿,受群臣及诸国使贺。

十一月丙子,鼻骨德来贡。辛丑,自将伐唐。

十二月癸卯,祭天地。庚戌,闻唐主复遣使来聘,上问左右,皆曰:“唐数遣使来,实畏威也,未可轻举,观衅而动可也。”上然之。甲寅,次杏堝,唐使至,遂班师。时人皇王在皇都,诏遣耶律羽之迁东丹民以实东平。其民或亡入新罗、女直,因诏困乏不能迁者,许上国富民给赡而隶属之。升东平郡为南京。

四年春正月壬申朔,宴群臣及诸国使,观俳优、角抵戏。己卯,如瓜埚。

二月庚戌,阅遥辇氏户籍。

三月甲午,望祀群神。

夏四月辛亥,至自瓜埚。壬子,谒太祖庙。癸丑,谒太祖行宫。甲寅,幸天城军,谒祖陵。辛酉,人皇王倍来朝。癸亥,录囚。

五月癸酉,谒二仪殿,宴群臣。女直来贡。戊子,射柳于太祖行宫。癸巳,行瑟瑟礼。

六月丙午,突吕不献乌古俘。戊申,分赐将士。己酉,西巡。己未,选轻骑数千猎近山。癸亥,驻跸凉陉。

秋七月庚辰,观市,曲赦系囚。甲午,祠太祖而东。

八月辛丑,至自凉陉,谒太祖庙。癸卯,幸人皇王第。己酉,谒太祖庙。

九月庚午,如南京。戊寅,祠木叶山。己卯,行再生礼。癸巳,至南京。

冬十月壬寅,幸人皇王第,宴群臣。甲辰,幸诸营,阅军籍。庚戌,以云中郡县未下,大阅六军。甲子,诏皇弟李胡帅师趣云中讨郡县之未附者。

十一月丙寅朔,以出师告天地。丁卯,饯皇弟李胡于西郊。壬申,命大内惕隐告出师于太祖行宫。甲申,观渔三叉口。

十二月戊申,女直来贡。戊午,至自南京。

五年春正月庚午,皇弟李胡拔寰州捷至。甲午,朝皇太后。

二月己亥,诏修南京。癸卯,李胡还自云中,朝于行在。丙午,以先所俘渤海户赐李胡。丙辰,上与太皇王朝皇太后。太后以皆工书,命书于前以观之。辛酉,召群臣议军国事。

三月丙寅,朝皇太后。丁卯,皇弟李胡请赦宗室舍利郎君以罪系狱者,诏从之。己巳,幸皇叔安端第。辛未,人皇正献白纻。乙亥,册皇弟李胡为寿昌皇太子兼天下兵马大元帅。壬午,以龙化州节度使刘居言同中书门下平章事。乙酉,宴人皇王僚属便殿。庚寅,驾发南京。

夏四月乙未,诏人皇王先赴祖陵谒太祖庙。丙辰,会祖陵。人皇王归国。

五月戊辰,诏修橐潭离宫。乙酉,谒太祖庙。

己亥,射柳于行在。乙卯,如沿柳湖。丁巳,拜太祖御容于明殿。己未,敌烈德来贡。

秋七月壬申,乌古来贡。戊子,荐时果于太祖庙。

八月丁酉,以大圣皇帝、皇后宴寝之所号日月宫,因建日月碑。丙午,如九层台。

九月己卯,诏舍利普宁抚慰人皇王。庚辰,诏置人皇王仪卫。丁亥,至自九层台,谒及祖庙。

冬十月戊戌,遣使赐人皇王胙。癸卯,建太祖圣功碑于如迁正集会埚。甲辰,人皇王进玉笛。

十一月戊寅,东丹奏人皇王浮海适唐。

六年春正月甲子,西南边将以慕化辖戛斯国人来。乙丑,敌烈德来贡。丁卯,如南京。

三月辛未,召大臣议军国事。丁亥,人皇王倍妃萧氏率其国僚属来见。

夏四月己酉,唐遣使来聘。是月,置中台省于南京。

五月乙丑,祠木叶山。乙亥,至自南京。壬午,谒太祖陵。

闰月庚寅,射柳于近郊。

六月壬申,如凉陉。壬午,乌古来贡。

秋七月丁亥,女直来贡。己酉,命将校以兵南略。壬子,荐时果于太祖庙。东幸。

八月庚申,皇子述律生,告太祖庙。辛巳,鼻骨德来贡。

九月甲午,诏修京城。

冬十月丁丑,铁骊来贡。

十一月乙酉,唐遣使来聘。

十二月甲寅朔,祭太祖庙。丙辰,遣人以诏赐唐卢龙军节度使赵德钧。

七年春正月壬辰,征西将军课里遣拽剌铎括奏军事。己亥,唐遣使来聘。癸卯,遣人使唐。戊申,祠木叶山。

二月壬申,拽剌迪德使吴越还,吴越王遣使从,献宝器。复遣使持币往报之。

三月己丑,林牙迪离毕指斥乘舆,囚之。丁未,遣使诸国。戊申,上率群臣朝于皇太后。

夏四月甲戌,唐遣使来聘,致人皇王倍书。己卯,女直来贡。

五月壬午朔,幸祖州,谒太祖陵。

六月戊辰,御制太祖建国碑。戊寅,乌古、敌烈德来贡。庚辰,观角抵戏。

秋七月辛巳朔,赐中外官吏物有差。癸未,赐高年布帛。丙戌,召群臣耆老议政。壬辰,唐遣使遗红牙笙。癸巳,使复至,惧报定州之役也。壬寅,唐卢龙军节度使赵德钧遣人进时果。丁未,荐新于太祖庙。

八月壬戌,捕鹅于沿柳湖。风雨暴至,舟覆,溺死者六十余人,命存恤其家,识以为戒。戊辰,林牙迪离毕逸囚,复获而鞫之。知其事本诬构,释之。

九月庚子,阻卜来贡。

冬十月乙卯,唐遣使来聘。己巳,遣使云中。

十一月丁亥,遣使存问获里国。丁未,阻卜贡海东青鹘三十连。

十二月辛亥,以叛人泥离衮家口分赐群臣。丁巳,西狩,驻跸平地松林。

八年春正月戊子,女直来贡。庚子,命皇太弟李胡、左威卫上将军撒割率兵伐党项。癸卯,上亲饯之。

二月辛亥,吐谷浑、阻卜来贡。乙卯,克实鲁使唐还,以附献物入赐群臣。

三月辛卯,皇太弟讨党项胜还,宴劳之。丙申,唐遣使请罢征党项兵,上以战捷及党项已听命报之。

夏四月戊午,党项来贡。

五月己丑,猎独牛山,惕隐迪辇所乘内厩骟马毙,因赐名其山曰骟山。戊戌,如沿柳湖。

六月甲寅,阻卜来贡。甲子,回鹘阿萨兰来贡。

秋七月戊寅,行纳后礼。癸未,皇子提离古生。丁亥,铁骊、女直、阻卜来贡。

冬十月乙巳,阻卜来贡。丙午,至自沿柳湖。辛亥,唐遣使来聘。己未,遣拔剌使唐。辛未,乌古吐鲁没来贡。

十一月辛丑,太皇太后崩,遣使告哀于唐及人皇王倍。是月,唐主嗣源殂,子从厚立。

十二月丁卯,党项来贡。

九年春正月癸酉,渔于土河。丙申,党项贡驼、鹿。己亥,南京进白獐。

闰月戊午,唐遣使告哀,即日遣使吊祭。壬戌,东幸。女直来贡。

二月壬申,祠木叶山。戊寅,葬太皇太后于德陵。前二日,发丧于菆涂殿,上具衰服以送。后追谥宣简皇后,诏建碑于陵。

三月癸卯,女直来贡。

夏四月,唐李从珂弑其主自立。人皇王倍自唐上书请讨。

五月甲辰,如沿柳湖。癸丑,女直来贡。大星昼陨。

六月己巳朔,鼻骨德来贡。辛未,唐李从厚谢吊祭所遣使初至阙。

秋八月壬午,自将南伐。乙酉,挞剌解里手接飞雁,上异之,因以祭天地。

九月庚子,西南星陨如雨。乙卯,次云州。丁巳,拔河阴。

冬十月丁亥,略地灵丘,父老进牛酒犒师。

十一月辛丑,围武州之阳城。壬寅,阳城降。癸卯,洼只城降,括所俘丁壮,籍于军。

十二月壬辰,皇子阿钵撒葛里生,皇后不豫。是月,驻跸百湖之西南。

十年春正月戊申,皇后崩于行在。

二月戊寅,百僚请加追谥,不许。辛巳,宰相涅里衮谋南奔,事觉,执之。

三月戊午,党项来贡。

夏四月,吐谷浑酋长退欲德率众内附。丙戌,皇太后父族及母前夫之族二帐并为国舅,以萧缅思为尚父领之。己丑,录囚。

五月甲午朔,始制服行后丧。丙午,葬于奉陵。上自制文,谥曰彰德皇后。癸丑,以舍利王庭鹗为龙化州节度使。

六月乙丑,吐浑来贡。辛未,幸品不里淀。

秋七月乙卯,猎南赤山。

冬十一月丙午,幸弘福寺,为皇后饭僧。见观音画像,乃大圣皇帝、应天皇后及人皇王所施,顾左右曰:"昔与父母兄弟聚观于此,岁时未几,今我独来。"悲叹不已,乃自制文题于壁,以极追感之意,读者悲之。

十二月庚辰,如金瓶淀,遣拽剌化哥、窟鲁里、阿鲁扫姑等捉生敌境。

十一年春正月,钓鱼于土河。庚申,如潢河。

三月庚寅朔,女直来贡。

夏四月庚申,谒祖陵。戊辰,还都,谒太祖庙。辛未,燕民之复业者陈汴州事宜。癸酉,女直诸部来贡。癸未,赐回鹘使衣有差。

五月戊戌,清暑沿柳湖。

六月戊午朔,鼻骨德来贡。乙酉,吐谷浑来贡。

秋七月辛卯,乌古来贡。壬辰,蒲割领公主率三河乌古来朝。丙申,唐河东节度使石敬瑭为其主所讨,遣赵莹因西南路招讨卢不姑求救。上白太后曰:"李从珂弒君自立,神人共怒,宜行天讨。"时赵德钧亦遣使至,河东复遣桑维翰来告急,遂许兴师。

八月己未,遣萧辖里报河东师期。丙寅,吐谷浑来贡。庚午,自将以援敬瑭。

九月癸巳,有飞鹜自坠而死,南府夷离堇曷鲁恩得之以献。卜之,吉。上曰:"此从珂自灭之兆也!"丁酉,入雁门。戊戌,次忻州,祀天地。己亥,次太原。庚子,遣使谕敬瑭曰:"朕兴师远来,当即与卿破贼。"会唐将高行周、符彦卿以兵来拒,遂勒兵阵于太原。及战,佯为之却。唐将张敬达、杨光远又陈于西,未成列,以兵薄之。而行周、彦卿为伏兵所断,首尾不相救。敬达、光远大败,弃仗如山,斩首数万级。敬达走保晋安寨,夷离堇的鲁与战,死之。敬瑭率官属来见,上执手抚慰之。癸卯,围晋安。甲辰,以的鲁子徒离骨嗣为夷离堇,仍以父字为名,以旌其忠。南宰相鹘离底、奚监军寅你己、将军陪阿临阵退懦,上召切责之。

冬十月甲子,封敬瑭为晋王,幸其府。敬瑭与妻李率其亲属捧觞上寿。初围晋安,分遣精兵守其要害,以绝援兵之路。而李从珂遣赵延寿以兵二万屯团柏谷,范延广以兵二万屯辽州,幽州赵德钧以所部兵万余由上党趋延寿军,合势进击。知此有备,皆逗留不进。从珂遂将精骑三万出次河桥,亲督诸军。然知其不救,但日酣饮悲歌而已。丁卯,召敬瑭至行在所,赐坐。上从容语之曰:"吾三千里举兵而来,一战而胜,殆天意也。观汝雄伟弘大,宜受兹南土,世为我藩辅。"遂命有司设坛晋阳,备礼册命。

十一月丁酉,册敬瑭为大晋皇帝。自戊戌至戊申,候骑两于南有兵至,复奏西有兵至,命惕隐迪辇注拒之。敬达在围八十余日,内外隔绝,军储殆尽,至濯马粪、屑木以饲马,马饥至自相啖其鬈尾,死则以充食。光远等劝敬达出降,敬达曰:"吾有死而已,尔欲降,宁斩吾首以降。"

闰月甲子,杨光远、安审琦杀敬达以降。上闻敬达至死不变,谓左右曰:"凡为人臣当如此也!"命以礼葬。所降军士及马五千匹以赐晋帝。丙寅,祀天地以告成功。庚午,仆射萧酷古只奏赵德钧等诸援兵将遁,诏夜发兵追击。德钧等军皆投戈弃甲,自相蹂践,挤于川谷者不可胜纪。仍命皇太子驰轻骑,据险要,追及步兵万余,悉降之。辛未,兵度团柏谷,以酒肴祀天地。俄追及德钧父子,乃率众降。次潞州,召诸将议,皆请班师。从之。命南宰相解领、鹘离底、奚监军寅你己、将军陪阿先还。壬申,惕隐洼、林牙迪离毕来献俘。晋帝辞归,上与宴饮。酒酣,执手约为父子,以白貂裘一、厩马二十、战马千二百饯之。命迪离毕将五千骑送入洛。临别,谓之曰:"朕留此,候乱定乃还耳。"辛巳,晋帝至河阳,李从珂穷蹙,召人皇王倍同死,不从。遣人杀之,乃举族自焚。诏收其士卒战殁者瘗之汾水上,以为京观。晋命桑维翰为文,纪上功德。

十二月乙酉朔,遣近侍挞鲁丰存问晋帝。丙戌,以晋安所获分赐将校。戊子,遣使驰奏皇太后及报诸道师还。庚寅,发太原。辛卯,闻晋帝入洛,遣郎君解里德抚问。壬辰,次细河,阅降将赵德钧父子兵马。戊戌,次雁门,以沙太保所部兵分隶诸将。庚戌,幸应州。癸丑,唐大同、彰国、振武三节度使迎见,留之不遣。

十二年春正月丙辰,次堆子口。唐大同军节度判官吴峦闭城拒命,遣崔廷勋围其城。庚申,上亲征,至城下谕之,峦降。辛酉,射鬼箭于云州北。壬戌,祀天地。癸亥,遣国舅安端发奚西部民各还本土。丙寅,皇太后遣侍卫实鲁趣行。是夕,率轻骑先进。丁丑,皇子述律迎谒于滦河,告功太祖行宫。戊寅,朝于皇太后,进珍玩为寿。

二月丁亥,以军前所获俘叛入幽州者皆斩之。壬寅,诏诸部休养士卒。癸卯,晋遣唐所掠郎君刺哥、文班吏萧觯里还朝。

三月庚申,晋遣使来贡。丁卯,晋天雄军节度使范延广潜遣人请内附,不纳。己巳,遣郎君的烈古、梅里迭烈使晋。壬午,晋使及诸国使来见。

夏四月甲申,地震。幸平地松林,观潢水源。

五月甲寅,幸频跸淀。壬申,震开皇殿。

六月甲申,晋遣户部尚书聂延祚等请上尊号,及归雁门以北与幽、蓟之地,仍岁贡帛三十万疋。诏不许。庚戌,侍中列率言,范延广叛晋,引兵南向。

秋七月辛亥朔,诏诸部治兵甲。癸丑,幸怀州,谒奉陵。甲子,晋遣使来告范延广反。庚午,遣耶律裹古皇使晋议军事。

八月癸未,晋遣使复请上尊号,不许。庚寅,晋及太原刘知远、南唐李昇各遣使来贡。庚子,晋遣使以都汴及范延广降来告。

九月壬子,鼻骨德来贡。庚申,遣直里古使晋及南唐。癸亥,术不姑、女直来贡。辛未,遣使高丽、铁骊。癸酉,回鹘来贡。

冬十月庚辰朔,皇太后永宁节,晋及回鹘、敦煌诸国皆遣使来贺。壬午,诏回鹘使胡离只、阿剌保,问其风俗。丁亥,诸国使还,就遣蒲里骨皮室胡末里使其国。

十一月己未,遣使求医于晋。丁卯,铁骊来贡。

十二月甲申,东幸,祀木叶山。己丑,医来。

辽史卷四
本纪第四

太宗下

　　会同元年春正月戊申朔,晋及诸国遣使来贺。晋使且言,已命和凝撰圣德神功碑。戊辰,遣人使晋。

　　二月壬午,室韦进白麃。戊子,铁骊来贡。丁酉,猎松山。戊戌,幸辽河东。丙申,上思人皇王,遣惕隐率宗室以下祭其行宫。丁未,诏增晋使所经共亿户。

　　三月壬戌,将东幸,三克言农务方兴,请减辎重,促还期。从之。丙寅,女直来贡。癸酉,东幸。

　　夏四月戊寅朔,如南京。甲申,女直来贡。乙酉,幸温泉。己丑,还宫,朝于皇太后。丁酉,女直贡弓矢。己亥,西南边大详稳耶律鲁不古奏党项捷。

　　五月甲寅,晋复遣使请上尊号。从之。

　　六月丙子朔,吐谷浑及女直来贡。辛卯,南唐来贡。癸巳,诏建日月四时堂,图写古帝王事于两庑。

　　秋七月癸亥,遣使赐晋马。丁卯,遣鹘离底使晋,梅里了古使南唐。戊辰,遣中台省右相耶律述兰、迭烈哥使晋,临海军节度使赵思温副之,册晋帝为英武明义皇帝。

　　八月戊子,女直来贡。庚子,吐谷浑、乌孙、靺鞨皆来贡。

　　九月庚戌,黑车子室韦贡名马。边臣奏晋遣守司空冯道、左散骑常侍韦勋来上皇太后尊号,左仆射刘煦、右谏议大夫卢重上皇帝尊号,遂遣监军寅你已充接伴。壬子,诏群臣及高年凡授大臣爵秩,皆赐锦袍、金带、白马、金饰鞍勒,著于令。

冬十月甲戌朔,遣郎君迪里姑等抚问晋使。壬寅,晋遣使来谢册礼。是日,复有使进独峰驼及名马。

十一月甲辰朔,命南北宰相及夷离堇就馆,赐晋使冯道以下宴。丙午,上御开皇殿,召见晋使。壬子,皇太后御开皇殿,冯道、韦勋册上尊号曰广德至仁昭烈崇简应天皇太后。甲子,行再生柴册礼。丙寅,皇帝御宣政殿,刘煦、卢重册上尊号曰睿文神武法天启运明德章信至道广敬昭孝嗣圣皇帝。大赦,改元会同。是月,晋复遣赵莹奉表来贺,以幽、蓟、瀛、莫、涿、檀、顺、妫、儒、新、武、云、应、朔、寰、蔚十六州并图籍来献。于是诏以皇都为上京,府曰临潢,升幽州为南京,南京为东京。改新州为奉圣州,武州为归化州。升北南二院及乙室夷离堇为王,以主簿为令,令为刺史,刺史为节度使,二部梯里已为司徒,达剌干为副使,麻都不为县令,县达剌干为马步。置宣徽、阁门使,控鹤、客省、御史大夫、中丞、侍御、判官、文班牙署、诸宫院世烛,马群、遥辇世烛,南北府、国舅帐郎君官为敞史,诸部宰相、节度使帐为司空,二室韦闶林为仆射,鹰坊、监冶等局官长为详稳。

十二月戊戌,遣同括、阿钵等使晋,制加晋冯道守太傅,刘煦守太保,余官各有差。

二年春正月乙巳,以受晋册,遣使报南唐、高丽。丁未,御开皇殿,宴晋使冯道以下,赐物有差。戊申,晋遣金吾卫大将军马从斌、考功郎中刘知新来贡珍币,命分赐群臣。丙辰,晋遣使谢免沿边四州钱币。

二月戊寅,宴诸王及节度使来贺受册礼者,仍命皇太子、惕隐迪辇饯之。癸巳,谒太祖庙,赐在京吏民物及内外群臣官赏有差。丁酉,加兼侍中、左金吾卫上将军王郁检校太尉。

三月,畋于窦潭之侧。戊申,女直来贡。丁巳,封皇子述律为寿安王，罨撒葛为太平王。己巳，大赉百姓。

夏四月乙亥，幸木叶山。癸巳，东京路奏狼食人。

五月乙巳，禁南京鬻牝羊出境。思奴古多里等坐盗官物，籍其家。南唐遣使来贡。丁未，以所贡物赐群臣。戊申，回鹘单于使人乞授官，诏第加刺史、县令。

六月丁丑，雨雪。是夏，驻跸频跸淀。

秋七月戊申，晋遣使进犀带。庚戌，吐谷浑来贡。乙卯，敞史阿钵坐奉使失职，命笞之。

闰月癸未，乙室大王坐赋调不均，以木剑背挞而释之。并罢南北府民上供及宰相、节度诸赋役非旧制者。乙酉，遣的烈赐晋乌古良马。己丑，以南王府二刺史贪蠹，各杖一百，仍系虞候帐，备射鬼箭。选群臣为民所爱者代之。

八月乙丑，晋遣使贡岁币，奏输戌、亥二岁金币于燕京。

九月甲戌，阻卜阿离底来贡。己卯，遣使使晋。

冬十月丁未，上以乌古部水草肥美，诏北南院徙三石烈户居之。

十一月丁亥，铁骊、敦煌并遣使来贡。

十二月庚子，钩鱼于土河。甲子，回鹘使者傔人有以刃相击者，诏付其使处之。

三年春正月戊子，吴越王遣使来贡。庚寅，人皇王妃来朝。回鹘使乞观诸国使朝见礼，从之。壬辰，遣陪谒、阿钵使晋致生辰礼。晋以并、镇、忻、代之吐谷浑来归。

二月己亥，奚王劳骨宁率六节度使朝贡。庚子，乌古遣使献伏鹿国俘，赐其部夷离堇旗鼓以旌其功。壬寅，女直来贡。辛亥，墨离鹘末里使回鹘阿萨兰还，赐对衣劳之。乙卯，鸭渌江女直遣使来觐。

三月戊辰，遣使使晋，报幸南京。己巳，如南京。辛未，命惕隐耶律涅离骨德率万骑先驱。壬申，次石岭，以奚王劳骨宁监军寅你己朝谒不时，切责之。丙子，鲁不姑上党项俘获数。癸未，猎水门，获白鹿。庚寅,诏扈从扰民者从军律。甲午,幸蓟州。乙未,晋及南唐各遣使来觐。

夏四月庚子,至燕,备法驾,入自拱辰门,御元和殿,行入阁礼。壬寅,遣人使晋。乙巳,幸留守赵延寿别墅。丙午,晋遣宣徽使杨端、王眺等来问起居。壬子,御便殿,宴晋及诸国使。丙辰,晋遣使进茶药。壬戌,御昭庆殿,宴南京群臣。癸亥,晋遣使贺端午,以所进节物赐群臣。乙丑,南唐进白龟。

五月庚午,以端午宴群臣及诸国使,命回鹘、敦煌二使作本俗舞,俾诸使观之。庚辰,晋遣使进弓矢。甲申,遣皇子天德及检校司徒邸用和使晋。戊子,阅骑兵于南郊。

六月乙未朔,东京宰相耶律羽之言渤海相大素贤不法,诏僚佐部民举有才德者代之。丙申,阅步卒于南郊。庚子,晋及辖剌骨只遣使来见。壬寅,驾发燕京,令中书令萧曾隐部诸道军于长坐营。癸丑,次奉圣州。甲寅,劳军士。

秋七月己巳,猎猗底烈山。癸酉,朝于皇太后。丙子,从皇太后视人皇王妃疾。戊寅,人皇王妃萧氏薨。己卯,以安重荣据镇州叛晋,诏征南将军柳严边备。丙戌,徙人皇王行宫于其妃薨所。辛卯,晋遣使请行南郊礼,许之。

八月己亥,诏东丹史民为其王倍妃萧氏服。庚子,阻卜来贡。壬寅,遣使南唐。乙巳,阻卜、黑车子室韦、赍烈等国来贡。南唐遣使求青毡帐,赐之。戊申,以安端私城为白川州。辛亥,鼻骨德使乞赐爵,以其国相授之。甲寅,阻卜来贡。乙卯,置白川州官属。丙辰,诏以于谐里河、胪朐河之近地,给赐南院欧堇突吕、乙斯勃、北院温纳何剌三石烈人为农田。

九月庚午,侍中崔穷古言:“晋主闻陛下数游猎,意请节之。”上曰:“朕之畋猎,非徒从乐,所以练习武事也。”乃诏谕之。壬午,边将奏破吐谷浑,擒其长。诏止诛其首恶及其丁壮,余并释之。丙戌,晋遣使贡名马。戊子,女直及吴越王遣使来贡。

冬十月辛丑,遣克郎使吴越,略姑使南唐。庚申,晋遣使贡布,及请亲祠南岳,从之。

十一月己巳,南唐遣使奉蜡丸书言晋密事。丁丑,诏有司教民播种、纺绩。除姊亡妹绩之法。

十二月壬辰朔,率百僚谒太祖行宫。甲午,燔柴。礼毕,祠于神帐。丙申,遣使使晋。丙辰,诏契丹人授汉官者从汉仪,听与汉人婚姻。丁巳,诏燕京皇城西南堞建凉殿。

是冬,驻跸于伞淀。

四年春正月壬戌,以乙室、品卑、突轨三部鳏寡不能自存者,官为之配。丙子,南唐遣使来贡。庚辰,涅剌、乌隗部献党项俘获数。己丑,诏定征党项功。

二月丙申,皇太子获白獐。甲辰,晋遣使进香药。丙子,铁骊来贡。丁巳,诏有司编《始祖奇首可汗事迹》。己未,晋遣杨彦询来贡,且言镇州安重荣跋扈状,遂留不遣。是月,晋镇州安重荣执辽使者拽剌。

三月,特授回鹘使阔里于越,并赐旌旗、弓剑、衣马,余赐有差。癸酉,晋以许祀南郊,遣使来谢,进黄金十镒。

夏四月己卯,晋遣使进樱桃。

五月庚辰,吐谷浑夷离堇苏等叛入晋,遣牒驿往谕晋及太原守臣。

六月辛卯,振武军节度副使赵崇逐其节度使耶律画里,以朔州叛,附晋。丙午,命宣徽使古只赶朔州,以兵围其城,有晋使至,请开壁,即勿听,驿送阙下。

秋七月癸亥,南唐遣使奉蜡丸书。丙寅,衮古只奏请遣使至朔令降,守者犹坚壁弗纳,且言晋有贡物,命即以所贡物赐攻城将校。己巳,有司奏神麚车有蜂巢成蜜,史占之,吉。壬申,晋遣使进水晶砚。

八月癸巳,南唐奉蜡丸书。庚子,晋遣使进犀弓、竹矢。吴越王遣使奉蜡丸书。

九月壬申，有星孛于晋分。丁丑，幸归化州。

冬十月辛丑，有司奉燕、蓟大熟。癸卯，吴越王遣使来贡。

十一月丙寅，晋以讨安重荣来告。庚午，吐谷浑请降，遣使抚谕。阻卜来贡，以其物赐左右。丙子，鸭渌江女直来贡。壬午，以永宁、天授二节及正旦、重午、冬至、腊并受贺，著令。

十二月戊子，晋遣使来告山南节度使安从进反，诏以使宜讨之。庚寅，南唐遣使奉蜡丸书。戊戌，晋遣王升鸾来贡。戊申，晋以败安重荣来告，遂遣杨彦询归。辛亥，晋遣使乞罢戍兵，诏惕隐朔古班师。甲寅，攻拔朔州，遣控鹤指挥使谐里劳军。时裹古只战殁城下，上怒，命诛城中丁壮，仍以叛民上户三十为裹古只部曲。

五年春正月丙辰朔，上在归化州，御行殿受群臣朝，以诸道贡物进太后及赐宗室百僚。戊午，诏求直言。北王府郎君耶律海思应诏，召对称旨，特授宣徽使。诏政事令僧隐等以契丹户分屯南边。戊辰，晋函安重荣首来献。上数欲亲讨重荣，至是乃止。癸酉，遣使使晋。是月，晋以朔州平，请使来贺，遂遣客省使耶律化哥使晋升致生辰礼。

二月壬辰，上将南幸，以诸路有未平者，召太子及群臣议。皆曰："今襄、镇、朔三州虽已平，然吐谷浑为安重荣所诱，犹未归命，宜发兵讨之，以警诸部。"上曰："正与朕合。"遂诏以明王隈恩代于越信恩为西南路招讨使以讨之，且谕明王宜先练习边事，而后之官。甲午，如南京。遣使使晋索吐谷浑叛者。乙未，鼻骨德来贡。

三月乙卯朔，晋遣齐州防御使宋晖业、翰林茶酒使张言来问起居。

闰月，驻跸阳门。

夏四月甲寅朔，铁骊来贡，以其物分赐群臣。丙子，晋遣使进射柳鞍马。

五月五日戊午，禁屠宰。

六月癸丑朔，晋齐王重贵遣使来贡。丁巳，徒睹古、素撒来贡。

乙丑,晋主敬瑭殂,子重贵立。戊辰,晋遣使告哀,辍朝七日。庚午,遣使往晋吊祭。丁丑,闻皇太后不豫,上驰入侍,汤药必亲尝,仍告太祖庙,幸菩萨堂,饭僧五万人。七月乃愈。秋七月庚寅,晋遣金吾卫大将军梁言、判四方馆事朱崇节来谢,书称"孙"不称"臣",遣客省使乔荣让之。景延广答曰:"先帝则圣朝所立,今主则我国自册。为邻为孙则可,奉表称臣则不可。"荣还,其奏之,上始有南伐之意。辛卯,阻卜、鼻骨德、乌古来贡。将军阃德里、蒲骨等率降将辖德至阙,并献所获。丁未,晋遣使以祖母哀来告。

八月辛酉,女直、阻卜、乌古各贡方物。甲子,晋复襄州。戊辰,诏河东节度使刘知远送叛臣乌古指挥使由燕京赴阙。癸酉,遣天城军节度使萧拜石吊祭于晋。

九月壬辰,遣使贺晋帝嗣位。

冬十月己巳,征诸道兵。遣将军密骨德伐党项。

十一月乙未,武定军奏松生枣。

十二月癸亥,晋遣使来谢。

是冬,驻跸赤城。

六年春二月乙卯,晋遣使进先帝遗物。辛酉,晋遣使请居汴,从之。

三月己卯朔,吴越王遣使来贡。甲申,梅里喘引来归。戊子,南唐遣使奉蜡丸书。丁未,晋至汴,遣使来谢。

夏四月戊申朔,日有食之。

五月己亥,遣使如晋致生辰礼。

六月丁未朔,铁骊来贡。己未,奚锄骨里部进白麝。辛酉,莫州进白鹊。晋遣使贡金。

秋八月丁未朔,晋复贡金。己未,如奉圣州。晋遣其子延煦来朝。

冬十一月辛卯,上京留守耶律迪辇得晋谍,知有二心。甲辰,铁骊来贡。

十二月丁未，如南京议伐晋。命赵延寿、赵延昭、安端、解里等由沧、恒、易、定分道而进，大军继之。

是岁，杨彦昭请移镇奈渌及新镇，从之。

七年春正月甲戌朔，赵延寿、延昭率前锋五万骑次任丘。丙子，安端入雁门，围忻、代。己卯，赵延寿围贝州，其军校邵珂开南门纳辽兵，太守吴峦投井死。己丑，次元城，授延寿魏、博等州节度使，封魏王，率所部屯南乐。丙申，遣兵攻黎阳，晋张彦泽来拒。辛丑，晋遣使来修旧好，诏割河北诸州，及遣桑维翰、景延广来议。

二月甲辰，攻博州，刺史周儒以城降。晋平卢军节度使杨光远密道辽师自马家口济河。晋将景延广命石赟守麻家口，白再荣守马家口。未几，周儒引辽军麻答营于河东，攻郓州北津，以应光远。晋遣李守贞、皇甫遇、梁汉璋、薛怀让将兵万人缘河水陆俱进。辽军围晋别将于戚城，晋主自将救之，辽师解去。守贞等至马家口，麻答遣步卒万人筑营垒，骑兵万人守于外，余兵屯河西。渡未已，晋兵薄之，辽军不利。

三月癸酉朔，赵延寿言：“晋诸军沿河置栅，皆畏怯不敢战。若率大兵直抵澶渊，据其桥梁，晋必可取。”是日，晋兵驻澶渊，其前军高行周在戚城，乃命延寿、延昭以数万骑出行周右，上以精兵出其左。战至暮，上复以劲骑突其中军，晋军不能战。会有谍者言晋军东面数少，沿河城栅不固，乃急击其东偏，众皆奔溃。纵兵追及，遂大败之。壬午，留赵延昭守贝州，徙所俘户于内地。

夏四月癸丑，还次南京。辛未，如凉陉。

五月癸酉，耶律拔里得奏破德州，擒刺史尹居璠及将吏二十七人。

六月甲辰，黑车子室韦来贡。乙巳，纴没里、要里等国来贡。

秋七月己卯，晋杨光远遣人奉蜡丸书。辛卯，晋遣张晖奉表乞和，留晖不遣。

八月辛酉，回鹘遣使请婚，不许。是月，晋镇州兵来袭飞狐，大同军节度使耶律孔阿战败之。

　　九月庚午朔,北幸。

　　十月丁未,鼻骨德来贡。壬戌,天授节,诸国进贺,惟晋不至。

　　十一月壬申,诏征诸道兵,以闰月朔会温榆河北。

　　十二月癸卯,南伐。甲子,次古北口。

　　闰月己巳朔,阅诸道兵于温榆河。己卯,围恒州,下其九县。

　　八年春正月庚子,分兵攻邢、洺、磁三州,杀掠殆尽,入邺都境。张从恩、马全节、安审琦兵悉陈于相州安阳水之南,皇甫遇与濮州刺史慕容彦超将兵千骑来觇辽军。至邺都,遇辽军数万,且战且却,至榆林店。辽军继至,遇与彦超力战百余合,遇马毙,步战,审琦引骑兵逾水以救,辽军乃还。

　　二月,围魏,晋将杜重威率兵来救。戊子,晋将折从阮陷滕州。

　　三月戊戌,师拔祁州,杀其刺史沈斌。庚戌,杜重威、李守贞攻泰州。戊子,赵延寿率前锋薄泰城。己未,重威、守贞引兵南遁,追至阳城,大败之。复以步卒为方阵来拒,与战二十余合。壬戌,复搏战十余里。癸亥,围晋兵于白团卫村,晋兵下鹿角为营。是夕,大风。至曙,命铁鹞军下马,拔其鹿角,奋短兵入击。顺风纵火扬尘,以助其势。晋军大呼曰:“都招讨何不用兵,令士卒徒死?”诸将皆奋出战。张彦泽、药元福、皇甫遇出兵大战,诸将继至,辽军却数百步。风益甚,昼晦如夜。符彦卿以万骑横击辽军,率步卒并进,辽军不利。上乘奚车退十余里,晋追兵急,获一橐驼乘之乃归。晋兵退保定州。

　　夏四月甲申,还次南京。杖战不力者各数百。庚寅,宴将士于元和殿。癸巳,如凉陉。

　　六月戊辰,回鹘来贡。辛未,吐谷浑、鼻骨德皆来贡。辛巳,黑车子室韦来贡。丁亥,赵延寿奏晋兵袭高阳,戍将击走之。

　　秋七月乙卯,猎平地松林。晋遣孟守中奉表请和,仍以前事答之。

　　八月己巳,诏侍卫萧素撒阅群牧子北陉。

九月壬寅，次赤山，宴从臣，问军国要务，对曰："军国之务，爱民为本。民富则兵足，兵足则国强。"上以为然。辛酉，还上京。

冬十月辛未，祠木叶山。

十一月戊戌，女直、铁骊来贡。

十二月癸亥朔，朝谒太祖行宫。乙丑，云州节度使耶律孔阿获晋谍者。戊辰，腊，赐诸国贡使衣马。

九年春正月庚子，回鹘来贡。丁未，女直来贡。

二月戊辰，鼻骨德奏军籍。

三月己亥，吐谷浑遣军校恤烈献生口千户，授恤烈检校司空。

夏四月辛酉朔，吐谷浑白可久来附。是月，如凉陉。

五月庚戌，晋易州戍将孙方简请内附。

六月戊子，谒祖陵，更阆神殿为长思。

秋七月辛亥，诏征诸道兵，敢伤禾稼者以军法论。癸丑，女直来贡。乙卯，以阻卜酋长曷剌为本部夷离堇。

八月丙寅，乌古来贡。是月，自将南伐。

九月壬辰，阅诸道兵于渔阳西枣林淀。是月，赵延寿与张彦泽战于定州，败之。

十一月戊子朔，进围镇州。丙申，先遣候骑报晋兵至，遣精兵断河桥，晋兵退保武强。南院大王迪辇、将军高模翰分兵由瀛州间道以进，杜重威遣贝州节度使梁汉璋率众来拒。与战，大败之，杀梁汉璋。杜重威、张彦泽引兵据中渡桥，赵延寿以步卒前击，高彦温以骑兵乘之，追奔逐北，僵尸数万，斩其将王清，宋彦筠堕水死，重威等退保中渡寨。义武军节度使李殷以城降，遂进兵，夹滹沱而营。去中渡寨三里，分兵围之。夜则列骑环守，昼则出兵抄掠，复命大内惕隐耶律朔骨里及赵延寿分兵围守。自将骑卒夜渡河出其后，攻下栾城，降骑卒数千，分遣将士据其要害。下令军中预备军食，三日不得举烟火，但获晋人，即黥而纵之。诸馈运见者皆弃而走。于是晋兵内外隔绝，食尽势穷。

十二月丙寅，杜重威、李守贞、张彦泽等率所部二十万众来降。上拥数万骑，临大阜，立马以受之。授重威守太傅、邺都留守，守贞天平军节度使，余各领旧职。分降卒之半付重威，半以隶赵延寿。命御史大夫解里、监军傅桂儿、张彦泽持诏入汴，谕晋帝母李氏，以安其意，且召桑维翰、景延广先来。留骑兵千人守魏，自率大军而南。壬申，解里等至汴，晋帝重贵素服拜命，与母李氏奉表请罪。初，重贵绝和好，维翰数谏止之，不从。至是，彦泽杀维翰，给言自经死。诏收葬之，复其田园第宅，仍厚恤其家。甲戌，彦泽迁重贵及其母若妻于开封府署，以控鹤指挥使李荣督兵卫之。壬午，次赤冈。重贵与举族出封丘门，稿索牵牛以待。上不忍临视，命改馆封禅寺。晋百官缟衣纱帽，俯伏待罪。上曰："其主负恩，其臣何罪！"命领职如故，即授安叔千金吾卫上将军。叔千出班独立，上曰："汝邢州之请，朕所不忘。"乃加镇国军节度使，盖在邢尝密请内附也。将军康祥执景延广来献，诏以牙筹数其罪，凡八，絷送都，道自杀。

大同元年春正月丁亥朔，备法驾入汴，御崇元殿，受百官贺。戊子，以枢密副使刘敏权知开封府，杀秦继旻、李彦绅及郑州防御使杨承勋，以其弟承信为平卢军节度使，袭父爵。初，杨光远在青州求内附，其子承勋不听，杀其判官丘涛及弟承祚等，自归于晋，故诛之。己丑，以张彦泽擅徙重贵开封，杀桑维翰，纵兵大掠，不道，斩于市，晋人脔食之。辛卯，降重贵为崇禄大夫、检校太尉，封负义侯。癸巳，以张砺为平章事，晋李崧为枢密使，冯道为太傅，和凝为翰林学士，赵莹为太子太保，刘煦守太保，冯玉为太子少保。癸卯，遣赵莹、冯玉、李彦韬将三百骑送负义侯及其母李氏、□妃□氏、妻冯氏、弟重睿、子延煦、延宝等于黄龙府安置。仍以其宫女五十人、内宦三人、东西班五十人、医官一人、控鹤四人、庖丁七人、茶酒司三人、仪鸾三人、健卒十人从之。

二月丁巳朔，建国号大辽，大赦，改元大同。升镇州为中京。以赵延寿为大丞相兼政事令、枢密使、中京留守，中外官僚将士爵赏有差。辛未,河东节度使北平王刘知远自立为帝,国号汉。诏以耿崇美为昭义军节度使,高唐英为昭德军节度使,崔廷勋为河阳军节度使,分据要地。

三月丙戌朔,以萧翰为宣武军节度使,赐将吏爵赏有差。壬寅,晋诸司僚吏、嫔御、宦寺、方技、百工、图籍、历象、石经、铜人、明堂刻漏、太常乐谱、诸宫县、卤簿、法物及铠仗,悉送上京。磁州帅梁晖以相州降汉。己酉,命高唐英讨之。

夏四月丙辰朔,发自汴州,以冯道、李崧、和凝、李凝、徐台符、张砺等从行。次赤冈,夜有声如雷,起于御幄,大星复陨于旗鼓前。乙丑,济黎阳渡,顾谓侍臣曰:“朕此行有三失:纵兵掠刍粟,一也;括民私财,二也;不遽遣诸节度还镇,三也。”皇太弟遣使问军前事,上报曰:“初以兵二十万降杜重威、张彦泽,下镇州。及入汴,视其官属具员者省之,当其才者任之。司属虽存,官吏废堕,犹雏飞之后,徒有空巢。久经离乱,一至于此。所在盗贼屯结,土功不息,馈饷非时,民不堪命。河东尚未归命,西路酋帅亦相党附,夙夜以思,制之之术,惟推心庶僚,和协军情,抚绥百姓三者而已。今所归顺凡七十六处,得户一百九万百一十八。非汴州炎热,水土难居,止得一年,太平可指掌而致。且改镇州为中京,以备巡幸。欲伐河东,姑俟别图。其概如此。”戊辰,次高邑,不豫。丁丑,崩于栾城,年四十六。是岁九月壬子朔,葬于凤山,陵曰怀陵,庙号太宗。统和二十六年七月,上尊谥孝武皇帝。重熙二十一年九月,增谥孝武惠文皇帝。

赞曰:太宗甫定多方,远近向化,建国号,备典章,至于厘庶政,阅名实,录囚徒,教耕织,配鳏寡。求直言之士,得郎君海思即擢宣徽。嘉唐张敬达忠于其君,卒以礼葬。辍游豫而纳三克之请,悯士卒而下休养之令。亲征晋国,重贵面缚,斯可谓威德兼弘,英略间见者矣。入汴之后,无几微之骄,有三失之训。《传》称郑伯之善处胜,《书》进《秦誓》之能悔过,太宗盖兼有之,其卓矣乎!

辽史卷五
本纪第五

世　宗

世宗孝和庄宪皇帝，讳阮，小字兀欲。让国皇帝长子，母柔贞皇后萧氏。帝仪观丰伟，内宽外严，善骑射，乐施予，人望归之。太宗爱之如子。会同九年，从伐晋。

大同元年二月，封永康王。

四月丁丑，太宗崩于栾城。戊寅，梓宫次镇阳，即皇帝位于枢前。甲申，次定州，命天德、朔古、解里等护梓宫先赴上京。太后闻帝即位，遣太弟李胡率兵拒之。

六月甲寅朔，次南京，五院夷离堇安端、详稳刘哥遣人驰报，请为前锋。至泰德泉，遇李胡军，战败之。上遣郎君勤德等诣两军谕解。

秋闰七月，次潢河，太后、李胡整兵拒于横渡，相持数日。用屋质之谋，各罢兵趋上京。既而闻太后、李胡复有异谋，迁于祖州。诛司徒划设及楚补里。

八月壬午朔，尊母萧氏为皇太后，以太后族剌只撒古鲁为国舅帐，立详稳以总焉。以崇德宫户分赐翼戴功臣及北院大王洼、南院大王吼各五十，安搏、楚补各百。的鲁、铁剌子孙先以非罪籍没者归之。癸未，始置北院枢密使，以安搏为之。

九月壬子，葬嗣圣皇帝于怀陵。丁卯，行柴册礼，群臣上尊号曰天授皇帝。大赦,改大同元年为天禄元年。追谥皇考曰让国皇帝。以安端主东丹国,封明王,察割为泰宁王,刘哥为惕隐,高勋为南院枢密使。

二年春正月,天德、萧翰、刘哥、盆都等谋反。诛天德,杖萧翰,迁刘哥于边,罚盆都使辖戛斯国。汉主刘知远殂,子承祐立。

夏四月庚辰朔,南唐遣李朗、王祚来慰且贺,兼奉蜡丸书,议攻汉。

秋七月壬申,皇子贤生。

冬十月壬午,南京留守魏王赵延寿薨,以中台省右相牒蜡为南京留守,封燕王。

十一月,驻跸彰武南。

三年春正月,萧翰及公主阿不里谋反。翰伏诛,阿不里瘐死狱中。庚申,肆赦。内外官各进一阶。

夏六月戊寅,以敌史耶律胡离轸为北院大王。己卯,惕隐颓昱封漆水郡王。

秋九月辛丑朔,召群臣议南伐。

冬十月,遣诸将率兵攻下贝州高老镇,徇地邺都、南宫、堂阳,杀深州刺史史万山,俘获甚众。

四年春二月辛未,泰宁王察割来朝,留侍。是月,建政事省。

三月戊戌朔,南唐遣赵延嗣、张福等来贺南征捷。

秋九月乙丑朔,如山西。

冬十月,自将南伐,攻下安平、内丘、束鹿等城,大获而还。

是岁,册皇后萧氏。

五年春正月癸亥朔,如百泉湖。汉郭威弑其主自立,国号周。遣朱宪来告。即遣使致良马。汉刘崇自立于太原。

二月,周遣姚汉英、华昭胤来,以书辞抗礼,留汉英等。

夏五月壬戌朔,太子太傅赵莹薨,辍朝一日,命归葬于汴。诏州县录事参军、主簿委政事省铨注。

六月辛卯朔,刘崇为周所攻,遣使称侄,乞援,且求封册。即遣燕王牒蜡、枢密使高勋册为大汉神武皇帝。南唐遣蒋洪来,乞举兵应援。是夏,清暑百泉岭。

九月庚申朔,自将南伐,壬戌,次归化州祥古山。癸亥,祭让国皇帝于行宫。群臣皆醉,察割反,帝遇弑,年三十四。应历元年,葬于显州西山,陵曰显陵。二年,谥孝和皇帝,庙号世宗。统和二十六年七月,加谥孝和庄宪皇帝。

赞曰:世宗,中才之主也。入继大统,曾未三年,纳唐丸书,即议南伐。既乏持重,宜乘周防,盖有致祸之道矣。然而孝友宽慈,亦有君人之度焉。未及师还,变起沉湎,岂不可哀也哉!

辽史卷六
本纪第六

穆宗上

穆宗孝安敬正皇帝，讳璟，小字述律。太宗皇帝长子，母曰靖安皇后萧氏。会同二年，封寿安王。

天禄五年九月癸亥，世宗遇害，逆臣察割等伏诛。丁卯，即皇帝位，群臣上尊号曰天顺皇帝，改元应历。戊辰，如南京。是月，遣刘承训告哀于汉。

冬十一月，汉、周、南唐各遣使来吊。乙亥，诏朝会依嗣圣皇帝故事，用汉礼。

十二月甲辰，汉遣使献弓矢、鞍马。壬子，铁骊、鼻骨德皆来贡。

二年春正月戊午朔，南唐遣使奉蜡丸书及进犀兕甲万属。壬戌，太尉忽古质谋逆，伏诛。

二月癸卯，女直来贡。

三月癸亥，南唐遣使奉蜡丸书。丁卯，复遣使来贡。甲申，以耶律挞烈为南院大王。

夏四月丙戌朔，日有食之。己亥，铁骊进鹰鹘。

五月丙辰朔，视朝。壬午，南唐遣使来贡。

六月壬辰，国舅政事令萧眉古得、宣政殿学士李澣等谋南奔，事觉，诏暴其罪。乙未，祭天地。壬寅，汉为周所侵，遣使求援，命中台省右相高模翰赴之。丁未,命乳媪之兄曷鲁世为阿速石烈夷离堇。

秋七月乙亥,政事令娄国、林牙敌烈、侍中神都、郎君海里等谋乱就执。

八月己丑,眉古得、娄国等伏诛,杖李澣而释之。

九月甲寅朔,云州进嘉禾四茎,二穗。戊午,诏以先平察割日,用白黑羊、玄酒祭天,岁以为常。壬戌,猎炭山,祭天。庚辰,敌烈部来贡。

冬十月甲申朔,汉遣使进葡萄酒。甲午,司徒老古等献白雉。戊申,回鹘及辖戛斯皆遣使来贡。

十一月癸丑朔,视朝。己巳,地震。己卯,日南至,始用旧制行拜日礼。朔州民进黑兔。

十二月癸未朔,高模翰及汉兵围晋州。辛卯,以生日,饭僧,释系囚。甲辰,猎于近郊,祀天地。辛亥,明王安端薨。

三年春闰正月壬午朔,汉以高模翰却周军,遣使来谢。

二月辛亥朔,诏用嗣圣皇帝旧玺。甲子,太保敌烈修易州城,镇州以兵来挑战,却之。

三月庚辰朔,南唐遣使来贡,因附书于汉,诏达之。庚寅,如应州击鞠。丁酉,汉遣使进球衣及马。庚子,观渔于神德湖。

夏四月庚申,铁骊来贡。

五月壬寅,汉遣使言,石晋树先帝圣德神功碑为周人所毁,请再刻,许之。

六月丁卯,应天皇太后崩。

秋七月,不视朝。

八月壬子,以生日,释囚。己未,汉遣使求援。三河乌古、吐蕃、吐谷浑、鼻骨德皆遣使来贡。

九月庚子,汉遣使贡药。

冬十月己酉,命太师唐骨德治大行皇太后园陵。李胡子宛、郎君稣干、敌烈谋反,事觉,辞逮太平王罨撒葛、林牙华割、郎君新罗等,皆执之。

十一月辛丑,谥皇太后曰贞烈,葬祖陵。汉遣使来会。

冬,驻跸奉圣州,以南京水,诏免今岁租。

四年春正月戊寅,回鹘来贡。己丑,华割、稣干等伏诛,宛及罨撒葛皆释之。是月,周主威殂,养子晋王柴荣嗣立。

二月丙午朔,周攻汉,命政事令耶律敌禄援之。丙辰,汉遣使进茶药。幸南京。

夏五月乙亥,忻、代二州叛汉,遣南院大王挞烈助敌禄讨之。丁酉,挞烈败周将符彦卿于忻口。

六月癸亥,挞烈献所获。

秋七月乙酉,汉民有为辽军误掠者,遣使来请,诏悉归之。

九月丙申,汉为周人所侵,遣使来告。

冬十一月,彰国军节度使萧敌烈、太保许从赟奏忻、代二州捷。

十二月辛酉朔,谒祖陵。庚午,汉遣使来贡。

是冬,驻跸杏崵。

五年春正月辛未朔,鼻骨德来贡。

二月庚子朔,日有食之。庚申,汉遣使请上尊号,不许。壬戌,如霫潭。

夏四月己酉,周侵汉,汉遣使求援。癸丑,命郎君萧海璃世为北府宰相。

秋九月庚辰,汉主有疾,遣使来告。

冬十月壬申,女直来贡。丁亥,谒太宗庙。庚寅,南唐遣使来贡。

十一月乙未朔,汉主崇殂,子承钧遣使来告,且求嗣立。遣使吊祭,遂封册之。

十二月乙丑朔,谒太祖庙。辛巳,汉遣使来议军事。

六年夏五月丁酉,谒怀陵。

六月甲子,汉遣使来议军事。

秋七月,不视朝。

九月戊午,谒祖陵。

冬十一月壬寅,鼻骨德来贡。

十二月己未朔,谒太祖庙。

七年春正月庚子,鼻骨德来贡。

二月辛酉,南唐遣使奉蜡丸书。辛未,驻跸潢河。

夏四月戊午,还上京。初,女巫肖古上延年药方,当用男子胆和之。不数年,杀人甚多。至是,觉其妄。辛巳,射杀之。

五月辛卯,汉遣使来贡。

六月丙辰,周遣使来聘。南唐遣使来贡。

八月己未,周遣使来聘。是秋,不听政。

冬十月庚申,猎于七鹰山。

十二月丁巳,诏大臣曰:"有罪者,法当刑。朕或肆怒,滥及无辜。卿等切谏,无或面从。"辛巳,还上京。

八年春二月乙丑,驻跸潢河。

夏四月甲寅,南京留守萧思温攻下沿边州县,遣人劳之。

五月,周陷束城县。

六月辛未,萧思温请益兵,乞驾幸燕。

秋七月,猎于拽剌山,迄于九月。射鹿诸山,不视朝。

冬十一月辛酉,汉遣使来告周复来侵。乙丑,使再至。

十二月庚辰,又至。

九年春正月戊辰,驻跸潢河。

夏四月丙戌,周来侵。戊戌,以南京留守萧思温为兵马都总管击之。是月,周拔益津、瓦桥、淤口三关。

五月乙巳朔,陷瀛、莫二州。癸亥,如南京。辛未,周兵退。

六月乙亥朔,视朝。戊寅,复容城县。庚申,西幸,如怀州。是月,周主荣殂,子宗训立。

秋七月,发南京军戍范阳。

冬十二月戊寅,还上京。庚辰,王子敌烈、前宣徽使海思及萧达干等谋反,事觉,鞫之。辛巳,祀天地、祖考,告逆党事败。丙申,召群臣议时政。

十年春正月,周殿前都点检赵匡胤废周自立,建国号宋。

夏五月乙巳,谒怀陵。壬子,汉以潞州归附来告。丙寅,至自怀陵。

六月庚申,汉以宋兵围石州来告,遣大同军节度使阿剌率四部往援,诏萧思温以三部兵助之。

秋七月己亥朔,宋兵陷石州,潞州复叛,汉使来告。辛酉,政事令耶律寿远、太保楚阿不等谋反,伏诛。以酒脯祠天地于黑山。

八月,如秋山,幸怀州。庚午,以镇茵石狨猊击杀近侍古哥。

冬十月丙子,李胡子喜隐谋反,辞连李胡,下狱死。

十一月,海思狱中上书,陈便宜。

十一年春二月丙寅,释喜隐。辛亥,司徒乌里只子迭剌哥诬告其父谋反,复诈乘传及杀行人,以其父请,杖而释之。

丙辰,萧思温奏老人星见,乞行赦宥。

闰月甲子,如潢河。

夏四月癸巳朔,日有食之。是月,射鹿,不视朝。

五月乙亥,司天王白、李正等进历。

六月甲午,赦。

冬十一月,岁星犯月。

十二年春正月甲戌,夜观灯。

二月己丑朔，以御史大夫萧护思为北院枢密使，赐对衣、鞍马。

夏五月庚午，以旱，命左右以水相沃。顷之，果雨。

六月甲午，祠木叶山及潢河。

秋，如黑山、赤山射鹿。

十三年春正月，自丁巳，昼夜酣饮者九日。丙寅，宋欲城益津关，命南京留守高勋、统军使崔延勋以兵扰之。癸酉，杀兽人海里。

二月庚寅，汉遣使来告，欲巡边徼，乞张声援。壬辰，如潢河。癸巳，观群臣射，赐物有差。乙巳，老人星见。

三月癸丑朔，杀鹿人弥里吉，枭其首以示掌鹿者。

夏四月壬寅，猎于潢河。

五月壬戌，斡朗改国所进花鹿生麑。

六月癸未，近侍伤獐，杖杀之。甲申，杀獐人霞马。壬辰，诏诸路录囚。

秋七月辛亥朔，汉以宋侵来告。乙丑，荐时羞于庙。

八月甲申，以生日，纵五坊鹰鹘。戊戌，幸近山，呼鹿射之，旬有七日而后返。

九月庚戌朔，以青牛、白马祭天地。饮于野次，终夕乃罢。辛亥，以酒脯祭天地，复终夜酣饮。

冬十月丙申，汉以宋侵来告。

十一月庚午，猎，饮于虞人之家，凡四日。

十二月戊子，射野鹿，赐虞人物有差。庚寅，杀鹿人曷主。

辽史卷七
本纪第七

穆宗下

十四年春正月戊寅朔,奉安神纛。戊戌,汉以宋将来袭,驰告。

二月壬子,诏西南面招讨使挞烈进兵援汉。癸亥,如潢河。戊辰,支解鹿人没答、海里等七人于野,封土识其地。己巳,如老林东泺。壬申,汉以败宋兵石州来告。

夏四月丁巳,汉以击退宋军,遣使来谢。是月,黄龙府甘露降。

五月,射舐碱鹿于白鹰山,至于浃旬。

六月丙午朔,猎于玉山,竟月忘返。

秋七月壬辰,以酒脯祀黑山。

八月乙巳,如碾子岭,呼鹿射之,获鹿四,赐虞人女瓌等物有差。丁未,还宫。戊申,以生日值天赦,不受贺,曲赦京师囚。乙卯,录囚。

九月,黄室韦叛。

冬十月丙午,近侍乌古者进石错,赐白金二百五十两。丙辰,以掌鹿矧思代斡里为闸撒狨,赐金带、金盏,银二百两。所隶死罪以下得专之。

十一月壬午,日南至,宴饮达旦。自是昼寝夜饮,杀近侍小六于禁中。

十二月丙午,以黑兔祭神。乌古叛,掠民财畜。详稳僧隐与战,败绩。僧隐及乙实等死之。

十五年春正月己卯，以枢密使雅里斯为行军都统，虎军详稳楚思为行军都监，益以突吕不部军三百，合诸部兵讨之。乌古夷离堇子勃勒底独不叛，诏褒之。是月，老人星见。

二月壬寅朔，日有食之。上东幸。甲寅，以获鸭，除鹰坊刺面、腰斩之刑，复其徭役。是月，乌古杀其长宰离底，余众降，复叛。

三月癸酉，近侍东儿进匕箸不时，手刃刺之。丁丑，大黄室韦酋长寅尼吉叛。癸未，五坊人四十户叛入乌古。癸巳，虞人沙剌迭侦鹅失期，加炮烙、铁梳之刑而死。

夏四月乙巳，小黄室韦叛，雅里斯、楚思等击之，为室韦所败，遣使诘之。乙卯，以秃里代雅里斯为都统，以女古为监军，率轻骑进讨，仍令挞马寻吉里持诏招谕。

五月壬申，寻吉里奏，谕之不从。雅里斯以挞凛、苏二群牧兵追至柴河，与战不利。甲申，库古只奏室韦长寅尼吉亡入敌烈。

六月辛亥，俞鲁古献良马，赐银二千两。以近侍忽剌比马至先以闻，赐银千两。是月，敌烈来降。

秋七月甲戌，雅里斯奏乌古至河德泺，遣夷离堇画里、夷离毕常思击之。丁丑，乌古掠上京北榆林峪居民，遣林牙萧干讨之。庚辰，雅里斯等与乌古战，不利。

十月丁未，常思与乌古战，败之。

十二月甲辰，以近侍喜哥私归，杀其妻。丁未，杀近侍随鲁。驻跸黑山平淀。

十六年春正月丁卯朔，被酒，不受贺。甲申，微行市中，赐酒家银绢。乙酉，杀近侍白海及家仆衫福、押剌葛、枢密使门吏老古、挞马失鲁。

三月己巳，东幸。庚午获鸭，甲申获鹅，皆饮达旦。

五月甲申，以岁旱，泛舟于池祷雨。不雨，舍舟立水中而祷，俄顷，乃雨。

六月丙申，以白海死非其罪，赐其家银绢。

秋七月壬午，谕有司："凡行幸之所，必高立标识，令民勿犯，违以死论。

八月丁酉，汉遣使贡金器、铠甲。

闰月乙丑，观野鹿入驯鹿群，立马饮至晡。

九月庚子，以重九宴饮，夜以继日，至壬子乃罢。己未，杀狼人裛里。

十月庚辰，汉主有母丧，遣使赙吊。

十二月甲子，幸酒人拔剌哥家，复幸殿前都点检耶律夷腊葛第，宴饮连日。赐金盂、细锦及孕马百疋，左右授官者甚众。戊辰，汉遣使来贡。

是冬，驻跸黑山平淀。

十七年春正月庚寅朔，林牙萧斡、郎君耶律贤适讨乌古还，帝执其手，赐卮酒，授贤适右皮室详稳。雅里斯、楚思、霞里三人赐醊酒以辱之。乙卯，夷离毕骨欲献乌古俘。

二月甲子，高勋奏宋将城益津关，请以偏师扰之，上从之。

夏四月戊辰，杀鹰人敌鲁。丙子，射柳祈雨，复以水沃群臣。

五月辛卯，杀鹿人札葛。壬辰，北府宰相萧海璃薨，辍朝，罢重五宴。

六月己未，支解雉人寿哥、念古，杀鹿人四十四人。

是夏，驻跸裛潭。

秋八月辛酉，生日。以政事令阿不底病亟，不受贺。

九月自丙戌朔，猎于黑山、赤山，至于月终。

冬十月乙丑，杀酒人粹你。

十一月辛卯，杀近侍廷寿。壬辰，杀豕人阿不札、曷鲁、术里者、涅里括。庚子，司天台奏月当食不亏，上以为祥，欢饮达旦。壬寅，杀鹿人唐果、直哥、撒剌。

十二月辛未，手杀饔人海里，复脔之。

是冬，驻跸黑河平淀。

十八年春正月乙酉朔，宴于宫中，不受贺。己亥，观灯于市。以银百两市酒，命群臣亦市酒，纵饮三夕。

二月乙卯，幸五坊使霞实里家，宴饮达旦。

三月甲申朔，如潢河。乙酉，获驾鹅，祭天地。造大酒器，刻为鹿文，名曰“鹿瓶”，贮酒以祭天。庚戌，杀鹘人胡特鲁、近侍化葛及监囚海里，仍剉海里之尸。

夏四月癸丑，杀獐人抄里只。己巳，诏“左右从班有材器干局者，不次擢用；老耄者，增俸以休于家”。

五月丁亥，重五，以被酒不受贺。壬辰，获鹅于述古水，野饮终夜。丁酉，与政事令萧排押、南京留守高勋、太师昭古、刘承训等酺饮，连日夜。己亥，杀鹿人颇德、腊哥、陶瑰、札不哥、苏古涅、雏保、弥古特、敌苔等。

六月丙辰，杀獐人屯奴。己未，为殿前都点检夷腊葛置神帐，曲赦京畿囚。甲戌，挞烈于雕窠中得牝犬来进。

是夏，清暑裒潭。

秋七月辛丑，汉主承钧殂，子继元立，来告。遣使吊祭。

九月戊子，杀详稳八剌、拽剌痕笃等四人。己丑，登小山祭天地。戊戌，知宋欲袭河东，谕西南面都统、南院大王挞烈豫为之备。己亥，猎熊，以唤鹿人铺姑并掖庭户赐夷腊葛。甲辰，以夷腊葛兼政事令，仍以黑山东抹真之地数十里赐之，以女瓌为近侍，女直详稳戛陌为本部夷离堇。

是秋，猎于西京诸山。

冬十月辛亥朔，宋围太原，诏挞烈为兵马总管，发诸道兵救之。

十一月癸卯，冬至，被酒，不受贺。

十二月丁丑，杀酒人搭烈葛。

是冬，驻跸黑山东川。

十九年春正月己卯朔，宴宫中，不受贺。己丑，立春，被酒，命殿前都点检夷腊葛代行击土牛礼。甲午,与群臣为叶格戏。戊戌,醉中骤加左右官。乙巳,诏太尉化哥曰:"朕醉中处事有乖,无得曲从。酒解,可覆奏。"自立春饮至月终,不听政。

三月甲寅,汉刘继元嗣立,遣使乞封册。辛酉,遣韩知范册为皇帝。癸亥,杀前导末及益刺,剉其尸,弃之。甲子,汉遣使进白麃。己巳,如怀州,猎获熊,欢饮方醉,驰还行宫。是夜,近侍小哥、盥人花哥、庖人辛古等六人反,帝遇弑,年三十九。庙号穆宗,后附葬怀陵。重熙二十一年,谥曰孝安敬正皇帝。

赞曰:穆宗在位十八年,知女巫妖妄见诛,谕臣下滥刑切谏,非不明也。而荒耽于酒,畋猎无厌。侦鹅失期,加炮烙铁梳之刑;获鸭甚欢,除鹰坊刺面之令。赏罚无章,朝政不视,而嗜杀不已,变起肘腋,宜哉!

辽史卷八

本纪第八

景宗上

景宗孝成康靖皇帝,讳贤,字贤宁,小字明扆。世宗皇帝第二子,母曰怀节皇后萧氏。察割之乱,帝甫四岁。穆宗即位,养永兴宫,既长,穆宗酗酒怠政。帝一日与韩匡嗣语及时事,耶律贤适止之,帝悟,不复言。

应历十九年二月戊辰,入见,穆宗曰:"吾儿已成人,可付以政。"己巳,穆宗遇弑,帝率飞龙使女里、侍中萧思温、南院枢密使高勋率甲骑千人驰赴。黎明至行在,哭之恸。群臣劝进,遂即皇帝位于枢前。百官上尊号曰天赞皇帝。大赦,改元保宁。以殿前都点检耶律夷腊、右皮室详稳萧乌里只宿卫不严,斩之。

三月丙戌,入上京,以萧思温为北院枢密使。太平王罨撒葛亡入沙沱。己丑,夷离毕粘木衮以阴附罨撒葛伏诛。癸巳,罨撒葛入朝。甲午,以北院枢密使萧思温兼北府宰相。己亥,南院枢密使高勋封秦王。

夏四月戊申朔,进封太平王罨撒葛为齐王,改封赵王喜隐为宋王,封隆先为平王,稍为吴王,道隐为蜀王,必摄为越王,敌烈为冀王,宛为卫王。

五月戊寅,立贵妃萧氏为皇后。丙申朔,射柳祈雨。有司请以帝生日为天清节,从之。壬寅,汉遣李匡弼、刘继文、李元素等来贺。

冬十月,东幸袅潭。

十一月甲辰朔,行柴册礼,祠木叶山,驻跸鹤谷。乙巳,萧思温封魏王,北院大王屋质加于越。

二年春正月丁未,如潢河。

夏四月,幸东京,致奠于让国皇帝及世宗庙。

五月癸丑,西幸。乙卯,次盘道岭,盗杀北院枢密使萧思温。

六月,还上京。

秋七月,以右皮室详稳贤适为北院枢密使。

九月辛丑,得国舅萧海只及海里杀萧恩温状,皆伏诛,流其弟神睹于黄龙府。

十二月庚午,汉遣使来贡。

三年春正月甲寅,右夷离毕奚底遣人献敌烈俘,诏赐有功将士。庚申,置登闻鼓院。辛酉,南京统军使魏国公韩匡美封邺王。

二月癸酉,东幸。壬午,遣铎遏使阿萨兰回鹘。己丑,以青牛、白马祭天地。

三月丁未,以飞龙使女里为契丹行宫都部署。

夏四月丁卯,世宗妃啜里及蒲哥厌魅,赐死。己卯,祠木叶山,行再生礼。丙戌,至自东幸。戊子,萧神睹伏诛。

六月丙子,汉遣使问起居。自是继月而至。丁丑,回鹘遣使来贡。

秋七月辛丑,以北院枢密使贤适为西北路招讨使。

八月甲戌,如秋山。辛卯,祭皇兄吼墓,追册为皇太子,谥庄圣。

九月乙巳,赐傅父侍中达里迭、太保楚补、太保婆儿、保母回室、押雅等户口、牛羊有差。又以潜邸给使者为挞马部,置官掌之。壬子,幸归化州。甲寅,如南京。

冬十月己巳,以黑白羊祀神。癸未,汉遣使来贡。丙戌,鼻骨德、吐谷浑来贡。

十一月庚子,胪朐河于越延尼里等率户四百五十来附,乞隶宫籍。诏留其户,分隶敦睦、积庆、永兴三宫,优赐遣之。

十二月癸酉,以青牛白马祭天地。已丑,皇子隆绪生。

是冬,驻跸金川。

四年春二月癸亥,汉以皇子生,遣使来贺。

闰月戊申,齐王罨撒葛薨。

三月庚申朔,追册为皇太叔。

夏四月庚寅朔,追封萧思温为楚国王。

是夏,驻跸冰井。

秋七月,如云州。丁丑,鼻骨德来贡。

冬十月丁亥朔,如南京。

十二月甲午,诏内外官上封事。

五年春正月甲子,惕隐休哥伐党项,破之,以俘获之数来上。汉遣使来贡。庚午,御五凤楼观灯。

二月丁亥,近侍实鲁里误触神纛,法论死,杖释之。壬辰,越王必摄献党项俘获之数。戊申,以青牛白马祭天地。辛亥,幸新城。

三月乙卯朔,复幸新城。追封皇后祖胡母里为韩王,赠伯胡鲁古兼政事令,尼古只兼侍中。

夏四月丙申,白气昼见。

五月癸亥,于越屋质薨,辍朝三日。辛未,女直侵边,杀都监达里迭、拽剌斡里鲁,驱掠边民牛马。已卯,阿萨兰回鹘来贡。

六月庚寅,女直宰相及夷离堇来朝。丙申,汉遣人以宋事来告。

秋七月庚辰,以保大军节度使耶律斜里底为中台省左相。是月,驻跸燕子城。

九月壬子,鼻骨德部长曷鲁挞览来贡。

冬十月丁酉,如南京。

十一月辛亥朔,始获应历逆党近侍小哥、花哥、辛古等,诛之。

十二月戊戌,汉将改元,遣使禀命。是月,如归化州。

六年春正月癸未,幸南京。

三月,宋遣使请和,以涿州刺史耶律昌术加侍中,与宋议和。

夏四月,宋王喜隐坐谋反,废。

秋七月丁未朔,阁门使酌古加检校太尉兼御史大夫,男海里以告喜隐事,遥授陇州防御使。庚申,猎于平地松林。

冬十月乙亥朔,还上京。

十二月戊子,以沙门昭敏为三京诸道僧尼都总管,加兼侍中。

七年春正月甲戌朔,宋遣使来贺。壬寅,望祠木叶山。

二月癸亥,汉雁门节度使刘继文来朝,贡方物。丙寅,以青牛白马祭天地。

三月壬午,耶律速撒等献党项俘,分赐群臣。

夏四月,遣郎君矧思使宋。己酉,祠木叶山。辛亥,射柳祈雨。如频跸淀清暑。

五月丙戌,祭神姑。

秋七月,黄龙府卫将燕颇杀都监张琚以叛,遣敞史耶律曷里必讨之。

九月,败燕颇于治河,遣其弟安抟追之。燕颇走保兀惹城,安抟乃还,以余党千余户城通州。

是秋,至自频跸淀。

冬十月,钩鱼土河。

八年春正月癸酉,宋遣使来聘。

二月壬寅,谕史馆学士,书皇后言亦称"朕"暨"予",著为定式。

三月辛未,遣五使廉问四方鳏寡孤独及贫乏失职者,振之。

夏六月,以西南面招讨使耶律斜轸为北院大王。

秋七月丙寅朔,宁王只没妻安只伏诛,只没、高勋等除名。辛未,宋遣使来贺天清节。

八月癸卯,汉遣使言天清节设无遮会,饭僧祝厘。丁未,如秋山。己酉,汉以宋事来告。是月,女直侵贵德州东境。

九月己巳,谒怀陵。辛未,东京统军使察邻、详稳涧奏女直袭归州五寨,剽掠而去。乙亥,鼻骨德来贡。壬午,汉为宋人所侵,遣使求援。命南府宰相耶律沙、冀王敌烈赴之。戊子,汉以宋师压境,遣驸马都尉卢俊来告。

冬十月辛丑,汉以辽师退宋军来谢。

十一月丙子,宋主匡胤殂,其弟炅自立,遣使来告。辛卯,遣郎君王六、挞马涅木古等使宋吊慰。

十二月壬寅,遣萧只古、马哲贺宋即位。丁未,汉以宋军复至、掠其军储来告,且乞赐粮为助。戊午,诏南京复礼部贡院。是月,辖戛斯国遣使来贡。

辽史卷九
本纪第九

景宗下

九年春正月丙寅,女直遣使来贡。

二月庚子,宋遣使致其先帝遗物。甲寅,以青牛白马祭天地。

三月癸亥,耶律沙、敌烈献援汉之役所获宋俘。戊辰,诏以粟二十万斛助汉。

五月庚午,汉遣使来谢,且以宋事来告。己丑,女直二十一人来请宰相、夷离堇之职,以次授之。

六月丙辰,以宋王喜隐为西南面招讨使。

秋七月庚申朔,回鹘遣使来贡。甲子,宋遣使来聘。壬申,汉以宋侵来告。丙子,遣使助汉战马。

八月,汉遣使进葡萄酒。

冬十月甲子,耶律沙以党项降酋可丑、买友来见,赐诏抚谕。丁卯,以可丑为司徒,买友为太保,各赐物遣之。壬申,女直遣使来贡。乙酉,汉复遣使以宋事来告。

十一月丁亥朔,司天奏日当食不亏。戊戌,吐谷浑叛入太原者四百余户,索而还之。癸卯,祠木叶山。乙巳,遣太保迭烈割等使宋。乙卯,汉复遣使以宋事来告。

十二月戊辰,猎于近郊,以所获祭天。

十年春正月癸丑,如长泺。

二月庚午,阿萨兰回鹘来贡。

三月庚寅,祭显陵。

夏四月丁卯,西幸。己巳,女直遣使来贡。

五月癸卯,赐女里死,遣人诛高勋等。

六月己未,驻跸沿柳湖。

秋七月庚戌,享太祖庙。

九月癸未,平王隆先子陈哥谋害其父,车裂以徇。

是冬,驻跸金川。

乾亨元年春正月乙酉,遣挞马长寿使宋,问兴师伐刘继元之故。丙申,长寿还,言“河东逆命,所当问罪。若北朝不援,和约如旧;不然,则战”。

二月丁卯,汉以宋兵压境,遣使乞援。诏南府宰相耶律沙为都统,冀王敌烈为监军赴之。又命南院大王斜轸以所部从,枢密副使抹只督之。

三月辛巳,速撒遣人以别部化哥等降,纳之。丙戌,汉遣使谢抚谕军民,诏北院大王奚底、乙室王撒合等以兵戍燕。己丑,汉复告宋兵入境。诏左千牛卫大将军韩侼、大同军节度使耶律善补以本路兵南援。辛卯,女直遣使来贡。丁酉,耶律沙等与宋战于白马岭,不利。冀王敌烈及突吕不部节度使都敏、黄皮室详稳唐笴皆死之,士卒死伤甚众。

夏四月辛亥,汉以行军事宜来奏,卢俊自代州驰状告急。辛酉,敌烈来贡。

五月己卯,宋兵至河东,汉与战,不利。刘继文、卢俊来奔。

六月,刘继元降宋,汉亡。甲子,封刘继文为彭城郡王,卢俊同政事门下平章事。宋主来侵。丁卯,北院大王奚底、统军使萧讨古、乙室王撒合击之。战于沙河,失利。己巳,宋主围南京。丁丑,诏谕耶律沙及奚底、讨古等军中事宜。

秋七月癸未,沙等及宋兵战于高梁河,少却。休哥、斜轸横击,

大败之。宋王仅以身免，至涿州，窃乘驴车遁去。甲申，击宋余军，
所杀甚众，获兵仗、器甲、符印、粮馈、货币不可胜计。辛丑，耶律沙
遣人上俘获，以权知南京留守事韩德让、权南京马步军都指挥使耶
律学古、知三司事刘弘皆能安人心、捍城池，并赐诏褒奖。

八月壬子，阻卜惕隐曷鲁、夷离堇阿里睹等来朝。乙丑，耶律沙
等献俘。丙寅，以白马之役责沙、抹只，复以走宋主功释之。奚底遇
敌而退，以剑背击之。撒合虽却，部伍不乱，宥之。冀王敌烈麾下先
遁者斩之，都监以下杖。壬申，宴沙、抹只等将校，赐物有差。

九月己卯，燕王韩匡嗣为都统，南府宰相耶律沙为监军，惕隐
休哥、南院大王斜轸、权奚王抹只等各率所部兵南伐。仍命大同军
节度使善补领山西兵分道以进。

冬十月乙丑，韩匡嗣与宋兵战于满城，败绩。辛未，太保矧思与
宋兵战于火山，败之。乙亥，诏数韩匡嗣五罪，赦之。

十一月戊寅，宴赏休哥及有功将校。乙未，南院枢密使兼政事
令郭袭上书谏畋猎，嘉纳之。辛丑，冬至，赦，改元乾亨。

十二月乙卯，燕王韩匡嗣遥授晋昌军节度使，降封秦王。壬戌，
蜀王道隐南京留守，徙封荆王。

是冬，驻跸南京。

二年春正月丙子朔，封皇子隆绪为梁王，隆庆为恒王。丁亥，以
惕隐休哥为北院大王，前枢密使贤适封西平郡王。

二月戊辰，如清河。

三月丁亥，西南面招讨副使耶律王六、太尉化哥遣人献党项
俘。

闰月庚午，有鹎飞止御帐，获以祭天。

夏四月庚辰，祈雨。戊子，清暑燕子城。

五月，雷火乾陵松。

六月己亥，喜隐复谋反，囚于祖州。

秋七月戊午，王六等献党项俘。

八月戊戌,东幸。

冬十月辛未朔,命巫者祠天地及兵神。辛巳,将南伐,祭旗鼓。癸未,次南京。丁亥,获敌人,射鬼箭。庚寅,次固安,以青牛白马祭天地。己亥,围瓦桥关。

十一月庚子朔,宋兵夜袭营,突吕不部节度使萧干及四捷军详稳耶律痕德战却之。壬寅,休哥败宋兵于瓦桥东。守将张师引兵出战,休哥奋击,败之。戊申,宋兵阵于水南,休哥涉水击破之,追至莫州,杀伤甚众。己酉,宋兵阵复来,击之殆尽。丙辰,班师。乙丑,还次南京。

十二月庚午朔,休哥拜于越,大飨军士。

三年春二月丙子,东幸。己丑,复幸南京。

三月乙卯,皇子韩八卒。辛酉,葬潢土二河之间,置永州。以秦王韩匡嗣为西南面招讨使。

五月丙午,上京汉军乱,劫立喜隐不克,伪立其子留礼寿,上京留守除室擒之。

秋七月甲子,留礼寿伏诛。

冬十月,如蒲瑰坡。

十一月辛亥,加除室同政事门下平章事。是月,以南院枢密使郭袭为武定军节度使。

十二月,以辽兴军节度使韩德让为南院枢密使。

四年春正月己亥,如华林、天柱。

三月乙未,清明,与诸王大臣较射、宴饮。

夏四月,自将南伐。至满城,战不利,守太尉奚瓦里中流矢死。统军使善补为伏兵所围,枢密使斜轸救免,诏以失备杖之。

五月,班师。清暑燕子城。

秋七月壬辰,遣使赐喜隐死。

八月,如西京。

　　九月庚子,幸云州。甲辰,猎于祥古山,帝不豫。壬子,次焦山,崩于行在。年三十五,在位十三年。遗诏梁王隆绪嗣位,军国大事听皇后命。统和元年正月壬戌,上尊谥孝成皇帝,庙号景宗。重熙二十一年,加谥孝成康靖皇帝。

　　赞曰:辽兴六十余年,神册、会同之间,日不暇给;天禄、应历之君,不令其终;保宁而来,人人望治。以景宗之资,任人不疑,信赏必罚,若可与有为也,而竭国之力以助河东,被军杀将,无救灭亡。虽一取偿于宋,得不偿失。知匡嗣之罪,数而不罚;善郭袭之谏,纳而不用;沙门昭敏以左道乱德,宠以侍中。不亦惑乎!

辽史卷一〇
本纪第一〇

圣宗一

　　圣宗文武大孝宣皇帝，讳隆绪，小字文殊奴。景宗皇帝长子，母曰睿智皇后萧氏。帝幼喜书翰，十岁能诗。既长，精射法，晓音律，好绘画。

　　乾亨二年，封梁王。

　　四年九月壬子，景宗崩。癸丑，即皇帝位于枢前，时年十二。皇后奉遗诏摄政，诏谕诸道。

　　冬十月己未朔，帝始临朝。辛酉，群臣上尊号曰昭望皇帝，尊皇后为皇太后。大赦。以南院大王勃古哲总领山西诸州事，北院大王、于越休哥为南面行军都统，奚王和朔奴副之，同政事门下平章事萧道宁领本部军驻南京。乙丑，如显州。

　　十一月甲午，置乾州。

　　十二月戊午朔，耶律速撒讨阻卜。辛酉，南京留守荆王道隐奏宋遣使献犀带请和，诏以无书却之。甲子，挞剌干乃万十醉言宫掖事，法当死，杖而释之。辛未，南面招讨使秦王韩匡嗣薨。癸酉，奉大行皇帝梓宫于菆涂殿。庚辰，省置中台省宫。

　　统和元年春正月戊午朔，以大行在殡，不受朝。乙丑，奉遗诏，召先帝庶兄质睦于菆涂殿前，复封宁王。加宰相室昉、宣徽使普领等恩。丙寅，荆王道隐有疾，诏遣使存问。是日，皇太后幸其邸视疾。戊辰，以乌隈乌骨里部节度使耶律章瓦同政事门下平章事。甲戌，荆王道隐薨，辍朝三日。追封晋王，遣使扶慰其家。丙子，以于越休哥为南京留守，仍赐南面行营总管印绶，总边事。渤海挞马解里以受先帝厚恩，乞殉葬，诏不许，赐物以旌之。戊寅，遣使赐于越休哥及奚王筹宁、统军使颇德等汤药。命垦笃持送休哥下车榜，以谕燕民。辛巳，速撒献阻卜俘。壬午，涿荆刺史安吉奏宋筑城河北，诏留守于越休哥挠之，勿令就功。赵妃及公主胡骨典、奚王筹宁、宰相安宁、北大王普奴宁、惕隐屈烈、吴王稍、宁王只没与横帐、国舅、契丹、汉宫等并进助山陵费。癸未，齐国公主率内外命妇进物如之。甲申，西南面招讨使韩德威奏党项十五部侵边，以兵击破之。乙酉，以速撒破阻卜，下诏褒美，仍谕与大汉讨党项诸部。丁亥，枢密使兼政事令室昉以年老请解兼职，诏不允。

二月戊子朔，禁所在官吏军民不得无故聚众私语及冒禁夜行，违者坐之。己丑，南京奏，闻宋多聚粮边境及宋主将如台山，诏休哥严为之备。甲午，葬景宗皇帝于乾陵，以近幸朗、掌饮伶人挞鲁为殉。上与皇太后因为书附上大行。丙申，皇太后诣陵置奠，命绘近臣于御容殿，赐山陵工人物有差。庚子，以先帝遗物赐皇族及近臣。辛丑，南京统军使耶律善补养宋边七十余村来附，诏抚存之。乙巳，以御容殿为玉殿，酒谷为圣谷。速撒奏讨党项捷，遣使慰劳。戊申，以惕隐化哥为北院大王，解领为南府宰相。辛亥，幸圣山，遂谒三陵。甲寅，以皇女长寿公主下嫁国舅宰相萧婆项之子吴留。

三月戊午，天德军节度使颓剌父子战殁，以其弟涅离袭爵。己未，次独山。遣使赏西南面有功将士。辛酉，以大父帐太尉耶律曷鲁宁为惕隐。甲子，驻跸辽河之平淀。辛巳，以国舅、同平章事萧道宁为辽兴军节度使，仍赐号忠亮佐理功臣。壬午，以青牛白马祭天地。

夏四月丙戌朔，幸东京。以枢密副使耶律末只兼侍中，为东京留守。庚寅，谒太祖庙。癸巳，诏赐物命妇寡居者。丙申，南幸。辛

丑,谒三陵,以东京所进物分赐陵寝官吏。复诏赐西南路招讨使大
汉剑,不用命者得专杀。壬寅,致享于凝神殿。癸卯,谒乾陵。乙巳,
遣人以酒脯祭平章耶律河阳墓。庚戌,幸夫人乌骨里第,谒太祖御
容,礼毕,幸公主胡古典第饮,赐与甚厚。壬子,大臣以太后预政宜
有尊号,请下有司详定册礼。诏枢密院谕沿边节将,至行礼日止遣
子弟奉表称贺,恐失边备。枢密请诏北府司徒颇德译南京所进律
文,从之。遂如徽州。以耶律庆朗为信州节度使。

　　五月丙辰朔,国舅、政事门下平章事萧道宁以皇太后庆寿,请
归父母家行礼,而齐国公主及命妇、群臣各进物。设宴,赐国舅帐耆
年物有差。壬戌,西南路招讨请益兵讨西突厥诸部,诏北王府耶律
蒲奴宁以敌毕、迭烈二部兵赴之。癸亥,以于越休哥在南院过用吏
人,诏南大王毋相循袭。庚午,耶律善补招亡入宋者,得千余户归
国,诏令抚慰。辛未,次永州,祭王子药师奴墓。乙亥,诏近臣议皇
太后上尊号册礼,枢密使韩德度以后汉太后临朝故事草定上之。丙
子,以青牛白马祭天地。戊寅,幸木叶山。西南路招讨使大汉奏,近
遣拽剌跋剌哥谕党项诸部,来者甚众,下诏褒美。

　　六月乙酉朔,诏有司册皇太后日,给三品以上法服,三品以下
用大射柳之服。西南路招讨使奏党项酋长执夷离堇子隈引等乞内
附,诏抚纳之,仍察其诚伪,谨边备。丙戌,还上京。己丑,有司奏,
同政事门下平章事、驸马都尉卢俊与公主不协,诏离之,遂出俊为
兴国军节度使。辛卯,有事于太庙。甲午,上率群臣上皇太后尊号
曰承天皇太后,群臣上皇帝尊号曰天辅皇帝。大赦,改元统和。丁
未,覃恩中外,文武官各进爵一级。以枢密副使耶律斜轸守司徒。

　　秋七月甲寅朔,皇太后听政。乙卯,上亲录囚。王子司徒娄国
坐称疾不赴山陵,笞二十。辛酉,行再生礼。癸酉,临潢尹霂衮进饮
馔。上与诸王分朋击鞠。丙子,韩德威遣详稳辖马上破党项俘获数,
并送夷离堇之子来献。辛巳,赏西南面有功将士。

　　八月戊子,上西巡。己丑,谒祖陵。辛卯,皇太后祭楚国王萧思
温墓。癸巳,上与皇太后谒怀陵,遂幸怀州。甲午,上与斜轸于太后

前易弓矢、鞍马,约以为友。己亥,猎赤山,遣使荐熊肪、鹿脯于乾陵之凝神殿。以政事令孙祯无子,诏国舅小翁帐郎君桃隈为之后。乙巳,诏于越休哥提点元城。壬子,韩德威表请伐党项之复叛者,诏许之,仍发别部兵数千以助之。

九月癸丑朔,以东京、平州旱、蝗,诏振之。乙卯,谒永兴、长宁、敦睦三宫。丙辰,南京留守奏,秋霖害稼,请权停关征,以通山西籴易。从之。庚申,谒宣简皇帝庙。辛酉,幸祖州,谒祖陵。壬戌,还上京。辛未,有司请以帝生日为千龄节。从之。皇太后言,故于越屋只有传导功,宜录其子孙。遂命其子泮涣为林牙。丙子,如老翁川。

冬十月癸未朔,司天奏老人星见。戊子,以公主淑哥下嫁国舅详稳照姑。癸巳,速撒奏敌烈部及叛蕃来降,悉复故地。乙未,以燕京留守于越休哥言,每岁诸节度使贡献如契丹官例,止进鞍马。从之。丁酉,以吴王稍为上京留守,行临潢尹事。上将征高丽,亲阅东京留守耶律末只所总兵马。丙午,命宣徽使兼侍中蒲领、林牙肯德等将兵东讨,赐旗鼓及银符。

十一月壬子朔,观渔挞马泺。癸丑,应州奏,获宋谍者言宋除道五台山,将入灵丘界。诏谍者及居停人并磔于市。庚辰,上与皇太后祭乾陵,下诏谕三京左右相、左右平章事、副留守判官、诸道节度使判官、诸军事判官、录事参军等,当执公方,毋得阿顺。诸县令佐如遇州官及朝使非理征求,毋或畏徇,恒加采听,以为殿最。民间有父母在,别籍异居者,听邻里觉察,坐之。有孝于父母,三世同居者,旌其门闾。

十二月壬午朔,谒凝神殿,遣使分祭诸陵,赐守殿官属酒。是日,幸显州。丁亥,以显州岁贡绫锦分赐左右。甲午,东幸。己亥,皇太后观渔于玉盆湾。辛丑,观渔于浚渊。甲辰,敕诸刑辟已结正决遣而有冤者,听诣台诉。是夕,然万鱼灯于双溪。戊申,千龄节,祭日月,礼毕,百僚称贺。

二年春正月甲子，如长泺。

二月癸巳，国舅帐彰德军节度使萧闵览来朝。甲午，赐将军萧敌不春衣、束带。丙申，东路行军、宣徽使萧蒲宁奏讨女直捷，遣使执手奖谕。庚子，朝皇太后，太后因从观猎于饶乐川。乙巳，五国乌隈于厥节度使耶律隗洼以所辖诸部难治，乞赐诏给剑，便宜行事。从之。丙午，上与诸王大臣较射。丁未，韩德威以征党项回，遂袭河东，献所俘，赐诏褒美。

三月乙卯，划离部请令后详稳止从本部选授为宜，上曰：“诸部官惟在得人，岂得定以所部为限！”不允。赠故同平章事赵延煦兼侍中。

夏四月丁亥，宣徽使、同平章事耶律普宁、都监萧勤德献征女直捷，授普宁兼政事令、勤德神武卫大将军，各赐金器诸物。庚寅，皇太后临决滞狱。辛卯，祭风伯。壬辰，以宣徽南院使刘承规为承德军节度使，崇德宫都部署、保义军节度使张德筠为宣徽北院使。

五月乙卯，祠木叶山。丁丑，驻跸沿柳湖。

六月己卯朔，皇太后决狱，至月终。

秋七月癸丑，皇太后行再生礼。

八月辛卯，东京留守兼侍中耶律末只奏，女直术不直、赛里等八族乞举众内附，诏纳之。

九月戊申朔，驻跸土河。辛未，以景宗忌日，诏诸道京镇遣官行香饭僧。

冬十月丁丑朔，以归化州刺史耶律普宁为彰德军节度使，右武卫大将军韩倬为彰国军节度使兼侍卫亲军兵马都指挥使。

十一月壬子，以枢密直学士、给事中郑赮为儒州刺史。是月，速撒等讨阻卜，杀其酋长挞剌干。

十二月辛丑，以翰林学士承旨马得臣为宣政殿学士，耶律颇德南京统军使，耶律瑶升大内惕隐，大仁靖东京中台省右平章事。

三年春正月丙午朔，如长泺。丁巳，以翰林学士邢抱朴为尚书、礼部侍郎、知制诰,左拾遗知制诰刘景、吏部郎中知制诰牛藏用并政事舍人。

二月丙子朔,以牛藏用知枢密直学士。

三月乙巳朔,枢密奏契丹诸役户多困乏,请以富户代之。上因阅诸部籍,涅剌、乌隗二部户少而役重,并量免之。

夏四月乙亥朔,祠木叶山。壬午,以凤州刺史赵匡符为保静军节度使。癸未,以左监门卫大将军王庭勖为奉先军节度使,彰武军节度使韩德凝为崇义军节度使。

五月壬子,还上京。癸酉,以国舅萧道宁同平章事、知沈州军州事。

六月甲戌,如柏坡。皇太后亲决滞狱。乙亥,以归义军节度使王希岩为兴国军节度使。

秋七月甲辰朔,诏诸道缮甲兵,以备东征高丽。甲寅,东幸。甲子,遣郎君班袠赐秦王韩匡嗣葬物。丙寅,驻跸土河。以暴涨,命造船桥。明日乘步輦出听政。老人星见。丁卯,遣使阅东京诸军兵器及东征道路。以平章事萧道宁为昭德军节度使,武定军节度使、守司空兼政事令郭袭为天平军节度使,大同军节度使、守太子太师兼政事令刘延构为义成军节度使,赠尚父秦王韩匡嗣尚书令。

八月癸酉朔,以辽泽沮洳,罢征高丽。命枢密使耶律斜轸为都统,驸马都尉萧恩德为监军,以兵讨女直。丁丑,次槀城。庚辰,至显州,谒凝神殿。辛巳,幸乾州,观新宫。癸未,谒乾陵。甲申,命南北面臣僚分巡山陵林木,及令乾、显二州上所部里社之数。丙戌,北皮室详稳进勇敢士七人。戊子,故南院大王谐领已里婉妻萧氏奏夫死不能葬,诏有司助之。庚寅,东征都统所奏路尚陷泞,未可进讨,诏俟泽涸深入。癸巳,皇太后谒显陵。庚子,谒乾陵。辛丑,西幸。

闰九月癸酉,命邢抱朴勾检显陵。丙子,行次海上。庚辰,重九,骆驼山登高,赐群臣菊花酒。辛巳,诏谕东征将帅乘水涸进讨。丙申,女直宰相术不里来贡。戊戌,驻跸东古山。己亥,速撒奏术不姑诸部至近淀,夷离堇易鲁姑请行俘掠,上曰:"诸部于国无恶,何故俘掠,徒生事耳?"不允。

冬十一月甲戌,诏吴王稍领秦王韩匡嗣葬祭事。丁丑,诏以东北路兵马监军妻婆底里存抚边民。戊寅,赐公主胡骨典葬夫金帛、工匠。辛卯,以韩德让兼政事令。癸巳,禁行在市易布帛不中尺度者。丙申,东征女直,都统萧闼览、菩萨奴以行军所经地里、物产来上。

辽史卷一一
本纪第一一

圣宗二

四年春正月甲戌,观渔土河。林牙耶律谋鲁姑、彰德军节度使萧闵览上东征俘获,赐诏奖谕。丙子,枢密使耶律斜轸、林牙勤德等上讨女直所获生口十余万、马二十余万及诸物。己卯,朝皇太后。决滞讼。壬午,枢密使斜轸、林牙勤德、谋鲁姑、节度使闵览、统军使室罗、侍中抹只、奚王府监军迪烈与安吉等克女直还军,遣近侍泥里吉诏旌其功,仍执手抚谕,赐酒果劳之。甲午,幸长泺。

二月壬寅,以四番都统军李继忠为检校司徒、上柱国。癸卯,西夏李继迁叛宋来降,以为定难军节度使、银夏绥宥等州观察处置等使、特进检校太师、都督夏州诸军事。西番酋帅瓦泥乞移为保大军节度使、鄜坊等州观察处置等使。甲寅,耶律斜轸、萧闵览、谋鲁姑等族帅来朝,行饮至之礼,赏赉有差。丙寅,行次袅里井。

三月甲戌,于越休哥奏:"宋遣曹彬、崔彦进、米信由雄州道,田重进飞狐道,潘美、杨继业雁门道来侵,岐沟、涿州、固安、新城皆陷。"诏宣徽使蒲领驰赴燕南与休哥议军事,分遣使者征诸部兵益休哥以击之,复遣东京留守耶律抹只以大军继进,赐剑专杀。乙亥,以亲征告陵庙、山川。丙子,统军使耶律颇德败宋军于固安,休哥绝其粮饷,擒将吏,获马牛、器仗甚众。庚辰,宁州刺史赵彦章以城叛,附于宋。辛巳,宋兵入涿州。义顺军节度副使赵希赞以朔州叛,附于宋。时上与皇太后驻兵驼罗口,诏趣东征兵马以为应援。壬午,诏林牙勤德以兵守平州之海岸以备宋。仍报平州节度使迪里姑，若勤德未至，遣人趣行，马乏则括民马，铠甲阙则取于显州之甲坊。癸未，辽军与宋田重进战于飞狐，不利。冀州防御使大鹏翼、康州刺史马赟、马军指挥使何万通陷焉。丁亥，以北院枢密使耶律斜轸为山西兵马都统，以北院宣徽使蒲领为南征都统，以副于越休哥。彰国军节度使艾正、观察判官宋雄以应州叛，附于宋。庚寅，遣飞龙使亚刺、文班吏亚达哥阅马，以给先发诸军，诏驸马都尉萧继远领之。辛卯，武定军马步军都指挥使、郓州防御使吕行德、副都指挥使张继从、马军都指挥使刘知进等以飞狐叛，附于宋。癸巳，赐林牙谋鲁姑旗鼓四、剑一，率禁军之骁锐者南助休哥。丙申，步军都指挥使穆超以灵丘叛，附于宋。诏遣使赐枢密使斜轸密旨及彰国军节度使杓窊印以趣征讨。

夏四月己亥朔，次南京北郊。庚子，惕隐瑶升、西南面招讨使韩德威以捷报。辛丑，宋潘美陷云州。壬寅，遣抹只、谋鲁姑、勤德等领偏师以助休哥，仍赐旗鼓、杓窊印，抚谕将校。癸卯，休哥复以捷报，上以酒脯祭天地，率群臣贺于皇太后。诏勤德还军。丙午，颇德上所获铠仗数。戊申，监军、宣徽使蒲领奏敌军引退，而奚王筹宁、北大王蒲奴宁、统军使颇德等以兵追蹑，皆胜之。遣敌吏勤德持诏褒美，及诏侍中抹只统诸军赴行在所。频不部节度使和卢睹、黄皮室详稳解里等各上所获兵甲。又诏两部突骑赴蔚州，以助阅览。横帐郎君老君奴率诸郎君巡徼居庸之北。将军化哥统平州兵马，横帐郎君奴哥为黄皮室都监，郎君谒里为北府都监，各以步兵赴蔚州以助斜轸。庚戌，以斜轸为诸路兵马都统，阅览兵马副部署，迪子都监，以代善补、韩德威。癸丑，以艾正、赵希赞及应州、朔州节度副使、奚军小校隒离辖、渤海小校贯海等叛入于宋，籍其家属，分赐有功将校。宋将曹彬、米信北渡拒马河，与于越休哥对垒挑战，南北列营长六七里。时上次涿州东五十里。甲寅，诏于越休奇、奚王筹宁、宣徽使蒲领、南北二王等严备水道，无使敌兵得潜至涿州。乙卯，休哥等败宋军，献所获器甲、货财，赐诏褒美。蔚州左右都押衙李存璋、许彦钦等杀节度使萧啜里，执监城使、铜州节度使耿绍忠，以城叛，附于宋。丙辰，复涿州，告天地。戊午，上次沙姑河之北淀，召林牙勤德议军事。诸将校各以所俘获来上。奚王筹宁、南北二王率所部将校来朝。以近侍粘米里所进自落鹘祭天地。己未，休哥、蒲领来朝，诏三司给军前夏衣布。庚申，上朝皇太后。辛酉，大军次固安。壬戌，围固安城，统军使颇德先登，城遂破，大纵俘获。居民先被俘者，命以官物赎之。甲子，赏攻城将士有差。

五月庚午，辽师与曹彬、米信战于岐沟关，大败之。追至拒马河，溺死者不可胜纪，余众奔高阳。又为辽师冲击，死者数万，弃戈甲若丘陵。挽漕数万人匿岐沟空城中，围之。壬申，以皇太后生辰，纵还。癸酉，班师，还次新城。休哥、蒲领奏宋兵奔逃者皆杀之。甲戌，以军捷，遣使分谕诸路京镇。丁丑，诏诸将校，论功行赏无有不实。己卯，次固安南，以青牛白马祭天地。庚辰，以所俘宋人射鬼箭。诏遣详稳排亚率弘义宫兵及南北皮室、郎君、拽剌四军赴应、朔二州界，与惕隐瑶升、招讨韩德威等同御宋兵在山西之未退者。辛巳，以瑶升军赴山西。壬午，还次南京。癸未，休哥、筹宁、蒲奴宁进俘获。斜轸遣判官蒲姑奏复蔚州，斩首二万余级，乘胜攻下灵丘、飞狐，赐蒲姑酒及银器。丙戌，御元和殿，大宴从军将校。封休哥为宋国王，加蒲领、筹宁、蒲奴宁及诸有功将校爵赏有差。丁亥，发南京，诏休哥备器甲、储粟，待秋大举南征。戊子，斜轸奏宋军复围蔚州，击破之。诏以兵授瑶升、韩德威等。壬辰，以宋兵至平州，瑶升、韩德威不尽追杀，降诏诘责。仍谕据城未降者，必尽掩杀，无使遁逃。癸巳，以军前降卒分赐扈从。乙未，赏颇德诸将校士卒。

六月戊戌朔，诏韩德威赴阙，加统军使颇德检校太师。甲辰，诏南京留守休哥遣炮手西助斜轸。乙巳，以夷离毕侄里古部送辎重行宫，暑行日五十里，人马疲乏，遣使让之。丁未，度居庸关。壬子，南京留守奏百姓岁输三司盐铁钱，折绢不如直，诏增之。甲寅，斜轸奏复寰州。乙卯，皇太妃、诸王、公主迎上岭表，设御幄道傍，置景宗御容，率从臣进酒，陈俘获于前，遂大宴。戊午，幸凉陉。以所俘分赐

皇族及乳母。己未,闻所遣宣谕回鹘、核列哥国度里、亚里等为术不
姑邀留,诏速撒赐术不姑货币,谕以朝廷来远之意,使者由是乃得
行。癸亥,以节度使韩毗哥、翰林学士邢抱扑等充云州宣谕招抚使。
丙寅,以太尉王八所俘生口分赐赵妃及于越迪辇乙里婉。

　　秋七月丙子,枢密使斜轸遣侍御涅里底、干勤哥奏复朔州,擒
宋将杨继业,及上所获将校印绶、诰敕。赐涅里底等酒及银器。辛
巳,以捷告天地。以宋归命者二百四十人分赐从臣。又以杀敌多,
诏上京开龙寺建佛事一月,饭僧万人。辛卯,斜轸奏,大军至蔚州,
营于州左。得谍报,敌兵且至,乃设伏以待。敌至,纵兵逆击,追奔
逐北,至飞狐口。遂乘胜鼓行而西,入寰州,杀守城吏卒千余人。宋
将杨继业初以骁勇自负,号“杨无敌”,北据云、朔数州。至是,引兵
南出朔州三十里,至狼牙村,恶其名,不进。左右固请,乃行。遇斜
轸,伏四起,中流矢,堕马被擒。疮发不食,三日死。遂函其首以献。
诏详稳辖麦室传其首于越休哥,以示诸军,仍以朔州之捷宣谕南
京、平州将吏。自是,宋守云、应诸州者,闻继业死,皆弃城遁。

　　八月丁酉,置先离阏览官六员,领于骨里、女直、迪烈于等诸部
人之隶宫籍者。以北大王蒲奴宁为山后五州都管。乙巳,韩德让奏
宋兵所掠州郡,其逃民禾稼,宜募人收获,以其半给收者。从之。乙
卯,斜轸还自军,献俘。己未,用室昉、韩德让言,复山西诸年租赋。
诏第山西诸将校功过而赏罚之。乙室帐宰相安宁以功过相当,追告
身一通。谛居部节度使佛奴答五十。惕隐瑶升、拽剌欻烈、朔州节
度使慎思、应州节度使骨只、云州节度使化哥、军校李元迪、蔚州节
度使佛留、都监崔其、刘继琛,皆以闻敌逃遁夺官。配烈仍配隶本
贯。领国舅军王六答五十。壬戌,以斜轸所部将校前破女直,后有
宋捷,第功加赏。癸亥,加斜轸守太保。

　　九月丙寅朔,皇太妃以上纳后,进衣物、驼马,以助会亲颁赐。
甲戌,次黑河。以重九登高于高水南阜,祭天。赐从臣命妇菊花酒。
丁丑,次河阳北。戊寅,内外命妇进会亲礼物。辛巳,纳皇后萧氏。
丙戌,次儒州。以大军将南征,诏遣皮室详稳乞的、郎君拽剌先赴本

军缮甲兵。己丑，召北大王蒲奴宁赴行在所。甲午，皇太后行再生礼。

冬十月丙申朔，党项、阻卜遣使来贡。丁酉，皇太后复行再生礼，为帝祭神祈福。己亥，以乙室王帐郎君吴留为御史大夫。政事令室昉奏，山西四州自宋兵后，人民转徙，盗贼充斥，乞下有司禁止。命新州节度使蒲打里选人分道巡检。北大王帐郎君曷葛只里言本府王蒲奴宁十七罪，诏横帐太保核国底鞫之。蒲奴宁伏其罪十一，笞二十，释之。曷葛只里亦伏诬告六事，命详酌罪之。知事勤德连坐，杖一百，免官。甲辰，出居庸关。乙巳，诏诸京镇相次军行，诸细务权停理问。庚戌，分遣拽剌沿边侦候。辛亥，命皇族庐帐驻东京延芳淀。壬子，诏以敕榜付于越休哥，以南征谕拒马河南六州。乙卯，幸南京。戊午，以南院大王留宁言，复南院部民今年租赋。壬戌，以银鼠、青鼠及诸物赐京官、僧道、耆老。甲子，上与大臣分朋击鞠。

十一月丙寅朔，党项来贡。庚午，以政事令韩德让守司徒，壬申，以古北、松亭、榆关征税不法，致阻商旅，遣使鞫之。女直请以兵从征，许之。癸酉，御正殿，大劳南征将校。丙子，南伐，次狭底埚，皇太后亲阅辎重兵甲。丁丑，以休哥为先锋都统。戊寅，日南至，上率从臣祭酒景宗御容。辛巳，诏以北大王蒲奴宁居奉圣州，山西五州公事，并听与节度使蒲打里共裁决之。癸未，祭日月，为驸马都尉勤德祈福。乙酉，置诸部监，勒所部各守营伍，毋相错杂。丙戌，遣谋鲁姑、萧继远沿边巡徼。以所获宋卒射鬼箭。丁亥，以青牛白马祭天地。辛卯，次白佛塔川，获自落训狐，以为吉征，祭天地。诏驸马都尉萧继远、林牙谋鲁姑、太尉林八等固守封疆，毋漏间谍。军中无故不得驰马，及纵诸军残南境桑果。壬辰，至唐兴县。时宋军屯滹沱桥北，选将乱射之，桥不能守，进焚其桥。癸巳，涉沙河，休哥来议事。北皮室详稳排亚献所获宋谍二人，上赐衣物，令还招谕泰州。褚特部节度使卢补古、都监耶律盼与宋战于泰州，不利。甲午，祭麃鹿神。以卢补古临阵遁逃，夺告身一通；其判官、都监各杖之。郎君拽剌双骨里遇宋先锋于望都，擒其士卒九人，获甲马十一，赐酒及银器。乙未,以卢补古等罪诏谕诸军。以御盏郎君化哥权褚特部节度使,横帐郎君佛留为都监,代卢补古。权领国舅军桃畏请置二校领散卒,诏以郎君世音、颇德等充。命彰德军节度使萧闵览、将军迪子略地东路。诏休哥、排亚等议军事。

十二月己亥,休哥败宋军于望都,遣人献俘。壬寅,营于滹沱北,诏休哥以骑兵绝宋兵,毋令入邢州。命太师王六谨侦候。癸卯,小校曷主遇宋辎重,引兵杀获甚众,并焚其刍粟。甲辰,诏南大王与休哥合势进讨,宰相安宁领迪离部及三克军殿。上率大军与宋将刘廷让、李敬源战于莫州,败之。乙巳,擒宋将贺令图、杨重进等。国舅详稳挞烈哥、宫使萧打里死之。丙午,诏休哥以下入内殿,赐酒劳之。丁未,筑京观。复入南京禁军击杨团城,守将以城降。诏禁侵掠。己酉,营神榆村,诏上杨团城粟麦、兵甲之数。辛亥,以黑白二牲祭天地。癸丑,拔冯母镇,大纵俘掠。丙辰,邢州降。丁巳,拔深州,以不即降,诛守将以下,纵兵大掠。李继迁引五百骑款塞,愿婚大国,永作藩辅。诏以王子帐节度使耶律襄之女汀封义成公主下嫁,赐马三千疋。

辽史卷一二
本纪第一二

圣宗三

　　五年春正月乙丑，破束城县，纵兵大掠。丁卯，次文安，遣人谕降，不听，遂击破之。尽杀其丁壮，俘其老幼。戊寅，上还南京。己卯，御元和殿，大赉将士。壬辰，如华林、天柱。

　　二月甲午朔，至自天柱。

　　三月癸亥朔，幸长春宫，赏花钓鱼，以牡丹遍赐近臣，欢宴累日。丁丑，以谛居部下搜剌解里侦候有功，命入御盏郎君班祗候。

　　夏四月癸巳朔，幸南京。丁酉，上率百僚册上皇太后尊号曰睿德神略应运启化承天皇太后。礼毕，群臣上皇帝尊号曰至德广孝昭圣天辅皇帝。戊戌，诏有司条上勋旧，等第加恩。癸丑，清暑冰井。

　　六月壬辰朔，召大臣决庶政。丙申，以耶律苏为遥郡刺史。

　　秋七月戊辰，涅剌部节度使撒葛里有惠政，民请留，从之。是月，猎平地松林。

　　九月丙戌，幸南京，是冬止焉。

　　六年春正月庚申，如华林、天柱。

　　二月丁未，奚王筹宁杀无罪人李浩，所司议贵请贷其罪。令出钱赡浩家，从之。甲寅，大同军节度使、同平章政事刘京致仕。

　　己未，休哥奏宋事宜，上亲览之。丙寅，以司天赵宗德、齐泰、王守平、邵祺、阎梅从征四载，言天象数有徵，赐物有差。

　　三月癸未，李继迁遣使来贡。

夏四月乙未,幸南京。丁酉,胡里室横突韩德让堕马,皇太后怒,杀之。戊戌,幸宋国王休哥第。

五月癸亥,南府宰相耶律沙薨。

闰月丙戌朔,奉圣州言太祖所建金铃阁坏,乞加修缮。诏以南征,恐重劳百姓,待军还治之。壬寅,阿萨兰回鹘来贡。甲寅,乌隈于厥部以岁贡貂鼠、青鼠皮非土产,皆于他处贸易以献,乞改贡。诏自今止进牛马。

六月癸亥,党项太保阿剌恍来朝,贡方物。乙丑,谕诸道兵马备南征攻城器具。乙酉,夷离堇阿鲁勃送沙州节度使曹恭顺还,授于越。

秋七月丙戌,观市。己亥,遣南面招讨使韩德威讨河湟诸蕃违命者。赐休哥、排亚部诸军战马。己酉,驻跸于洛河。壬子,加韩德威开府仪同三司兼政事令、门下平章事,东京留守兼侍中、漆水郡王耶律抹只为大同军节度使。癸丑,排亚请增置涿州驿传。丙辰,以青牛白马祭天地。

八月戊午,休哥与排亚、袅里曷捉生,将至易州,遇宋兵,杀其指挥使而还。庚申,幸黎园温汤。癸亥,以将伐宋,遣使祭木叶山。丁丑,濒海女直遣使速鲁里来朝。西北路管押详稳速撒哥以伐折立、助里二部,上所俘获。东路林牙萧勤德及统军石老以击败女直兵,献俘。大同军节度使耶律抹只奏:“今岁霜旱乏食,乞增价折粟,以利贫民。”诏从之。滨海女直遣厮鲁里来修土贡。丙申,化哥与术不姑春古里来贡。休哥遣详稳意德里献所获宋谍者。丁酉,皇太皇幸韩德让帐,厚加赏赉,命众臣分朋双陆以尽欢。

九月戊戌,幸南京。己亥,有事于太宗皇帝庙。以唐元无德为奉陆军节度使。癸卯,祭旗鼓,南伐。庚戌,次涿州,射帛书谕城中降,不听。乙卯,纵兵四面攻之,城破乃降,因抚谕其众。驸马萧勤德、太师阔览皆中流矢。勤德载帝车中以归。闻宋军退,遣斜轸、排亚等追击,大败之。

冬十月戊午,攻沙堆驿,破之。己巳,以黑白羊祭天地。庚午,以宋降军分置七指挥,号"归圣军"。壬申,行军参谋、宣政殿学士马得臣言,谕降宋军,恐终不为用,请并放还。诏不允。丙子,筹宁奏破狼山捷。辛巳,复奏败宋兵于益津关。癸未,进军长城口,宋定州守将李兴以兵来拒,休哥击败之,追奔五六里。

十一月甲申,上以将攻长城口,诏诸军备攻具。庚寅,驻长城口,督大军四面进攻。士溃围,委城遁,斜轸招之。不降。上与韩德让邀击之,杀获殆尽,获者分隶燕军。辛卯,攻满城,围之。甲午,拔其城,军士开北门遁,上使谕其将领,乃率众降。戊戌,攻下祁州,纵兵大掠。己亥,拔新乐。庚子,破小狼山寨。丁未,宋军千人出益津关。国舅郎君桃委、详稳十哥击走之,杀副将一人。己酉,休哥献黄皮室详稳徇地莫州所获马二十匹,士卒二十人。命赐降者衣带,使隶燕京。辛亥,西路又送降卒二百余人,给寒者裘衣。以马得臣权宣徽院事。

十二月甲寅朔,赐皮室详稳乞得、秃骨里战马。横帐郎君达打里劫掠,命杖之。丙辰,畋于沙河。休哥献奚详稳耶鲁所获宋谍。丁巳,遣北宰相萧继远等往觇安平。侍卫马军司奏攻祁州、新乐,都头刘赞等三十人有功,乞加恩赏。是月,大军驻宋境。

是岁,诏开贡举,一人及第。

七年春正月癸未朔,班师。戊子,宋鸡壁寨守将郭荣率众来降,诏屯南京。庚寅,次长城口。三卒出营劫掠,笞以徇众,以所获物分赐左右。壬辰,李继迁与兄继捧有怨,乞与通好,上知其非诚,不许。癸巳,谕诸军趣易州。己亥,禁部从伐民桑梓。癸卯,攻易州,宋兵出遂城来援,遣铁林军击之,擒其指挥使五人。甲辰,大军齐进,破易州,降刺史刘墀,守陴士卒南遁,上帅师邀之,无敢出者。即以马质为刺史,赵质为兵马都监,迁易州军民于燕京。以东京骑将夏贞显之子仙寿先登,授高州刺史。乙巳,幸易州,御五花楼,抚谕士庶。丙午,以青牛白马祭天地。诏谕三京诸道。戊申,次涞水,谒景宗皇帝庙。诏遣涿州刺史耶律守雄护送易州降人八百,还隶本贯。己酉,次岐沟，射鬼箭。辛亥，还次南京，六军解严。

二月壬子朔，上御元和殿受百官贺。诏鸡壁寨民二百户徙居檀、顺、蓟三州。甲寅，回鹘、于阗、师子等国来贡。乙卯，大飨军士，爵赏有差。枢密使韩德让封楚国王，驸马都尉萧宁远同政事门下平章事。是日，幸长春宫。甲子，诏南征所俘有亲属分隶诸帐者，给官钱赎之，使相从。乙丑，赏南征女直军，使东还。丙寅，禁举人匿名飞书谤讪朝廷。癸酉，吐蕃、党项来贡。甲戌，云州租赋请止输本道，从之。丙子，以女直活骨德为本部相。分遣巫觋祭名山大川。丁丑，皇子佛宾奴生。戊寅，阿萨兰、于阗、辖烈并遣使来贡。

三月壬午朔，遣使祭木叶山。禁刍牧伤禾稼。宋进士十七人挈家来归，命有司考其中第者，补国学官，余授县主簿、尉。李继廷遣使来贡。丁亥，诏知易州赵质收战亡士卒骸骨，筑京观。戊子，赐越宋国王红珠筋线，命入内神帐，行再生礼，皇太后赐物甚厚。以鸡壁寨民成廷朗等八户隶飞狐。己丑，诏免云州逋赋。乙室王贯宁击鞠，为所部朗君高四纵马突死，诏讯高四罪。丙申，诏开奇峰路通易州市。戊戌，以王子帐耶律襄之女封义成公主，下嫁李继迁。

是春驻跸延芳淀。

夏四月甲寅，还京。乙卯，国舅太师萧闼览为子排亚请上皇女延寿公主，许之。丙辰，谒太宗皇帝庙。以御史大夫乌骨领乙室大王。己未，幸延寿寺饭僧。甲子，谏议大夫马得臣以上好击球，上疏切谏："臣伏见陛下听朝之暇，以击球为乐。臣思此事有三不宜：上下分朋，君臣争胜，君得臣夺，君输臣喜，一不宜也。往来交错，前后遮约，争心竞起，礼容全废，若贪月杖，误拂天衣，臣既失仪，君又难责，二不宜也。轻万乘之贵，逐广场之娱，地虽平，至为坚确，马虽良亦有惊蹶，或因奔击，失其控御，圣体宁无亏损？太后岂不惊惧？三不宜也。臣望陛下念继承之重，止危险之戏。"疏奏，大嘉纳之。丁卯，吐浑还金、回鹘安进、吐蕃独朵等自宋来归，皆赐衣带。皇太后谒奇首可汗庙。丙子，以舍利军耶律杳为常衮。己卯，驻跸儒州龙泉。

庚辰，遣宣徽使蒲领等率兵分道备宋。以遥辇副使控骨离为舍利拽剌详稳。五月辛巳，祭风伯于儒州白马村。休哥引军至满城，招降卒七百余人，遣使来献，诏隶东京。辛卯，猎桑乾河。壬辰，燕京奏："宋兵至边，时暑未敢与战，且驻易州，俟彼动则进击，退则班师。"从之。

六月庚戌朔，以太师柘母迎合，挝之二十。辛酉，诏燕乐、密云二县荒地许民耕种，免赋役十年。甲戌，宣政殿学士马得臣卒，诏赠太子少保，赐钱十万，粟百石。乙亥，诏出诸畜赐边部贫民。是月，休哥、排亚破宋兵于泰州。

秋七月乙酉，御含凉殿视朝。丙戌，以中丞耶律核麦哥权夷离毕，横帐郎君耶律延寿为御史大夫。癸巳，遣兵南征。甲午，以迪离毕、涅剌、乌涉三部各四人益东北路夫人婆里德，仍给印绶。丁酉，劳南征将士。是日，帝与皇太后谒景宗皇帝庙。

八月庚午，放进士高正等二人及第。

冬十月，禁置网捕兔。

十一月甲申，于阗张文宝进内丹书。

十二月甲寅，钩鱼于沈子泺。癸亥，猎于好草岭。

辽史卷一三
本纪第一三

圣宗四

八年春正月辛巳,如台湖。庚寅,诏决滞狱。庚子,如沈子泺。

二月丁未朔,于阗、回鹘各遣使来贡。壬申,女直遣使来贡。

三月丁丑,李继迁遣使来贡。庚辰,太白、荧惑斗,凡十有五次。乙酉,城杏埚,以宋俘实之。辛丑,置宜州。

夏四月丙午朔,严州刺史李寿英有惠政,民请留,从之。庚戌,女直遣使来贡。庚午,以岁旱,诸部艰食,振之。

五月戊子,以宋降卒分隶诸军。庚寅,女直宰相阿海来贡,封顺化王。丙申,清暑胡土白山。诏括民田。

六月丙午,以北面林牙磨鲁古为北院大王。阿萨兰回鹘于越、达剌干各遣使来贡。甲寅,月掩天驷第一星。丙辰,女直遣使来贡。

秋七月庚辰,改南京熊军为神军。诏东京路诸宫分提辖司,置分定霸、保和、宣化三县,白川州置洪理,仪坤州置广义,辽西州置长庆,乾州置安德各一县。省遂、妙、松、绕、宁、海、瑞、玉、铁里、奉德等十州,及玉田、辽丰、松山、弘远、怀清、云龙、平泽、平山等八县,以其民分隶他郡。

八月乙卯,以黑白羊祭天地。

九月乙亥,北女直四部请内附于。壬辰,李继迁献宋俘。

冬十月丙午,以大败宋军,复遣使来告。己酉,阻卜等遣使来贡。是月,驻跸大王州。

十一月庚寅,以吐谷浑民饥,振之。丁酉,太白昼见。

十二月癸卯,李继迁下宋麟、鄜等州,遣使来告,女直遣使来贡。庚戌,遣使封李继迁为夏国王。癸丑,回鹘来贡。

是岁,放郑云从等二人及第。

九年春正月甲戌,女直遣使来贡。丙子,诏禁私度僧尼。庚辰,如台湖。乙酉,枢密使、监修国史室昉等进《实录》,赐物有差。戊子,选宋降卒五百,置为宣力军。辛卯,诏免三京诸道租赋,仍罢括田。

二月丙午,夏国遣使告伐宋捷。丁未,以涿州刺史耶律王六为惕隐。甲子,建威寇、振化、来远三城,屯戍卒。

闰月辛未朔,日有食之。壬申,遣翰林承旨邢抱朴、三司使李嗣、给事中刘京、政事舍人张干、南京副留守吴浩分诸道滞狱。

三月庚子朔,振室韦、乌古诸部。戊申,复遣库部员外郎马守琪、仓部员外郎祁正、虞部员外郎崔祐,蓟北县令崔简等分决诸道滞狱。甲子,幸南京。

夏四月甲戌,回鹘来贡。乙亥,夏国王李继迁遣杜白来谢封册。丙戌,清暑炭山。

五月己未,以秦王韩匡嗣私城为全州。

六月丁亥,突厥来贡。是月,南京霖雨伤稼。

秋七月癸卯,通括户口。乙巳,诏诸道举才行、察贪酷、抚高年、禁奢僭,有殁于王事者官其子孙。己未,夏国以复绥、银二州,遣使来告。

八月癸酉,铜州嘉禾生,东京甘露降。戊寅,女直进唤鹿人。壬午,东京进三足乌。

九月庚子,鼻骨德来贡。己酉,驻跸庙城。南京地震。

冬十月丁卯,阿萨兰回鹘来贡。壬申,夏国王李继迁遣使来上宋所授敕命。丁丑,定难军节度使李继捧来附,授推忠效顺启圣定难功臣、开府仪同三司、检校太师兼侍中,封西平王。

十一月己亥,以青牛白马祭天地。

十二月,夏国王李继迁潜附于宋,遣招讨使韩德威持诏谕之。

是岁,放进士石用中一人及第。

十年春正月丁酉,禁丧葬礼杀马,及藏甲胄、金银、器玩。丙午,如台湖。

二月乙丑朔,日有食之。韩德威奏李继迁称故不出,至灵州俘掠以还。壬申,兀惹来贡。壬午,免云州租赋。庚寅,夏国以韩德威俘掠,遣使来奏,赐诏安慰。辛卯,给复云州流民。

三月甲辰,铁骊来贡。丙辰,如炭山。

夏四月乙丑,以台湖为望幸里。庚寅,命群臣较射。

五月癸已,朔州流民给复三年。

七月辛酉,铁骊来贡。

八月癸亥,观稼,仍遣使分阅苗稼。

九月癸卯,幸五台山金河寺饭僧。

冬十月壬申,夏国王遣使来贡。戊寅,铁骊来贡。

十一月壬辰,回鹘来贡。

十二月庚辰,猎儒州东川。拜天。是月,以东京留守萧恒德等伐高丽。

十一年春正月壬寅,回鹘来贡。丙午,出内帑钱赐南京统军司军。高丽王治遣朴良柔奉表请罪,诏取女直鸭渌江东数百里地赐之。

二月癸亥,霸州民妻王氏以妖惑众,伏诛。

夏四月,幸炭山清暑。

六月,大雨。

秋七月己丑,桑乾、羊河溢居庸关西,害禾稼殆尽,奉圣、南京居民庐舍多垫溺者。

八月,如秋山。

冬十月甲申朔,驻跸蒲瑰坂。

是时，放进士王熙载等二人及第。

十二年春正月癸丑朔，漷阴镇水，漂溺三十余村，诏浚旧渠。甲寅，以同政事门下平章事耶律硕老为惕隐。诏复行在五十里内租。乙卯，幸芳淀。戊午，蠲宜州赋调。庚申，郎君耶律鼻舍等谋叛，伏诛。壬戌，以南院大王耶律景为上京留守，封漆水郡王。霸州民李在宥年百三十有三，赐束帛、锦袍、银带，月给羊酒，仍复其家。

二月甲申，免南京被水户租赋。已丑，高丽来贡。甲午，免诸部岁输羊及关征。庚子，回鹘来贡。

三月丁巳，高丽遣使请所俘人畜，诏赎还。戊午，幸南京。丙寅，遣使抚谕高丽。已巳，涿州木连理。壬申，如长春宫观牡丹。是月，复置南京统军都监。

夏四月辛卯，幸南京。壬辰，枢密直学士刘恕为南院枢密副使。戊戌，以景宗石像成，幸延寿寺饭僧。

五月甲寅，诏北皮室军老不任事者免役。戊午，如炭山清暑。庚辰，武定军节度使韩德冲秩满，其民请留，从之。

六月辛巳朔，诏州县长吏有才能无过者，减一资考任之。癸未，可汗州刺史贾俊进新历。庚子，□囚。甲辰，诏龙凤两军老疾者代之。是月，太白、岁星相犯。

秋七月辛亥朔，日有食之。甲寅，遣使视诸道禾稼。辛酉，南院枢密使室昉为中京留守，加尚父。丙寅，女直遣使来贡。戊辰，观获。庚午，诏契丹人犯十恶者依汉律。已卯，以翰林承旨邢抱朴参知政事。

八月庚辰朔，诏皇太妃领西北路乌古等部兵及永兴宫分军，抚定西边，以萧挞凛督其军事。乙酉，宋遣使求和，不许。戊子，以国舅帐克萧徒骨为夷离毕。乙未，下诏戒谕中外官吏。丁酉，录囚，杂犯死罪以下释之。

九月壬子，室韦、党项、吐谷浑等来贡。辛酉，宋复遣使求和，不许。壬戌，行拜奥礼。癸酉，阻卜等来贡。

冬十月乙酉，猎可汗州之西山。乙巳，诏定均税法。丁未，大理寺置少卿及正。

十一月戊申朔，行再生礼。铁骊来贡。诏诸部所俘宋人有官吏儒生抱器能者，诸道军有勇健者，具以名闻。庚戌，诏郡邑贡明经、茂材异等。甲寅，诏南京决滞狱。己未，官宋俘卫德升等六人。

十二月戊寅朔，日有食之。诏并奚王府奥理、堕瑰、梅只三部为一，其二克各分为部，以足六部之数。甲申，赐南京统军司贫户耕牛。戊子，高丽进妓乐，却之。庚寅，禁游食民。癸巳，女直以宋人俘海赂本国及兀惹叛来告。丁未，幸南京。

是年，放进士吕德懋等二人及第。

十三年春正月壬子，幸延芳淀。甲寅，置广灵县。丁巳，增泰州、遂城等县赋。庚申，诏诸道劝农。癸亥，长宁军节度使萧解里秩满，民请留，从之。庚午，如长春宫。

二月丁丑，女直遣使来贡。甲辰，高丽遣李周桢来贡。

三月癸丑，夏国遣使来贡。戊辰，武清县百余人入宋境剽掠，命诛之，还其所获人畜财物。

夏四月己卯，参知政事邢抱朴以母忧去官，起复。丙戌，诏诸道户应历以来胁从为部曲者，仍籍州县。甲午，如炭山清暑。

五月壬子，高丽进鹰。乙亥，北、南、乙室三府请括富民马以备军需，不许，给以官马。

六月丙子朔，启圣军节度使刘继琛秩满，民请留，从之。丁丑，诏减前岁前田租赋。甲申，以宣徽使阿没里私城为丰州。丙戌，诏许昌平、怀柔等县诸人请业荒地。

秋七月乙巳朔，女直遣使来贡。丁巳，兀惹乌昭度、渤海燕颇等侵铁骊，遣奚王和朔奴等讨之。壬戌，诏蔚、朔等州龙卫、威胜军更戍。

八月丙子，夏国遣使进马。壬辰，诏修山泽祠宇、先哲庙貌，以时祀之。

九月戊午,以南京太学生员浸多,特赐水硙庄一区。丁卯,奉安景宗及皇太后石像于延芳淀。

冬十月乙亥,置义仓。辛巳,回鹘来贡。甲申,高丽遣李知白来贡。戊子,兀惹归款,诏谕之。庚子,鼻骨德来贡。

十一月乙巳,阿萨兰回鹘遣使来贡。辛酉,遣使册王治为高丽国王。戊辰,高丽遣童子十人来学本国语。

十二月己卯,铁骊遣使来贡鹰马。辛巳,夏国以败宋人遣使来告。

是年,放进士王用极等二人。

十四年春正月己酉,渔于潞河。丁巳,蠲三京及诸州税赋。丙寅,夏国遣使来贡。庚午,以宣徽使阿没里家奴阁贵为丰州刺史。

二月庚寅,回鹘遣使来贡。

三月壬寅,高丽王治表乞为婚,许以东京留守、驸马萧恒德女家之。庚戌,高丽复遣童子十人来学本国语。甲寅,韩德威奏讨党项捷。甲子,诏安集朔州流民。

夏四月甲戌,东边诸糺各置都监。庚寅,如炭山清暑。己亥,凿大安山,取刘守光所藏钱。是月,奚王和朔奴、东京留守萧恒德等五人以讨兀惹不克,削官。改诸部令稳为节度使。

五月癸卯,诏参知政事邢抱朴决南京滞狱。庚戌,朔州威胜军一百七人叛入宋。

六月辛未,如炭山清暑。铁骊来贡。乙酉,回鹘来贡。己丑,高丽遣使来问起居。后至无时。

秋七月戊午,回鹘等来贡。

闰月丁丑,五院部进穴地所得金马。

冬十月丙辰,命刘遂教南京神武军士剑法,赐袍带锦币。戊午,乌昭度乞内附。

十一月甲戌,诏诸军官毋非时畋猎放农。乙酉,奉安景宗及太后石像于乾州。是月,回鹘阿萨兰遣使为子求婚,不许。

十二月甲寅，以南京道新定税法太重，减之。甲子，挞凛诱叛酋阿鲁敦等六十人斩之，封兰陵郡王。幸南京。

是年，放进士张俭等三人。

十五年春正月庚午，幸延芳淀。丙子，以河西党项叛，诏韩德威讨之。庚辰，诏诸道劝民种树，癸未，兀惹长武周来降。戊子，女直遣使来贡。己丑，诏南京决滞囚。乙未，免流民税。

二月丙申朔，如长春宫。戊戌，劝品部富民出钱以赡贫民。庚子，徙梁门、遂城、泰州、北平民于内地。丙午，夏国遣使来贡。甲寅，问安皇太后。丙辰，韩德威奏破党项捷。丁巳，诏品部旷地令民耕种。

三月乙丑朔，党项来贡。戊辰，募民耕滦州荒地，免其租赋十年。己巳，夏国破宋兵，遣使来告。己卯，封夏国王李继迁为西平王。壬午，通括官分人户，免南京遗税及义仓粟。甲申，河西党项乞内附。庚寅，兀惹乌昭度以地远乞岁时免进鹰、马、貂皮。诏以生辰、正旦贡如旧，余免。癸巳，宋主炅殂，子恒嗣位。甲午，皇太妃献西边捷。

夏四月乙未朔，罢奚五部贡麛。戊戌，录囚。壬寅，发义仓粟振南京诸县民。丙午，广德军节度使韩德凝有善政，秩满，其民请留，从之。己酉，幸南京。丁巳，致奠于太宗皇帝庙。己未，如炭山清暑。

五月甲子朔，日有食之。己巳，诏平州决滞狱。是月，敌烈八部杀详稳以叛，萧挞凛追击，获部族之半。

六月丙申，铁骊来贡。壬子，夏国遣使来谢封册。

秋七月戊辰，党项来贡。辛未，禁吐谷浑别部鬻马于宋。丙子，高丽遣韩彦敬奉币吊越国公主之丧。辛卯，诏南京疾决狱讼。

八月丁酉，猎于平地松林，皇太后诫曰："前圣有言，欲不可纵。吾儿为天下主，驰骋田猎，万一有衔橛之变，适遗予忧。其深戒之！"

九月丙寅，罢东边戍卒，庚午，幸饶州，致奠太祖庙。戊子，萧挞凛奏讨阻卜捷。

　　冬十月壬辰朔,驻跸驼山,罢奚王诸部贡物。乙未,赐宿卫时服。丁酉,禁诸山寺毋滥度僧尼。戊戌,弛东京道鱼泺之禁。戊申,以上京狱讼繁冗,诘其主者。辛酉,录囚。

　　十一月壬戌朔,录囚。丙戌,幸显州。戊子,谒显陵。庚寅,谒乾陵。是月,高丽王治薨,侄诵遣王同颖来告。

　　十二月乙巳,钩鱼土河。己酉,驻跸驼山。壬子,夏国遣使来贡。甲寅,遣使祭高丽王治,诏其侄权知国事。丙辰,录囚。

　　是年,放进士陈鼎等二人。

辽史卷一四
本纪第一四

圣宗五

　　十六年春正月乙丑,如长泺。

　　二月庚子,夏国遣使来贡。丙午,以监门卫上将军耶律喜罗为中台省左相。

　　三月甲子,女直遣使来贡。乙亥,鼻骨德酋长来贡。

　　夏四月癸卯,振崇德宫所隶州县民之被水者,丁未,罢民输官俸,给自内帑。己酉,祈雨。乙卯,如木叶山。

　　五月甲子,祭白马神。丁卯,祠木叶山。告来岁南伐。庚辰,铁骊来贡。乙酉,还上京。妇人年逾九十者赐物。

　　六月戊子朔,致奠于祖、怀二陵。是月,清暑炭山。

　　秋七月丁巳朔,录囚。听政。

　　八月丁亥朔,东幸。

　　九月丁巳朔,驻跸得胜口。

　　冬十一月,遣使册高丽国王诵。

　　十二月丙戌,宋国王休哥薨,辍朝五日。进封皇弟恒王隆庆为梁国王、南京留守,郑王隆祐为吴国王。

　　是年,放进士杨又立等二人。

　　十七年春正月乙卯朔,如长春宫。

　　夏四月,如炭山清暑。

六月，兀惹乌昭庆来。

秋七月，以伐宋诏谕诸道。

九月庚辰朔，幸南京。己亥，南伐。癸卯，射鬼箭。北院枢密使魏王耶律斜轸薨，以韩德让兼知北院枢密使事。

冬十月癸酉，攻遂城，不克。遣萧继远攻狼山镇石砦，破之。次瀛州，与宋军战，擒其将康昭裔、宋顺，获兵仗、器甲无算。进攻乐寿县，拔之。次遂城，敌众临水以拒，纵骑兵突之，杀戮殆尽。

是年，放进士初锡等四人及第。

十八年春正月，还次南京，赏有功将士，罚不用命者。诏诸军各还本道。

二月，幸延芳淀。

夏四月己未，驻跸于清泉淀。

五月丁酉，清暑炭山。

六月，阻卜叛酋鹘碾之弟铁剌不率部众来附，鹘碾无所归，遂降，诏诛之。

秋七月，驻跸于汤泉。

九月乙亥朔，驻跸黑河。

冬十一月甲戌朔，授西平王李继迁子德昭朔方军节度使。

十二月，回鹘来贡。

是年，放进士南承保等三人及第。

十九年春正月辛巳，以祗候郎君班详稳观音为奚六部大王。甲申，回鹘进梵僧名医。

三月乙亥，夏国遣李文贵来贡。乙酉，西南面招讨司奏党项捷。壬辰，皇后萧氏以罪降为贵妃。赐大丞相韩德让名德昌。

夏四月乙巳，幸吴国王隆祐第视疾。丙午，问安皇太后。

五月癸酉，清暑炭山。丙戌，册萧氏为齐天皇后。庚寅，以千拽剌详稳耶律王奴为乙室大王。辛卯，以青牛白马祭天地。

六月乙巳,以所俘宋将康昭裔为昭顺军节度使。戊午,夏国奏下宋恒、环、庆等三州,赐诏褒之。

秋七月丙戌,以东京统军使耶律奴瓜为南府宰相。

八月庚戌,达卢骨部来贡。

九月己巳朔,问安皇太后。戊子,驻跸昌平。庚寅,西南面招讨司奏讨吐谷浑捷。辛卯,幸南京。

冬十月己亥,南伐。壬寅,次盐沟。徙封吴国王隆祐为楚国王,留守京师。丁未,梁国王隆庆统先锋军以进。辛亥,射鬼箭。壬子,以青牛白马祭天地。甲寅,辽军与宋兵战于遂城,败之。庚申,以黑白羊祭天地。丙寅,次满城,以泥淖班师。

十一月庚午,射鬼箭。丙子,宋兵出淤口,益津关来侵,侦候谋注、虞人招古击败之。己卯,观渔儒门泺。

闰月己酉,鼻骨德来贡。己未,减关市税。

十二月庚辰,免南京、平州租税。

二十年春正月庚子,如延芳淀。癸丑,东方五色虹见。诏安抚西南面向化诸部。甲寅,夏国遣使贡马、驼。辛酉,女直宰相夷离底来贡。

二月丁丑,女直遣其子来朝。高丽遣使贺伐宋捷。

三月甲寅,遣北府宰相萧继远等南伐。壬戌,驻跸鸳鸯泺。

夏四月丙寅朔,文班太保达里底败宋兵于梁门。甲戌,南京统军使萧挞凛破宋军于泰州。乙酉,南征将校献俘,赐爵赏有差。戊子,铁骊遣使来贡。

五月乙卯,幸炭山清暑。

六月,夏国遣刘仁勖来告下灵州。

秋七月甲午朔,日有食之。丁酉,以邢抱朴为南院枢密使。辛丑,高丽遣使来贡本国地里图。

九月癸巳朔,谒显陵,告南伐捷。

冬十月癸亥朔,至自显陵。

十二月,奚王府五帐六节度献七金山、土河川地,赐金币。

是岁,南京、平州麦秀两岐。放进士邢祥等六人及第。

二十一年春正月,如鸳鸯泺。

三月壬辰,诏修《日历》官毋书细事。甲午,朝皇太后。戊午,铁骊来贡。

夏四月乙丑,女直遣使来贡。戊辰,兀惹、渤海、奥里米、越里笃、越里古等五部遣使来贡。是月,耶律奴瓜、萧挞凛获宋将王继忠于望都。

五月庚寅朔,清暑炭山。丁巳,西平王李继迁薨,其子德昭遣使来告。

六月己卯,赠继迁尚书令,遣西上阁门使丁振吊慰。辛巳,党项来贡。乙酉,阻卜铁剌里率诸部来降。是月,修可敦城。

秋七月庚戌,阻卜、乌古来贡。甲寅,以奚王府监军耶律室鲁为南院大王。

八月乙酉,阻卜铁剌里来朝。丙戌,朝皇太后。

九月己亥,夏国李德昭遣使来谢吊赠。癸丑,幸女河汤泉,改其名曰松林。

冬十月丁巳,驻跸七渡河。戊辰,以楚国王隆祐为西南面招讨使。

十一月壬辰,故于越耶律休哥之子道士奴、高九等谋叛,伏诛。丙申,通括南院部民。

十二月癸未,罢三京诸道贡。

二十二年春正月丁亥,如鸳鸯泺。

二月乙卯朔,女直遣使来贡。丙寅,南院枢密使邢抱朴薨,辍朝三日。

三月己丑,罢番部贺千龄节及冬至、重五贡。乙未,西夏李德昭遣使上继迁遗物。

夏四月丁卯,朝皇太后。

五月,清暑炭山。

六月戊午,以可敦城为镇州,军曰建安。

秋七月甲申,遣使封夏国李德昭为西平王。丁亥,兀惹、蒲奴里、剖阿里、越里笃、奥里米等部来贡。

八月丙辰,党项来贡。庚申,阻卜酋铁剌里来朝。戊辰,铁剌里求婚,不许。丙子,驻跸犬牙山。

九月己丑,以南伐谕高丽。丙午,幸南京。女直遣使献所获乌昭庆妻子。丁未,致祭于太宗皇帝庙。以北院大王磨鲁古、太尉老君奴监北南王府兵。庚戌,命楚国王隆祐留守京师。

闰月己未,南伐。癸亥,次固安,以所获谍者射鬼箭。甲子,以青牛白马祭天地。丙寅,辽师与宋兵战于唐兴,大破之。丁卯,萧挞凛与宋军战于遂城,败之。庚午,军于望都。

冬十月乙酉,以黑白羊祭天地。丙戌,攻瀛州,不克。甲午,下祁州,赉降兵,以酒脯祭天地。己酉,西平王李德昭遣使谢封册。

十一月癸,马军都指挥使耶律课里遇宋兵于洺州,击退之。甲子,东京留守萧排押获宋魏府官吏田逢吉、郭守荣、常显、刘绰等以献。丁卯,南院大王善补奏宋遣人遗王继忠弓矢,密请求和。诏继忠与使会,许和。庚午,攻破德清军。壬申,次澶渊。萧挞凛中伏弩死。乙亥,攻破通利军。丁丑,宋遣崇仪副使曹利用请和,即遣飞龙使韩杞持书报聘。

十二月庚辰朔,日有食之,既。癸未,宋复遣曹利用来,以无还地之意,遣监门卫大将军姚柬之持书往报。戊子,宋遣李继昌请和,以太后为叔母,愿岁输银十万两,绢二十万匹,许之,即遣阁门使丁振持书报聘。己丑,诏诸军解严。是月,班师。皇太后赐大丞相齐王韩德昌姓耶律,徙王晋。

是年,放进士李可封等三人。

二十三年春正月戊午,还次南京。庚申,大飨将卒,爵赏有差。

二月丙戌,复置榷场于振武军。丁巳,夏国遣使告下宋青城。辛酉,朝皇太后。以惕隐化哥为南院大王,行军都监老君奴为惕隐。乙丑,振党项部。丁卯,回鹘来贡。丁丑,改易州飞狐招安使为安抚使。

夏四月丙戌,女直及阿萨兰回鹘各遣使来贡。乙未,铁骊来贡。己亥,党项来侵。

五月戊申朔,宋遣孙仅等来贺皇太后生辰。乙卯,以金帛赐阵亡将士家。丙寅,高丽以与宋和,遣使来贺。

六月壬辰,清暑炭山。甲午,阻卜酋铁剌里遣使贺与宋和。己亥,达旦国九部遣使来聘。

秋七月癸丑,问安皇太后。戊午,党项来贡。辛酉,以青牛白马祭天地。壬戌,乌古来贡。丁卯,女直遣使来贡。阿萨兰回鹘遣使来请先留使者,皆遣之。

九月甲戌,遣太尉阿里、太傅杨六贺宋主生辰。

冬十月丙子朔,鼻骨德来贡。戊子,朝皇太后。甲午,驻跸七渡河。癸卯,宋岁币始至,后为常。

十一月戊申,上遣太保合住、颁给使韩简,太后遣太师盆奴、政事舍人高正使宋贺正旦。辛亥,观渔桑乾河。丁巳,诏大丞相耶律德昌出宫籍,属于横帐。

十二月丙申,宋遣周渐等来贺千龄节。丁酉,复遣张若谷等来贺正旦。

二十四年春正月,如鸳鸯泺。

夏五月壬寅朔,幸炭山清暑。幽皇太妃胡辇于怀州,囚夫人夷懒于南京,余党皆生瘗之。

秋七月辛丑朔,南幸。

八月丙戌,改南京宫宣教门为元和,外三门为南端,左掖门为万春,右掖门为千秋。是月,沙州敦煌王曹寿遣使进大食国马及美玉,以对衣、银器等物赐之。

九月,幸南京。

冬十月庚午朔,帝率群臣上皇太后尊号曰睿德神略应运启化承天皇太后,群臣上皇帝尊号曰至德广孝昭圣天辅皇帝。大赦。

是年,放进士杨佶等二十三人及第。

二十五年春正月,建中京。

二月,如鸳鸯泺。

夏四月,清暑炭山。

六月,赐皇太妃胡辇死于幽所。

秋七月壬申,西平王李德昭母薨,遣使吊祭。甲戌,遣使起复。

九月,西北路招讨使萧图玉讨阻卜,破之。

冬十月丙申,驻跸中京。

十二月己酉,振饶州饥民。

二十六年春二月,如长泺。

夏四月辛卯朔,祠木叶山。

五月庚申朔,还上京。丙寅,高丽进龙须草席。已巳,遣使贺中京成。庚午,致祭祖、怀二陵。辛未,驻跸怀州。

秋七月,增太祖、太宗、让国皇帝、世宗谥,仍谥皇太弟李胡曰钦顺皇帝。

冬十月戊子朔,幸中京。

十二月,萧图玉奏讨甘州回鹘,降其王耶剌里,抚慰而还。

是年,放进士史克忠等一十三人。

二十七年春正月,钩鱼土河。猎于瑞鹿原。

夏四月丙戌朔,驻跸中京,营建宫室。庚戌,废霸州处置司。

秋七月甲寅朔,霖雨,潢、土、斡剌、阴凉四河皆溢,漂没民舍。

八月甲申,北幸。

冬十一月壬子朔,行柴册礼。

十二月乙酉,南幸。皇太后不豫。戊子,肆赦。辛卯,皇太后崩于行宫。壬辰，遣使报哀于宋、夏、高丽。戊申，如中京。己酉，诏免贺千龄节。

是岁，御前引试刘二宜等三人。

辽史卷一五
本纪第一五

圣宗六

二十八年春正月辛亥朔,不受贺。甲寅,如乾陵。癸酉,奉安大行皇太后梓宫于乾州菆涂殿。

二月丙戌,宋遣王随、王儒等来吊祭。己亥,高丽遣魏守愚等来祭。是月,遣左龙虎卫上将军肃合卓馈大行皇太后遗物于宋,仍遣临海军节度使萧虚列、左领军卫上将军张崇济谢宋吊祭。

三月癸卯,上大行皇太后谥为圣神宣献皇后。是月,宋、高丽遣使来会葬。

夏四月甲子,葬太后于乾陵。赐大丞相耶律德昌名曰隆运。庚午,赐宅及陪葬地。

五月己卯朔,如中京。辛卯,清暑七金山。乙巳,西北路招讨使萧图玉奏伐甘州回鹘,破肃州,尽俘其民。诏修土隗口故城以实之。丙午,高丽西京留守康肇弑其主诵,擅立诵从兄询,诏诸道缮甲兵,以备东征。

秋八月戊申,振平州饥民。辛亥,幸中京。丙寅,谒显、乾二陵。丁卯,自将伐高丽。遣使报宋。以皇弟楚国王隆祐留守京师北府宰相、驸马都尉萧排押为都统,北面林牙僧奴为都监。、

九月乙酉,遣使册西平王李德昭为夏国王。辛卯,遣枢密直学士高正、引进使韩杞宣问高丽王询。

冬十月丙午朔,女直进良马万匹,乞从征高丽,许之。王询遣使

奉表乞罢师,不许。

十一月乙酉,大军渡鸭渌江,康肇拒战,败之,退保铜州。丙戌,肇复出,右皮室详稳耶律敌鲁掖肇及副将李立,追杀数十里,获所弃粮饷、铠仗。戊子,铜、霍、贵、宁等州皆降。排押至奴古达岭,遇敌兵,战败之。辛卯,王询遣使上表请朝,许之。禁军士俘掠。以政事舍人马保佑为开京留守。安州团练,使王八为副留守。遣太子太师乙凛将骑兵一千,送保佑等赴京。壬辰,守将卓思正杀辽使者韩喜孙等十人,领兵出拒,保佑等还。遣乙凛领兵击之。思正遂奔西京。围之,五日不克。驻跸城西。高丽礼部郎中渤海陀失来降。庚子,遣排押、盆奴等攻开京,遇高丽兵,败之。王询弃城遁去,遂焚开京,至清江还。

二十九年春正月乙亥朔,班师。所降诸城复叛。至贵州南峻岭谷,大雨连日,马驼皆疲,甲伏多遗弃,霁乃得渡。己丑,次鸭渌江。庚寅,皇后及皇弟楚国王隆祐迎于来远城。壬辰,诏罢诸军。己亥,次东京。

二月己酉,谒乾、显二陵。戊午,所俘高丽人分置诸陵庙,余赐内戚、大臣。

三月己卯,大丞相晋国王耶律隆运薨。庚辰,皇弟楚国王隆祐权知北院枢密使事,枢密直学士高正为北院枢密副使。庚寅,南京、平州水,振之。己亥,以北院大王耶律室鲁为北院枢密使,封韩王,北院郎君耶律世良为北院大王,前三司使刘慎行参知政事兼知南院枢密使事。

夏四月,清暑老古埚

五月甲戌朔,诏已奏之事,送所司附日历。又诏帐族有罪,黥墨依诸部人例。乙未,以刘慎行为南院枢密使,南府宰相邢抱质知南院枢密使事。

六月庚戌,升蔚州、利州为观察使。乙卯,韩王耶律室鲁薨。丙辰,以南院大王化哥为北院枢密使。丁巳,诏西北路招讨使,驸马都尉萧图玉安抚西鄙。置阻卜诸部节度使。

是秋,猎于平地松林。

冬十月庚子,驻跸广平淀。甲寅,赠大丞相副总理国王耶律隆运尚书令,谥文忠。

十一月庚午朔,幸显州。

十二月庚子朔,复如广平淀。癸丑,以知南院枢密使事邢抱质年老,诏乘小车入朝。是月,置归、宁二州。

是年御试放高承颜等二人及第。

开泰元年春正月己巳朔,宋遣赵湘、符成翰来贺。癸未,长白山三十部女直酋长来贡,乞授爵秩。甲申,驻跸王子院。丙戌,望祠木叶山。丁亥,女直太保蒲捻等来朝。戊子,猎于买曷鲁林。庚寅,祠木叶山。辛卯,曷苏馆大王曷里喜来朝。

二月壬子,驻跸瑞鹿原。

三月甲戌,以蔚州为观察,不隶武定军。乙亥,如苇泺。丁丑,诏封皇女八人为郡主。乙酉,诏卜日行拜山、大射柳之礼,命北宰相、驸马、兰陵郡王萧宁,枢密使、司空邢抱质督有司具仪物。丁亥,皇弟楚国王隆祐徙封齐国王,留守东京。

夏四月庚子,高丽遣蔡忠顺来,乞称臣如旧,诏王询亲朝。壬寅,夏遣使进良马。己酉,祀风伯。辛酉,以前孟父房敞稳萧佛奴为左夷离毕。

五月戊辰朔,还上京。诏裴玄感、邢祥知礼部贡举,放进士史简等十九人及第。以驸马萧绍宗为郑州防御使。乙亥,以邢抱质为大同军节度使。

六月,驻跸上京。

七月丙子,以耶律遂贞为辽兴军节度使,遂正北院宣徽使,张昭莹南院宣徽使,耶律受益上京副留守,寇卿彰德军节度使。命耶律释身奴、李操充贺宋生辰国信使副,萧涅衮、齐泰贺宋正旦使副。进士康文昭、张素臣、郎玄达坐论知贡举裴玄感、邢祥私曲,秘书省正字李万上书辞涉怨讪,皆杖而徒之,万役陷河治。

八月丙申,铁骊那沙等送兀惹百余户至宾州,赐系绢。是日,那沙乞赐佛像、儒书,诏赐护国仁王佛像一,《易》、《诗》、《书》、《春秋》、《礼记》各一部。己未,高丽王询遣田拱之奉表称病不能朝,诏复取六州地。是月,齐国王隆祐薨,辍朝五日。

冬十月辛亥,如中京。

闰月丁卯,赠隆祐守太师,谥仁孝。

十一月甲午朔,文武百官加上尊号曰弘文宣武奠道至德崇仁广孝聪睿昭圣神赞天辅皇帝。大赦,改元开泰。改幽都府为析津府,蓟北县为析津县,幽都县为宛平县,覃恩中外。己亥,赐夏国使、东头供奉官曹文斌、吕文贵、窦珪祐、守荣、武元正等爵有差。癸卯,前辽州录事张庭美六世同居,仪坤州刘兴胤四世同居,各给复三年。甲辰,西北招讨使萧图玉奏,七部太师阿里底因其部民之怨,杀本部节度使霸暗并屠其家以叛,阻卜执阿里底以献,而沿边诸部皆叛。

十二月丙寅,奉迁南京诸帝石像于中京观德殿,景宗及宣献皇后于上京五銮殿。壬申,振奉圣州饥民。庚辰,赐皇弟秦晋国王隆庆铁券。癸未,刘晨言殿中高可垣、中京留守推官李可举治狱明允,诏超迁之。甲申,诏诸道水灾饥民质男女者,起来年正月,日计佣钱十文,价折佣尽,遣还其家。归州言其居民本新罗所迁,未习文字,请设学以教之,诏允所请。贵德、龙化、仪坤、双、辽、同、祖七州,至有诏始征商。己丑,诏诸镇建宣敕楼。

二年春正月癸巳朔,以裴玄感为翰林承旨,邢祥给事中,石用中翰林学士,吕德推枢密直学士,张俭政事舍人,邢抱质加开府仪同三司、守司空兼侍中,王继忠中京留守、检校太师,良部侍郎刘泾加工部尚书,驸马萧绍宗加检校太师,耶律控温加政事令,封幽王。丁未,如瑞鹿原。北枢密使耶律化哥封幽王。以马氏为丽仪,耿氏淑仪,尚寝白氏昭仪,尚服李氏顺仪,尚功艾氏芳仪,尚仪孙氏和仪。己未,录囚。乌古、敌烈叛,右皮室详稳延寿率兵讨之。是月,达旦国兵围镇州,州军坚守,寻引去。

二月丙子,诏以麦务川为象雷县,女河川为神水县,罗家军为闾山县,山子川为富庶县,习家砦为龙山县,阿觉峪为劝农县,松山川为松山县,金甸子为金原县。壬午,遣北院枢密副使高正按察诸道狱。

三月壬辰朔,化哥以西北路略平,留兵戍镇州,赴行在。

夏四月甲子,拜日。诏从上京请,以韩斌所括赡国、挞鲁河、奉、豪等州户二万五千四百有奇,置长霸、兴仁、保和等十县。丙子,如缅山。

五月辛卯朔,复命化哥等西讨。

六月辛酉朔,遣中丞耶律资忠使高丽,取六州旧地。

秋七月壬辰,乌古、敌烈皆复故疆。乙未,西南招讨使、政事令斜轸奏,党项诸部叛者皆遁黄河北模㪍山,其不叛者曷党、乌迷两部因据其地,今复西迁,诘之则曰逐水草,不早图之,后恐为患。又间前后叛者多投西夏,西夏不纳。诏遣使再问西迁之意,若归故地,则可就加抚谕。使不报,上怒,欲伐之。遂诏李德昭:“今党项叛,我欲西伐,尔当东击,毋失掎角之势。”仍命诸军各市肥马。丁酉,以惕隐耶律涤㪍为南府宰相,太尉五哥为惕隐。癸卯,钩鱼曲沟。戊申,诏以敦睦宫子钱振贫民。己酉,化哥等破阻卜酋长乌八之众。丁卯,封皇子宗训大内惕隐。

八月壬戌,遣引进使李延弘赐夏国王李德昭及义成公主车马。己丑,耶律资忠使高丽还。

冬十月己未朔,畋廲井之北。命耶律阿营等宋贺生辰。辛酉,驻跸长泺。丙寅,详稳张马留献女直人知高丽事者。上问之,曰:“臣三年前为高丽所虏,为郎官,故知之。自开京东马行七日,有大砦,广如开京,旁州所贡珍异皆积于此。胜、罗等州之南,亦有二大砦,所积如之。若大军行由前路,取曷苏馆女直北,直渡鸭渌江,并大河而上,至郭州与大路会,高丽可取而有也。”上纳之。

十一月甲午,录囚。癸丑,枢密使豳王化哥以西征有罪,削其官封,出为大同军节度使。

十二月甲子,以北院大王耶律世良为北院枢密使,封岐王。以宰臣刘晟监修国史,牛璘为彰国军节度使,萧孝穆为西北路招讨使。

放进士鲜于茂昭等六人及第。

三年春正月己丑,录囚。阻卜酋长乌八来朝,封为王。乙未,如浑河。丁酉,女直及铁骊各遣使来贡。是夕,彗星见西方。丙午,畋潢河滨。壬子,帝及皇后猎瑞鹿原。

二月戊午,诏增枢密使以下月俸。甲子,遣上京副留守耶律资忠复使高丽取六州旧地。

三月庚子,遣耶律世良城招州。戊申,南京、奉圣、平、蔚、云、应、朔等州置转运使。

夏四月戊午,诏南京管内毋奄刑狱,以妨农务。癸亥,乌古叛。乙亥,沙州回鹘曹顺遣使来贡。丙子,以西北路招讨都监萧孝穆为北府宰相。

五月乙酉朔,清暑缅山。

六月乙亥,合拔里、乙室二国舅为一帐,以乙室夷离毕萧敌烈为详稳以总之。甲申,封皇侄胡都古为广平郡王。

是夏,诏国舅详稳萧敌烈、东京贸守耶律团石等讨高丽,造浮梁于鸭渌江。城保、宣义、定远等州。

秋七月乙酉朔,如平地松林。壬辰,诏政事省、枢密院,酒间授官释罪,毋即奉行,明日覆奏。

八月甲寅朔,幸沙岭。

九月丁酉,八部敌烈杀其关详稳稍瓦,皆叛,诏南府宰相耶律吾剌葛招抚之。辛亥,释敌烈数人,令招谕其众。壬子,耶律世良遣使献敌烈俘。

冬十月甲寅朔,幸中京。丙子,以旗鼓拽剌详稳题里姑为奚六部大王。

放进士张用行等三十一人及第出身。

四年春正月乙酉,如瑞鹿原。丙戌,诏耶律世良丙伐迪烈得。戊子,命详稳拔姑溺水瑞鹿原,以备春搜。丁酉,猎马兰淀。壬寅,东征。东京留守善宁、平章涅里衮奏,已总大军及女直诸部兵分道进讨,遂遣使赍密诏军前。

二月壬子朔,如萨堤泺。于阗国来贡。

夏四月癸丑,以林牙建福为北院大王。甲寅,萧敌烈等伐高丽还。丙辰,曷苏馆部请括女直王殊只你户旧无籍者,会其丁入赋役,从之。枢密使贯宁奏大破八部迪烈得,诏侍御撒剌奖谕,伐行执手之礼。丙寅,耶律世良等上破阻卜俘获数。戊辰,驻跸沿柳湖。己巳,女直遣使来贡。壬申,耶律出良讨乌古,破之。甲戌,遣使赏有功将校。世良讨迪烈得至清泥埚。时于厥既平,朝廷议内徙其众,于厥安土重迁,遂叛。世良惩创,既破迪烈得,转歼其丁壮。勒兵渡曷剌河,进击余党,斥候不谨,其将勃括聚兵稠林中,击辽军不备。辽军小却,结陈河曲。勃括是夜来袭。翌日,辽役军至,勃括诱于厥之众皆遁,世良追之,军至险厄。勃括方阻险少休,辽军侦知其所,世良不亟掩之,勃括轻骑遁去。获其辎重及所诱于厥之众,并迁迪烈得所获辖麦里部民,城胪朐河上以居之。是月,萧杨哥尚南平郡主。

五月辛巳,命北府宰相刘晟为都统,枢密使耶律世良为副,殿前都点检萧屈烈为都监,以伐高丽。晟先携家置边郡,致缓师期,追还之。以世良、屈烈总兵进讨。以耶律德政为辽兴军节度使,萧年骨烈天城军节度使。李仲举卒,诏赙恤其家。

六月庚戌,上拜日如礼。以麻都骨世勋,易衣马为好。以上京留守耶律八哥为北院枢密副使。

秋七月,上又拜日,遂幸秋山。

自八月射鹿至于九月,复自癸丑至于辛酉,连猎于有柏、碎石、太保、响应、松山诸山。丁卯，与夷离毕、兵部尚书萧荣宁定为交契，以重君臣之好。丙子，以旗鼓挞刺详稳题里姑为六部奚王。

冬十月，驻跸挞刺割泺。

十一月庚申，诏汰东京僧，及命上京、中京省泊诸宫选精兵五万五千人以备东征。

十二月，南巡海徼。还，幸显州。

五年春正月丁未，北幸。庚戌，耶律世良、萧屈烈与高丽战于郭州西，破之，斩首数万级，尽获其辎重。乙卯，师次南海军，耶律世良薨于军。癸酉，驻跸雪林。

二月己卯，阻卜长来朝。辛巳，如萨堤泺。庚寅，以前东京统军使耶律韩留为右夷离毕。戊戌，皇子宗真生。

三月乙卯，鼻骨德长撒保特、赛刺等来贡。辛酉，诸道狱空，诏进阶赐物。丙寅，以前北院大王耶律敬温为阿扎割只。辛未，党项魁可来降。

夏四月乙亥，振招州民。戊寅，以左夷离毕萧合卓为北院枢密使，曷鲁宁为副使。庚辰，清暑狐树淀。

五月甲子，尚书萧姬隐坐出使后期，削其官。丁卯，以耿元吉为户部使。

六月，以政事舍人吴克昌按察霸州刑狱。丁丑，回鹘献孔雀。

秋七月甲辰，猎于赤山。

八月丙子，幸怀州，有事于诸陵。戊寅，还上京。

九月癸卯，皇弟南京留守秦晋国王隆庆来朝，上亲出迎劳至实德山。因同猎于松山。乙丑，驻跸杏堝。

冬十月甲午，封秦晋国王隆庆长子查割中山郡王，次子遂哥乐安郡王。

十一月辛丑朔，以参知政事马保忠同知枢密院事、监修国史。丁巳，以北面林牙萧限洼为国舅详稳。

十二月乙酉，秦晋国王隆庆还，至北安甍。讣闻，上为哀恸，辍朝七日。丁酉,宋遣张逊、王承德来千龄节。

是岁,放进士孙杰等四十八人及第。

六年春正月癸卯,如锥子河。

二月甲戌,以公主赛哥杀无罪婢,驸马萧图玉不能齐家,降公主为县主,削图玉同平章事。丁丑,诏国舅帐详稳萧隈注将本部兵东征高丽,其国舅司事以都监摄之。庚辰,以南面林牙涅合为南院大王。

三月乙巳,如显州,葬秦晋国王隆庆。有事于显、乾二陵。追州隆庆为太弟。

夏四月辛卯,封隆庆少子谢家奴为长以郡王,以枢密使漆水郡王耶律制心权知诸行宫都部署事。壬辰,禁命妇再醮。丙申,如凉陉。

五月戊戌朔,命枢密使萧合卓为都统,汉人行宫都部署王继忠为副。殿前都点检萧屈烈为都监以伐高丽。翌日,赐合卓剑,俾得专杀。丙午,录囚。己酉,设四帐都详稳。甲寅,以南京统军使萧惠为右夷离毕。乙卯,祠木叶山、潢河。乙丑,驻跸九层台。

六月戊辰朔,德妃萧氏赐死,葬兔儿山西。后数日,大风起冢上,昼暝,大雷电而雨不止者逾月。是月,南京诸县蝗。

秋七月辛亥,如秋山。遣礼部尚书刘京、翰林学士吴叔达、知制诰仇正己、起居舍人程翥、吏部员外郎南承颜、礼部员外郎王景运分路按察刑狱。辛酉,以西南路抬讨请,置宁仁县于胜州。

九月庚子,还上京,以皇子属思生,大赦。丁未,以驸马萧琏、节度使化哥、知制诰仇正己、杨佶充贺宋生辰正旦使副。乙卯,萧合卓等攻高丽兴化军不克,还师。

冬十月丁卯,南京路饥,挽云、应、朔、弘等州粟振之。辛未,猎铧子河。庚寅,驻跸达离山。

十一月乙卯,建州节度使石匡弼卒。

十二月丁卯,上轻骑还上京。戊子,宋遣李行简、张信来贺十龄节。翌日,宋冯元、张纶来贺正旦。

辽史卷一六
本纪第一六

圣宗七

七年春正月甲辰，如达离山。

二月乙丑朔，拜日如浑河。

三月辛丑，命东北越里笃、剖阿里、奥里米、蒲奴里、铁骊等五部岁贡貂皮六万五千、马三百。丙午，乌古部节度使萧普达讨叛命敌烈，灭之。

夏四月，拜日。丙寅，振川、饶二州饥。辛未，振中京贫乏。癸酉，禁匿名书。壬辰，以三司使吕德懋为枢密副使。

闰月壬子，以萧进忠为彰武军节度使兼五州制置。戊午，吐蕃王并里尊奏，凡朝贡，乞假道夏国，从之。

五月丙寅，皇子宗真封梁王，宗元永清军节度使，宗简右卫大将军，宗愿左骁卫大将军，宗伟右卫大将军，皇侄宗范昭义军节度使，宗熙镇国军节度使，宗亮绛州节度使，宗弼濮州观察使，宗奕曹州防御使，宗显、宗肃皆防御使。以张俭守司徒兼政事令。丙申，品打鲁瑰部节度使勃鲁申至鼻洒河，遇微雨，忽天地晦冥，大风飘四十三人飞旋空中，良久乃堕数里外。勃鲁里辛获免。一酒壶在地乃不移。八月丙午，行大射柳之礼。庚申，以耶律留宁、吴守达使宋贺生辰，萧高九、马贻谋使宋贺正旦。加平章萧弘义开府仪同三司、尚父兼政事令。

秋七月甲子，诏翰林待诏陈升写《南征得胜图》于上京五鸾殿。

丁卯,奴里部来贡。

九月庚申,蒲昵国使奏本国与乌里国封壤相接,数侵掠不宁,赐诏谕之。戊辰,诏内外官,因事受赇,事觉而称子孙仆从者禁之。庚午,录囚。括马给东征军。是月,驻跸土河川。

冬十月,名中京新建二殿曰延庆,曰永安。壬寅,以顺义军节度使石用中为汉人行宫都部署。丙辰,诏以东平郡王萧排押为都统,殿前邵点检萧虚列为副统,东京守耶律八哥为都监伐高丽。仍谕高丽守吏,能率众自归者,厚赏;坚壁相拒者,追悔无及。

十一月壬戌,以吕德懋知吏部尚书,杨人玄知详覆院,刘晟为霸州节度使,北府宰相刘慎行为彰武军节度使。庚辰,禁服用明金、缕金、贴金。戊子,幸中京。

十二月丁酉,宋遣吕夷简、曹璋来贺千龄节。是月,萧排押等与高丽战于茶、陀二河,辽军失利。天云、右皮室二军没溺者众,遥辇帐详稳阿果达客、省使酌古、渤海详稳高清明、天云军详稳海里等皆死之。

放进士张克恭等三十七人及第。

八年春正月,宋遣陈尧佐、张群来贺。壬戌,铁骊来贡。建景宗庙于中京。封沙州节度使曹顺为敦煌郡王。

二月丁未,以前南院枢密使韩懘为中京留守,汉人行宫都部署王继忠南院枢密使。丙辰,祭风伯。

三月己未,以契丹弘义宫使赫石为兴圣宫都部署,前遥恩拈部节度使控骨里积庆宫都部署,左祇候郎君耶律罕四捷国都监。乙亥,东平王萧韩宁、东京留守耶律八哥、国舅平章事萧排押、林牙要只等讨高丽还,坐失律,数其罪而释之。己卯,诏加征高丽有功渤海将校官。壬午,阅飞龙院马。癸未,回跋部太师踏剌葛来贡。丙戌,置东京渤海承奉官都知押班。

夏四月戊子朔,如缅山。

五月壬申,以驸马萧克忠为长宁军节度使。乙亥,迁宁州渤海户子辽、土二河之间。己卯,曷苏馆惕隐阿不葛、宰相赛剌来贡。

六月戊子,录征高丽战殁将校子弟。己丑,以左夷离毕萧解里为西南面招讨使,御史大夫萧要只为夷离毕。己亥,惕隐耶合葛为南府宰相,南面林牙耶律韩留为惕隐。癸卯,弛大摆山猿岭采木之禁。乙巳,以南皮室军校等讨高丽有功,赐金帛有差。

秋七月己未,征高丽战殁诸将,诏益封其妻。庚申,以东北路详稳耶律独迷为北院大王。辛酉,有里、涅哥二奚军征高丽有功,皆赐金帛。癸亥,诏阻卜依旧岁贡马千七百,驼四百四十,貂鼠皮万,青鼠皮二万五千。戊辰,观稼。己巳,回跋部太保麻门来贡。庚午,观市。曲赦市中系囚。命解宁、马翼充贺宋生辰使副。

八月庚寅,遣郎君曷不吕等率诸部兵会大军讨高丽。

九月己巳,以石用中参知政事。宋遣崔遵度、王应昌来贺千龄节。壬申,录囚。甲戌,复录囚。庚辰,曷苏馆惕隐阿不割来贡。壬午,驻跸土河川。

冬十月乙酉,诏诸道,事无巨细,已断者,每三月一次条奏。戊子,遣耶律继崇、郑玄瑕贺宁正旦。癸巳,诏横帐三房不得与卑小帐族为婚。凡嫁娶,必奏而后行。癸卯,以前北院大王建福为阿扎割只。甲辰,改东路耗里太保城为咸州,建节以领之。

十一月甲寅,置云州宣德县。

十二月辛卯,驻跸中京。乙巳,以广平郡王宗业为中京留守、大定尹,韩懃为惕隐。辛亥,高丽王询遣使乞贡方物诏纳之。

九年春正月,宋遣刘平、张元普来贺。

二月,如鸳鸯泺。

五月庚午,耶律资忠使高丽还,王询表请称藩纳贡,归所留王人只剌里。只剌里在高丽六年,忠节不屈,以为林牙。辛未,遣使释王询罪,并允其请。癸酉,以耶律宗教检校太傅,宗海启圣军节度使,刘晟太子太傅,仍赐保节功臣。

秋七庚戌朔,日有食之,诏以近臣代拜救日。甲寅,遣使赐沙州回鹘敦煌郡王曹顺衣物。以查剌、耿元吉、韩九、宋璋为来年贺宋生辰正旦使副。

九月戊午，以驸马萧绍宗平章事。丁卯，文武百僚奉表上尊号，不许。表三上，乃从之。乙亥，沙州回鹘敦煌郡王曹顺遣使来贡。括诸道汉民马赐东征军。以夷离毕延宁为兵马副都部署，总兵东征。是月，驻跸金瓶泺。宋遣宋绥、骆继伦贺千龄节。

冬十月戊寅朔，以涅里为奚王都监，突迭里为北王府舍利军详稳。郎君使沙州还，诏释宿累。国家旧使远国，多用犯徒罪而有才略者，使还，即除其罪。戊子，西南招讨奏，党项部有宋犀族输贡不时，常有他意，宜以时遣使督之。诏曰："边鄙小族，岁有常贡。边臣骄纵，徵敛无度，彼怀惧不能自达耳。第遣清慎官将，示以恩信，无或侵渔，自然效顺。"复奏谛居、迭烈德部言节度使韩留有惠政，今当代，请留。上命进其治状。辛丑，如中京。壬寅，大食国遣使进象及方物，为子册割请婚。

十一月丁巳，以漆水郡王韩慰为南京留守、析津尹、兵马都总管。己未，以夷离毕萧孝顺为南面诸行宫都部署，加左仆射。

十二月丁亥，禁僧燃身炼指。戊子，诏中京建太祖庙，制度、祭器皆从古制。乙巳，诏来年冬行大册礼。

放进士张仲举等四十五人。

太平元年春正月丁丑朔，宋使鲁宗道、成吉来贺。如浑河。

二月乙卯，幸铍河。壬戌，猎高柳林。

三月戊戌，皇子勃已只生，庚子，驸马都尉萧绍业建私城，赐名睦州，军曰长庆。是月，大食国王复遣使请婚，封王子班郎君胡思里女可老为公主，嫁之。

夏四月戊申，东京留守奏，女直三十部酋长请各以其子诣阙祗候。诏与基父俱来受约。乙卯，录囚。丁卯，置莱州。是月，清暑缅山。

秋七月甲戌朔，赐从猎女直人秋衣。乙亥，遣骨里取石晋所上玉玺于中京。阻卜来贡。辛巳,如沙岭。是月,猎潢河。

九月,幸中京。

冬十月丁未,敌烈酋长颇白来贡马、驼。戊申,录囚。壬子,宋使李懿、王仲宾来贺千龄节,及苏惟甫、周鼎贺来岁元正。即遣萧善、程翥报聘。党项长曷鲁来贡。己未,以萨敏解里为都点检,高六副点检,耶律罗汉奴左皮室详稳,嗓姑右皮室详稳,聊了西北路金吾,耶律僧隐御史大夫,求哥驸马都尉,萧春、骨里并大将军。庚申,幸通天观,观鱼龙曼衍之戏。翌日,再幸。还,升玉辂,自内三门入万寿殿,奠酒七庙御容,因宴宗室。

十一月癸未,上御昭庆殿,文武百僚奉册上尊号曰睿文英武遵道至德崇仁广孝功成治定昭圣神赞天辅皇帝。大赦,改元太平。中外官进级有差。宋祭遣使来聘。夏、高丽遣使来贡。甲申,册皇子梁王宗真为皇太子。

二年春正月,如纳水钩鱼。

二月辛丑朔,驻跸鱼儿泺。

三月甲戌,如长春州。丁丑,宋使薛贻廓来告宋主恒殂,子祯嗣位。遣都点检耶律僧隐等充宋祭奠使副,林牙萧日新、观察冯延休充宋后吊慰使副。戊寅,遣金吾耶谐领、引进姚居信充宋主吊慰使副。戊子,为宋主饭三京僧。是月,地震,云、应二州屋摧地陷,鬼白山裂数百步,泉涌成流。

夏四月,如缅山清暑。

五月乙亥朔,参知政事石用中薨。庚辰,铁骊遣使献兀惹十六户。

六月乙未,宋遣使薛由等来馈其先帝遗物。

秋七月己卯,以耶律信宁为奉陵军节度使,高丽国参知政事王同显静海军节度使,耶律遂忠长宁军节度使,耿延毅昭德军节度使,高守贞河西军节度使。

九月癸巳,遣尚书僧隐韩格贺宋主即位。

壬寅,遣堂后官张克恭充贺夏国王李德昭生日使,耶律扫古、韩王充贺宋太后生日使副,耶律仙宁、史克忠充贺宋正旦使副。是月,驻跸胡鲁古思淀。

冬十月癸卯朔,赐宰臣吕德懋、参知政事吴叔达、枢密副使杨又玄、右丞相马保忠钱物有差。辛亥,至上京曲赦畿内囚。

十一月丙戌,宋遣使来谢。

十二月辛丑,高丽王询薨,其子钦遣使来报,即命使册钦为高丽国王。甲寅,宋遣刘烨、郭志言来贺千龄节。

是年,放进士张渐等四十七人。

三年春正月丙寅朔,如纳水钩鱼。以僧隐为平章事。乙亥,以萧台德为南王府都监,林牙耶律信宁西北路招讨都监。辛巳,赐越国公主私城之名曰懿州,军曰庆懿。

二月丙申,以丁振为武信军节度使,改封兰陵郡王。戊申,以东平郡王萧排押为西南面都招讨,进封豳王。

夏四月,以耶律守宁为都点检。

五月,清暑缅山。

六月戊申,以南院宣徽使刘泾参知政事,萧孝惠为副点检,萧孝恭东京统军兼沿边巡检使。戊午,以萧琏为左夷离毕,萧琳为详稳。

秋七月戊寅,以南府宰相耶律合葛为上京留守,封漆水郡王。丙戌,以皇后生辰为顺天节。丁亥,赐缅山名曰永安。是月,猎赤山。

闰月壬辰,以萧伯达、韩绍雍充贺宋正旦使副,唐骨德、程昭文贺宋生辰使副。

冬十月庚辰,宋遣薛奎、郭盛来贺顺天节,王臻、慕容惟素贺千龄节。东征军奏:"统帅谐领、常衮课奴率师自毛母国岭入,林牙高九、裨将大邜逸等率师鼓山岭入。闰月未至挞离河,不遇敌而还。以是月会于弘怕只岭,驼、马死者甚众。"驻跸辽河。

十一月辛卯朔,以皇侄宗范为归德军节度使,北府宰相萧孝穆南京留守,封燕王,南京留守韩熙南院大王、兵马都总管,仇正燕京转运使。

十二月壬戌,以宗范为平章事,封三韩郡王,仇道衡中京副留守,冯延休顺州刺史,郎玄化西山转运使,赵其枢密直学士。丁卯,以萧永为太子太师。已卯,封皇子重元秦国王。

四年春正月庚寅朔,宋遣张传、张士禹、程琳、丁保衡来贺。如鸭子河。

二月已未,猎挞鲁河。诏改鸭子河曰混同江,挞鲁河曰长春河。

三月戊子,千龄节,诏赐诸宫分耆老食。

夏四月癸酉,以右丞相马保忠之子世弘使岭表,至平地松林为盗所杀,特赠昭信军节度使。

五月,清暑永安山。

已未,南院大王韩熙薨。戊辰,以郑弘节为兵部郎中,刘慎行顺义军节度使。辛未,以燕王萧孝穆子顺为千牛卫将军。甲戌,以中山郡王查哥为保静军节度使,乐安郡王遂哥广德军节度使,萧解里彰德军节度使。庚辰,以辽兴军节度使周王胡都古为临海军节度使,漆水郡王敌烈南院大王。

秋七月,如秋山。

八月丙辰,以韩绍芳为枢密直学士,驸马萧匹敌都点检。

九月,以驸马萧绍宗为武定军节度使,耶律宗福安国军节度使。

冬十月,驻跸辽河。宋遣蔡齐、李用和来贺千龄节。

十一月,追封南院大王韩熙为陈王。

十二月,以萧从政为归义军节度使,康筠监门卫,充贺宋正旦使副。

是年,放进士李炯等四十七人。

辽史卷一七
本纪第一七

圣宗八

五年春正月乙酉,如混同江。

二月戊午,禁天下服用明金及金线绮。国亲当服者,奏而后用。是月,如鱼儿泺。

三月壬辰,以左丞相张俭为武定军节度使、同政事门下平章事,郑弘节临潢少尹,刘慎行辽兴军节度使,武定军节度使萧匹敌契丹行宫都部署,枢密副使杨又玄吏部尚书、参知政事兼枢密使。是月,如长春河鱼儿泺。有声如雷,其水一夕越沙冈四十里,别为一陂。

夏五月,清暑永安山。以萧从顺为太子太师,吴叔达翰林学士,道士冯若谷加太子中允,耶律晨武定军节度使,张俭彰信军节度使,吕士宗礼部贺外郎,李可举顺义军节度使。

秋七月,猎平地松林。

九月,驻跸南京。己亥,以萧迪烈、李绍琪充贺宋太后生辰使副,耶律守宁、刘四端充贺宋主生辰使副。"

冬十月辛未,宋太后遣冯元宗、史方来贺顺天节。

十一月庚子,幸内果园宴,京民聚观。求进士得七十二人,命赋诗,第其工拙,以张昱等一十四人为太子校书郎,韩栾等五十八人为崇文馆校书郎。辛丑,以左祗候郎君详稳萧罗罗为右夷离毕。

十二月丁巳,以汉人行营都部署萧孝先为上京留守,皇侄长沙

郡王谢家奴匡义军节度使,耶律仁举兴国军节度使。甲子,萧守宁
为点检侍卫亲军马步军。乙丑,北院枢密使萧合卓薨。

十二月戊辰,以北府宰相萧普古为北院枢密使。己巳,遣萧谐、
李琪充贺宋正旦使副。庚午,以参知政事刘京为顺义军节度使。乙
亥,宋使李维、张纶来贺千龄节。

是岁,燕民以年谷丰熟,车驾临辛,争以土物来献。上礼高年,
惠鳏寡,赐酺饮。至夕,六街灯火如昼,士庶嬉游,上亦微行观之。丁
丑,禁工匠不得销毁金银器。

六年春正月己朔,宋遣徐奭、裴继起、张若谷、崔准来贺。庚辰,
如鸳鸯泺。

二月己酉,以迷离巳同知枢密院,黄翩为兵马都部署,达骨只
副之。赫石为都监,引军城混同江、疏木河之间。黄龙府请建堡障
三、烽台十,诏以农隙筑之。东京留守八哥奏黄翩领兵入女直界徇
地,俘获人、马、牛、豕,不可胜计,得降户二百七十。诏奖谕之。戊
午,以耶律野为副点检,以国舅帐萧柳氏、徒鲁骨领西北路十二班
军、奚王府舍利军。己巳,南京水,遣使振之。庚午,诏党项别部塌
西设契丹节度使治之。

三月戊寅,以大同军节度张俭入为南院枢密使、左丞相兼政事
令,参知政事吴叔达责授将作少监,出为东州刺史。是月,阻卜来
侵,西北路招讨使萧惠破之。

夏四月丁未朔,以武定军节度使耶律汉古为惕隐。戊申,蒲卢
毛朵部多兀惹户,诏索之。丙寅,如永安山。

五月辛卯,以东京统军使萧憳古为契丹行宫都部署。癸卯,遣
西北路招讨使萧惠将兵伐甘州回鹘。

六月辛丑,诏凡官畜并印其左以职之。

秋七月戊申,猎黑岭。

八月,萧惠攻甘州不克,师还。自是阻卜诸部皆叛,辽军与战,
皆为所败,监军涅里姑、国舅帐太保曷不吕死之。诏遣惕隐耶律洪

古、林牙化哥等将兵讨之。

九月，驻跸辽河浒。

冬十月丙子，曷苏馆诸部长来朝。庚辰，遣使问夏国五月与宋交战之故。辛巳，以前南院大王直鲁衮为乌古敌烈都详稳。庚寅，以萧孝顺、萧绍宗兼侍中，驸马萧绍业平章政事，前南院大王胡睹堇同知上京留守，安哥通化州节度使。

乙丑，宋遣韩翼、田承说来贺顺天节。十一月戊辰，西北路招讨司小校扫姑诉招讨萧惠三罪，诏都监奥骨祯桉之。

十二月庚辰，曷苏馆部乞建旗鼓，许之。辛巳，诏北南诸部廉察州县及石烈、弥里之官，不治者罢之。诏大小职官有贪暴残民者，立罢之，终身不录；其不廉直，虽处重任，即代之；能清勤自持者，在卑位亦当荐拔；其内族受赂，事发，与常人所犯同科。戊戌，遣杜防、萧蕴充贺宋生辰使副。庚子，驻跸辽河。

七年春正月壬寅朔，宋遣张保维、孙继业、孔道辅马崇至来贺。如混同江。辛亥，以女直白缕为惕隐，蒲马为岩母部太师。甲寅，蒲卢毛朵部遣使来贡。

夏四月乙未，猎黑岭。

五月，清暑永安山。西南路招讨司奏，阴山中产金银，请置治，从之。复遣使遹辽河源求产金银之矿。

六月，禁诸屯田不得擅货官粟。癸巳，诏萧惠再讨阻卜。

秋七月己亥朔，诏更定法令。庚子，诏谕驸马萧钽不、公主粘米衮：“尔于后有父母之尊，后或临幸，祗谒先祖，祗拜空帐，失致敬之礼，今后可设像拜谒。”乙巳，诏辇路所经，旁三十步内不得耕种者，不得诉讼之限。

九月，驻跸辽河。

冬十月丁卯朔，诏诸帐院庶孽，并从其母论贵贱。

十一月，宋遣石中立、石贻县台来贺千龄节，王博文、王双贺顺天节。辛亥，以杨又玄、邢祥知贡举。乙未，匡义军节度使中山郡王查葛、保宁军节度使长沙郡王谢家奴、广德军节度使乐安郡王遂哥奏，各将之官，乞选伴读书史。从之。癸亥，以三韩王钦为启圣军节度使，杨佶刑部侍郎。甲子，以左千牛卫上将军耶律古昱为北院大王。

十二月丁卯，遣耶律遂英、王永锡充贺宋太后生辰，萧速撒、马保永充贺正旦使副。癸酉，以金吾萧高六为奚舍利军详稳。

八年春正月己亥，如混同江。庚申，党项侵边，破之。甲子，诏州县长吏劝农。

二月戊子，燕京留守萧孝穆乞于拒马河接宋境上置戍长城察，诏从之。

三月，驻跸长春河。

夏五月，清暑永安山。

六月，以韩宁、刘湘充贺宋太后生辰使副，吴克荷充贺夏国王李德昭生辰使。癸巳，权北院大王耶律郑留奏，今岁十一月皇太子纳妃，诸族备会亲之帐。诏以豪盛者三十户给其费。

秋七月丁酉，以遥辇帐郎君陈哥为西北路巡检，与萧谐领同管二招讨地。以南院大王耶律敌烈为上京留守。戊戌，猎平地松林。

九月壬辰朔，以渤海宰相罗汉权东京统军使。壬子，幸中京。北敌烈部节度使耶律延寿请视诸部，赐旗鼓，诏从之。癸丑，阻卜别部长胡懒来降。乙卯，阻卜长春古来降。

冬十月，宋遣唐肃、葛怀愍来贺顺天节。枢密使、魏王耶律斜轸孙妇阿聒指斥乘舆，其孙骨欲为之隐，事觉，乃并坐之，仍籍其家。诏燕城将士，若敌至，总管备城之东南，统军守其野西北，马步军备其野战，统军副使缮壁垒，课士卒各练其事。

十一月丙申，皇太子纳妃萧氏。以耶律求翰为北院大王。

十二月辛酉朔，以遥辇太尉谢佛留为天云军详稳。壬申，以北院大王耶律留宁为双州节度使，康筠崇德宫都部署，谢十永兴宫都部署，旅坟宜州节度使。□庵辽州节度使，耶律野同知中京留守，耶律曷鲁突愧为大将军。丁丑,诏庶孽虽已为良,不得预世选。丁亥,宋遣寇瑊、康德来贺千令节,朱谏、曹英、张逸、刘永钊贺来岁两宫正旦。诏两国舅及南、北王府乃国之贵族,贱庶不得任本部官。

是岁,放进士张宥等五十七人。

九年春正月,至自中京。

二月戊辰,遣使赐高丽王钦物。如斡凛河。

夏五月,清暑永安山。

六月戊子,以长沙郡王谢家奴为广德军节度使,乐安郡王遂哥匡义军节度使,中山郡王查葛保定军节度使,进封潞王,豫章王贴不长宁军节度使。以耶律思忠、耶律荷、耶律高、遥辇谢佛留、陈邈、韩绍一、韩知白、张震充贺宋两宫生辰及来岁正旦。

秋七月戊午朔,如黑岭。

八月己丑,东京舍利军详稳大延琳囚留守、驸马都尉萧孝先及南阳公主,杀户部使韩绍勋、副使王、四捷军都指挥使萧颇得,延琳遂僭位,号其国为兴辽,年为天庆。初,东辽之地,自神册来附,未有榷酤监盐曲之法,关市之征亦甚宽弛。冯延休、韩绍勋相继以燕地平山之法绳之,民不堪命。燕又仍岁大饥,户部副使王嘉复献计造船,使其民谙海事者,漕粟以振燕民,水路艰险,多至覆没。虽言不信,鞭琳搒掠,民怨思乱。故延琳乘之,首杀绍勋、嘉以快其众。延琳先事与副留守王道平谋,道平夜弃其家,逾城走,与延琳所遣召黄龙府黄翩者,俱至行在告变。上即征诸道兵,以时进讨。时国舅详稳萧匹敌治近延琳,先率本管及家兵据其要害,绝其西渡之计。渤海太保夏行美亦旧主兵,戍保州,延琳密驰书,使图统帅耶律蒲古。行美乃以实告,蒲古得书,遂杀渤海兵八百人,而断其东路。延琳知黄龙、保州皆附,遂分兵西取沈州,其节度使萧王六初至,其副张杰声言欲降,故不急攻。及知其诈,而已有备,攻之不克而还。时南北女直皆从延琳,高丽亦稽其贡。及诸道兵次第皆至,延琳婴城固守。

冬十月丙戌朔，以南京留守燕王萧孝穆为都统，国舅详稳萧匹敌为副统，奚六部大王萧蒲奴为都监以讨之。

十一月乙卯朔，如显陵。丙寅，以沈州节度副使张杰为节度使，其皇城进士张人纪、赵睦等二十二人入朝，试以诗赋，皆赐第。超授保州戍将夏行美平章事。壬申，以驸马刘四端权知宣微南院事。

十二月丁未，宋遣仇永、韩永锡来贺千龄节。命耶律育、吴克荷、萧可观、赵利用充贺宋生辰使副，耶律元吉、崔闰、萧昭古、窦振充来岁贺宋正旦。

十年春正月己卯朔，宋遣王夷简、窦处约、张易、张士宜来贺。

二月，幸龙化州。

三月甲寅朔，详稳萧匹敌至自辽东，言都统萧孝穆去城四面各五里，许筑城堡围之。驸马延宁与其妹穴地遁去，惟公主崔八在后，为守陴者觉而止。

夏四月，如乾陵。以耶律行平为广平军节度使，夏行美为中顺军节度使，李延弘知易州，萧从顺加太子太师。

五月戊申，清暑柏坡。

秋七月壬午，诏来岁行贡举法。

八月丙午，东京贼将杨详世密送款，夜开南门纳辽军。擒延琳，渤海平。

冬十月驻跸长宁淀。

十一月辛亥，南京留守燕王萧孝穆以东征将士凯还，戎服见上，上大加宴劳。翌日，以孝穆为东平王、东京留地。国舅详稳、驸马都尉萧匹敌封兰陵郡王，奚王蒲奴加侍中。以权燕京留守兼侍中萧惠为燕京统军使，前统军委宛大将军、节度使，宰相兼枢密使马保忠权知燕京留守，奚王府都监萧阿古轸东京统军使。诏渤海旧族有勋劳材力者叙用，余分居来、隰、迁、润等州。

十二月乙巳，宋遣梅询、王令杰来贺千龄节。漆水郡王耶律敌烈加尚父，乌古部节度使萧普达为乙室部大王，尚书左仆射萧琳为临海军节度使。

十一年春正月己酉朔,如混同江。

二月,如长春河。

三月,上不豫。

夏五月,大雨水,诸河横流,皆失故道。

六月丁丑朔,驻跸大福河之北。己卯,帝崩于行宫,年六十一,在位四十九年。景福元年闰十月壬申,上尊谥曰文武大孝宣皇帝,庙号圣宗。

赞曰:圣宗幼冲嗣位,政出慈闱。及宋人二道平攻,亲御甲胄,一举而复燕、云,破信、彬,再举而躏河、朔,不亦他欤!既而侈心一启,佳兵不祥,东有有陀之败,西肯甘州之丧,此狃于常胜之过也。然其践阼四十九年,理冤滞,举才行,察贪残,抑奢僭,录死事之子孙,振诸部之急乏,责迎合不忠之罪,却高丽女乐之归。辽之诸帝,在位长久,令名名无穷,其唯圣宗乎!

辽史卷一八
本纪第一八

兴宗一

兴宗神孝章皇帝，讳宗真，字夷不堇，小字只骨。圣宗长子，母曰钦哀皇后萧氏。上始生，齐天皇后取养之。幼而聪明，长而魁伟，龙颜日角，豁达大度。善骑射，好儒术，通音律。三岁封梁王，太平元年册为皇太子，十年六月判北南院枢密使事。

十一年六月己卯，圣宗崩，即皇帝位于枢前。壬午，尊母元妃萧氏为皇太后。甲申，遣使告哀于宋及夏、高丽。是年，御宣政殿放进士刘贞等五十七人。辛卯，大赦，改元景福。乙未，奉大行皇帝梓宫，殡于永安山太平殿。辛丑，皇太后赐驸马萧铌不里、萧匹敌死，围场都太师女直著骨里、右祗候郎君详稳萧延留等七人皆弃市，籍其家，迁齐天皇后于上京。

秋七月丙午朔，皇太后率皇族大临于太平殿。高丽遣使吊慰。上召晋萧普古等饮博，夜分乃罢。丁未，击鞠。戊申，以耶律韩八为左夷离毕，特末里为左祗候郎君详稳，横帐郎君乐古权右祗候郎君详稳。己酉，以耶律郑留为于厥迪烈都详稳，高八为右皮室详稳。庚戌，振蓟州民饥。癸丑，诏写大行皇帝御容。甲寅，录囚。以观察姚居信为上将军。建庆州于庆陵之南，徙民实之，充奉陵邑。乙卯，以比岁丰稔，罢给东京统军司粮。丁巳，上谒大行皇帝御容，哀恸久之。因诏写北府宰相萧孝先、南府宰相萧孝穆像于御容殿。以萧姑軫为东京留守。丁卯，谒太平殿，焚先帝所御弓矢。幸晋王普古第视疾。辛未，录囚。壬申，上谒神主帐，时奥隈萧氏始入宫，亦命拜之。

八月壬午，迁大行皇帝梓宫于菆涂殿。

九月戊申，躬视庆陵。庚戌，问安于皇太后。辛亥，宋遣王随、曹仪致祭，王嶷、许怀信、梅询、张纶来慰两宫，范讽、孙继业贺即位，孔道辅、魏昭文贺皇太后册礼。戊午，焚弧矢、鞍勒于菆涂殿。庚申，夏国遣使来慰。庚午，以宋使吊祭，丧服临菆涂殿。甲戌，遣御史中丞耶律韶、司农卿张确、详稳耶律励、四方馆使高维翰谢宋吊慰。

冬十月戊寅，宰臣吕德懋薨。癸未，杀钼不里党弥勒奴、观音奴等。丙戌，遣工部尚书高德顺、崇禄卿李可封致先帝遗物于宋。以右领军卫上将军耶律逊、少府监马惮充皇太后谢宋使。右监门卫上将军耶律元载、引进使魏永充皇帝谢宋使。丁酉，夏国遣使来赙。戊戌，以萧革赵为果、耶律郁、马保业充来岁贺宋正旦使。

闰月辛亥，谒菆涂殿，阅玄宫闶器。有司请以生辰为永寿节，皇太后生辰为应圣节，从之。辛酉，阅新造铠甲。丁卯，振黄龙府饥民。

十一月壬辰，上率百僚奠于菆涂殿。出大行皇帝服御、玩好焚之，纵五坊鹰鹘。甲午，葬文武大孝宣皇帝于庆陵。乙未，祭天地。问安皇太后。丙申，谒庆陵，以遗物赐群臣，名其山曰庆云，殿曰望仙。

十二月癸丑，至自庆陵。皇太后听政，帝不亲庶务，君臣表请，不从。

是岁，以兴平公主下嫁夏国王李德昭于元昊，以元昊为夏国公、驸马都尉。

重熙元年春正月壬申朔，皇太后御正殿，受帝与君臣朝。宋遣任布、王遵范、陈琰、王克善来贺。乙亥，宋遣郑向、郭遵范来贺永寿节。丁丑，如雪林。

二月,大搜。

三月壬申朔,尚父、漆水郡王敌烈复为惕隐。

是春,皇春后诬齐天皇后以罪,遣人即上京行弑后。请具浴以就死,许之。有顷,后崩。

夏四月乙巳,清暑别撵斗。

秋七月,猎平地松林。以萧达溥王英秀、萧籠、张素羽充来岁贺宋正旦生辰使。

八月丙午,驻跸剌河源。皇子洪基生。

冬十月己酉,幸中京。

十一月己卯,帝率群臣上皇太后尊号曰法天应运仁德章圣皇太后。群臣上皇帝奠号曰文武仁圣昭孝皇帝。大赦,改元重熙。癸未,宋遣刘随、王德本来贺应圣节。以杨佶为翰林承旨。丙戌,夏国遣使来贺。辛卯,五国酋长来贡。夏国王李德昭薨,册其子夏国公元昊为夏国王。

十二月庚戌,宋遣胥偃、王从益、崔暨、张怀志来贺来岁正旦。又遣杨日严、王克纂来贺永寿节。以北大王耶律求翰同平章事。

是年,放进士刘师贞等五十七人。

二年春正月庚辰,东幸。乙酉,夏国遣使来贡。壬辰,女直详稳台押率所部来贡。宋遣曹琮来告母后刘氏哀,章得象、安继昌来馈母后遗物。即遣兴圣宫使耶律寿宁、给事中知制诰李奎充祭奠使,天德军节度使耶律卿宁、大理卿和道亨、河西军节度耶律嵩、引进使马世卿充两宫吊慰使。

秋七月甲子朔,以耶律宦、高升、耶律迪、王惟允充两宫贺宁生辰使副,以耶律师古、刘五常充贺宋来岁正旦使副。

八月丁酉,幸温泉宫。乙卯,遣使阅诸路禾稼。

冬十一月甲申,宋遣刘宝、符忠、李昭述、张茂实等来谢慰奠。

十二月乙未,宋遣丁度、王继凝来贺应圣节。己酉,禁夏国使沿路私市金、铁。甲寅,宋遣章频、李懿、王冲睦、张纬、李纮、李继一来贺永寿节及来岁正旦。庚申,以北府宰相萧孝先为枢密使。

三年春正月丁卯,宋使章频卒,诏有司赙赠,命近侍护丧以归。辛卯,如春水。

二月壬辰,以北院枢密使萧普古为东京留守。戊申,耶律大师奴有侍禠袯恩,诏入属籍。

夏四月甲寅,振耶迷只部。

五月庚申朔,清暑沿柳湖。是月,皇太后还政于上,躬守庆陵。

六月己亥,以萧普古为南院枢密使。

秋七月戊子朔,上始亲政,以耶律庶徵、刘六符、耶律睦、薄可久充贺宋来岁正旦使副。壬辰,如秋山。

冬十月己未,驻跸中会川。

十二月,宋遣段少连、杜仁赞来贺来岁正旦,杨偕、李守忠来贺永寿节。

四年春正月庚寅,如耶迷只里。

三月乙酉朔,立皇后萧氏。

夏四月甲寅朔,如凉陉。

五月庚子,清暑散水源。

六月癸丑朔,皇子宝信奴生。以耶律信、吕士宗、萧衮、郭揆充贺宋生辰及来岁正旦使副。

秋七月壬午朔,猎于黑岭。

九月己酉,驻跸长宁淀。

冬十月,如王子城。

十一月壬午,改南京总管府为元帅府。乙酉,行柴册礼于白岭,大赦。加尚父耶律信宁、政事令耶律求翰耆宿赞翊功臣。

十二月癸丑,诏诸军炮、弩、弓、剑手以时阅习。庚申,宋遣郑戬柴贻范、杨日华、张士禹来贺永寿节及正旦。

五年春正月甲申,如鱼儿泺。枢密使萧延宁请改国舅乙室小功帐敞史为将军,从之。

四月庚申,以潞王查葛为南府宰相,崇德宫使耶律马六为惕隐。甲子,幸后弟萧无曲第,曲水泛觞赋诗。丁卯,颁新定条制。己巳,上与大臣分朋击鞠。

五月甲午,南幸。丁未,如胡土白山清暑。庚申,幸北院大之高十行帐拜奥,赐银绢。壬戌,诏修南京宫阙府署。

秋七月辛丑,录囚。耶律把八诬其弟韩哥谋杀己,有司奏当反坐。临刑,其弟泣诉:“臣惟一兄,乞贷其死。”上悯而从之。

九月癸巳,猎黄花山,获熊三十六,赏猎人有差。

冬十月丁未,幸南京。辛亥,曲赦析律府境内囚。壬子,御元和殿,以《日射三十六熊赋》、《幸燕诗》试进士于廷。赐冯立、赵徽四十九人进士第。以冯立为右补阙,赵徽以下皆为太子中舍,赐绯衣、银鱼,遂大宴。御试进士自此始。宋遣宋郊、王世文来贺永寿节。甲子,宰臣张俭等请幸礼部贡院,欢饮至暮而罢,赐物有差。以耶律祥、张素民、耶律甫、王泽充贺宋生辰正旦使副。

六年春正月丁丑,西幸。

三月戊寅,以秦王萧孝穆为北院枢密使,徙封吴王,晋王萧孝先为南京留守。

夏四月,猎野狐岭。

闰月,猎龙门县西山。

五月己酉,清暑炭山。以耶律韩八为北院大王。萧把哥左夷离毕,王子郎君详稳鼻姑得林牙,签北面事耶律涅哥同签点检司。甲寅,录囚。以南大王耶律信宁故匿重囚及侍婢赃污,命挞以剑脊而夺其官。都监坐阿附及侍婢罪,皆论死,诏贷之。丙辰,以耶律信宁为西南路招讨使。庚申,出飞龙厩马,赐皇太弟重元及北、南面侍臣有差。癸亥,以上京留守耶律胡睹衮为南大王,平章事萧查剌宁上京留守,侍中管宁行宫都部署,耶律蒲奴宁乌古迪烈得都详稳。甲子,以上京留守耶律洪古为北院大王。

六月壬申朔,以善宁为殿都点检。护卫太保耶律合住兼长宁宫使,萧阿剌里、耶律乌鲁斡、耶律和尚、萧韩家奴、萧特里、萧求翰为各宫都部署。上酒酣赋诗,吴国王萧孝穆、北宰相萧八撒等皆属和,夜中乃罢。己卯,祀天地。癸未,赐南院大王耶律胡睹衮命,上亲为制诰词,并赐诗以宠之。丙申,以北院大王侯哂为南京统军使。

秋七月辛丑朔,以北、南枢密院狱空,赏赉有差。壬寅,以皇太弟重元生子,赐诗及宝玩器物,曲赦死罪以下。癸卯,如秋山。

八月己卯,北枢密院言越棘部民苦其酋帅坤长不法,多流亡。诏罢越棘等五国酋帅,以契丹节度使一员领之。

冬十月癸酉,驻跸石宝冈。

十一月己亥朔,阻卜酋长来贡。辛亥,以契丹行宫都部署,萧惠为南院枢密使。壬子,以管宁为南院枢密使,萧扫古诸行宫都部署,耶律褭里知南面行宫副部署,萧阿剌里左祗候郎君详稳,耶律曷主右祗候郎君详稳。庚申,幸晋国公主行帐视疾。封皇子洪基为梁王。

十二月,以杨佶为忠顺军节度使。遣耶律斡、秦鉴、耶律德、崔继芳贺宋生辰及正旦。

七年春正月戊戌朔,宋遣高若讷、夏元正、谢绛、张茂实来贺正旦及永寿节。辛丑,如混同江。

二月庚午,如春州。乙亥,驻跸东川。丁丑,高丽遣使来贡。壬午,幸五坊,阅鹰鹘。乙酉,遣使庆州问安皇太后。

三月戊戌朔,幸皇太弟重元行帐。壬寅,如蒲河淀。辛亥,夏国遣使来贡。甲寅,录囚。

夏四月己巳,以兴平公主薨,遣北院旨耶律庶成持诏问夏国王李元昊。公主生与元昊不睦,没,诘其故。己卯,猎白马埚。甲申,射兔新淀井,乙未,猎金山,遣杨家进鹿尾茸于大安宫。

六月乙亥,御清凉殿试进士,赐邢彭年以下五十五人第。

秋七月甲辰,录囚。乙巳,阻卜酋长屯秃古斯来朝。戊申,如黑岭。

九月丁未,驻跸平淀。

冬十月甲子朔,渡辽河。丙寅,驻跸白马淀。壬申,录囚。

十一月癸巳朔,以耶律元方、张泥、韩至德、萧传充贺宋生辰正旦使副。辛丑,问安皇太后,进珍玩。庚申,录囚。

十二月,召善击鞠者数十人于东京,令与近臣角胜,上临观之。己巳,以皇太弟重元判北南院枢密使事,北府宰相撒八宁再任兼知东京留守事,耶律应稳南府宰相,查割折大内惕隐,乙室已帐萧翰乾州节度使,刘六符参知政事,王子帐冠哥王子郎君详稳,钮窅大王平州节度使,宰臣张克恭守司空,宰臣韩绍芳加侍中,惕隐耶律马六北院宣徽使,傅父耶律喜孙南府宰相。癸未,宋遣王举正、张士禹来贺永寿节。甲申,命日进酒于大安宫,致荐庆陵。丁亥,录囚。非故杀者减科。南面侍御壮骨里诈取女直贡物,罪死,上以有吏能,黥而流之。

八年春正月壬辰朔,宋遣韩琦、王从益来贺。丙申,如混同江观鱼。戊戌,振品部。庚戌,叉鱼于率没里河。丁己,禁朔州鬻羊于宋。

二月丙子,驻跸长春河。

夏六月乙丑,诏括户口。

秋七月丁巳,谒庆陵,致奠于望仙殿。迎皇太后至显州,谒园陵,还京。

冬十月,驻跸东京。

十一月甲午,诏有言北院处事失平,击钟及邀驾告者,悉以奏闻。戊戌,朝皇太后,召僧论佛法。戊申,皇太后行再生礼,大赦。己酉,城长春。

闰十二月壬辰,视吴国王萧孝穆疾。宋遣庞籍、杜赞来贺永寿节。

九年春正月丙辰朔,上进酒于皇太后宫,御正殿。宋遣王拱辰、彭再思来贺。庚申,如鸭子河。

二月,驻跸鱼儿泺。

三月辛未,以应圣节,大赦。

五月乙卯朔,清暑永安山。

六月,射柳祈雨。

秋七月癸酉,宋遣郭祯以伐夏来报,遣枢密使杜防报聘。丁丑,如秋山。

冬十月癸未朔,驻跸中会川。

十一月甲子,女直侵边,发黄龙府铁骊军拒之。宋遣苏伸、向传范来贺圣应节。

十二月庚寅,以北大王府布猥帐郎君自言先世与国联姻,许置敞史,命本帐萧胡睹为之。辛卯,以所得女直户置肃州。以萧迪、刘三嘏、耶律元方、王惟吉、耶律庶忠、孙文昭、萧绍萧、秦德昌充贺宋生辰及来岁正旦使副。诏诸犯法者不得为官吏。诸职官非婚祭,不得沉酗废事。有治民安边之略者,悉具以闻。

辽史卷一九
本纪第一九

兴宗二

十年春正月辛亥朔,宋遣梁适、张从一、富弼、赵日宣来贺。甲子,复遣吴育、冯戴来贺永寿节。

二月庚辰朔,诏蒲卢毛朵部归曷苏馆户之没入者,使复业。甲申,北枢密院言:"南、北二王府洎诸部节度侍卫祗候郎君,皆出族帐,既免与民戍边,其祗候事,请亦得以部曲代行。"诏从其请。

夏四月,诏罢修鸭渌江浮梁及汉兵屯戍之役。又以东京留守萧撒八言,驰东京击鞠之禁。

六月戊寅,以萧宁、耶律坦、崔禹称、马世良、耶律仁先、刘六符充贺宋生辰使副。耶律庶成、赵成、耶律烈、张旦充来岁贺宋正旦使副。

秋七月壬戌,诏诸职官以官物者,以正盗论。诸敢以先朝已断事相告言者,罪之。诸帐郎君等于禁地射鹿,决三百,不徵偿;小将军决二百以下;及百姓犯者,罪同郎君论。

八月丙戌,以医者邓延贞治详稳萧留宁疾验,赠其父母官以奖之。

九月辛亥,朝皇太后。国舅留宁薨。庚申,持太后射获熊,上进酒为寿。癸亥,上猎盂山,草木蒙密,恐猎者误射伤人,命耶律迪姑各书姓名于矢以志之。丙寅,夏国献宋俘。以石硬砦太保郭三避虎不射,免官。

冬十月丙戌，诏东京留守萧孝忠察官吏有廉干清强者，具以名闻。庚寅，以女直太师台押为苏曷馆都大王。辛卯，以皇子胡卢斡里生，北宰相、驸马撒八宁迎上至其第宴饮，上命卫士与汉人角抵为乐。壬辰，复饮皇太后殿，以皇子生，肆赦。夕，复引公主、驸马及内族大臣入寝殿剧饮。甲午，幸中京。庚子，以驸马都尉萧忽列为国舅详稳。

十一月丙辰，回鹘遣使来贡。

十二月丙子朔，宋遣刘沆、王整来贺应圣节。乙未，置挞术不姑酋长。以胡挞剌为平章事。上闻宋设关河、治壕堑，恐为边患，与南、北枢密吴国王萧孝穆、赵国王萧贯宁谋取宋旧割关南十县地，遂遣萧英、刘六符使宋。庚寅，宋遣张沔、侯宗亮、薛申、侍其浚、施昌言、潘永照来贺永寿节及来岁正旦。以宣政殿学士杨佶为吏部尚书、判顺义军节度使事。丁酉，议伐宋诏谕诸道。

十一年春正月戊申，奉迎皇太后于内殿。庚戌，遣南院宣徽使萧特末、翰林学士刘六符使宋，取晋阳及瓦桥以南十县地，且问兴师伐夏及沿边疏浚水泽，增益兵戍之故。

二月壬寅，如鸳鸯泺。

四月甲戌朔，颁南征赏罚令。

六月乙亥，宋遣富弼、张茂实奉书来聘，以书答之。壬午，御含凉殿放进士王实等六十四人。禁毡、银鬶入宋。

秋七月壬寅朔，诏盗易官马者减死论。外路官勤瘁正直者，考满代；不治事者，即易之。

八月丙申，宋复遣富弼、张茂实奉书来聘，乞增岁币银绢，以书答之。

九月壬寅，遣北院枢密副使耶律仁先、汉人行宫副部署刘六符使宋约和。是时，富弼为上言，大意谓辽与宋和，坐获岁币，则利在国家，臣下无与；与宋交兵，则利在臣下，害在国家。上感其言，和好始定。

闰月癸未,耶律仁先遣人报,宋岁增银、绢十万两匹,文书称"贡",送至白沟。帝喜,宴君臣于昭庆殿。是日,振恤三父族之贫者。辛卯,仁先、刘六符还,进宋国誓书。

冬十一月丁亥,群臣加上尊号曰聪文圣武英略神功睿哲仁孝皇帝,册皇后萧氏曰贞懿宣慈崇圣皇后。大赦。梁王洪基进封燕国王。

十二月癸卯,朝皇太后。甲辰,封皇太弟重元子涅鲁古为安定郡王。己酉,以宣献皇后忌日,上与皇太后素服,饭僧于延寿、悯忠、三学三寺。辛亥,诏蠲预备伐宋诸部租税一年。壬子,以吐浑、党项多鬻马夏国,诏谨边防。己未,宋遣贺正旦及永寿节使居邸,帝微服往观。丁卯,禁丧葬杀牛马及藏珍宝。

十二年春正月辛未,遣同知析津府事耶律敌烈、枢密院都承旨王惟吉谕夏国与宋和。壬申,以吴国王萧孝穆为南院枢密使,北府宰相萧孝忠北院枢密使,封楚王,韩国王萧惠北府宰相同知元帅府事,韩八南院大王,耶律辽哂东京留守,北院枢密副使耶律仁先同知东京留守事,北面林牙萧革北院枢密副使。甲戌,如武清寨苇淀。

二月壬寅,禁关南汉发弓矢。己酉,夏国以加上尊号,遣使来贺。甲寅,耶律敌烈等使夏国还,奏元昊罢兵,即遣使报宋。

三月辛卯,幸南京。壬辰,高丽国以加上尊号,遣使来贺。

夏四月己亥,置回跋说详稳、都监。庚子,夏国遣使进马、驼。

五月辛卯,斡鲁、蒲卢毛朵部二使来贡失期,春而遣还。乙未,诏复定礼制。是月,幸山西。

六月丙午,诏世选宰相、节度使族属反身为节度使之家,许葬用银器,仍禁杀牲以祭。庚戌,诏汉人宫分户绝,恒产以亲族继之。辛亥,阻卜大王屯秃古斯弟太尉撒葛里来朝。丙辰,回鹘遣使来贡。甲子,以南院枢密使吴国王萧孝穆为北院枢密使,徙封齐国王。

秋七月丙寅朔,北院枢密使萧孝忠薨,特释系囚。庚寅,夏国遣使上表,请伐宋。不从。

八月丙申，谒庆陵。辛丑，燕国王洪基加尚书令，知北南院枢密使事，进封燕赵国王。戊午，以前西北路招讨使萧孝塔烈葛为右夷离毕。庚申，于越耶律洪古薨。甲子，阻卜来贡。

九月壬申，朝皇太后，谒望仙殿。壬午，谒怀陵。

冬十月丁酉，驻跸中会川。己亥，北院枢密使萧孝穆薨，追赠大丞相、晋国王。庚子，诏诸路上重囚，遣官详谳。辛亥，参知政事韩绍芳为广德军节度使，三司使刘六符长宁军节度使。壬子，以夏人侵党项，遣延昌宫使高家奴让之。甲子，北府宰相萧惠为北枢密使，幽王遂哥为惕隐，惕隐敌鲁古封漆水郡王、西北路招讨使，枢密副使萧阿剌同知北院宣徽事。出飞龙厩马，分赐群臣。

十一月丁丑，追封楚王萧孝忠为楚国王。丁亥，以上京岁俭，复其民租税。癸巳，朝皇太后。

十二月戊申，改政事为中书省。

十三年春正月甲子朔，朝皇太后。戊辰，如混同江。辛未，猎兀鲁馆冈。

二月庚戌，如鱼儿泺。丙辰，以参知政事杜防为南府宰相。

三月丁亥，高丽遣使来贡。以宣正殿学士杨佶参知政事。是月，置契丹警巡院。

夏四月己酉，遣东京留守耶律侯哂、知黄龙府事耶律欧里斯将兵攻蒲卢毛朵部。甲寅，南院大王耶律高十奏党项等部叛附夏国。丙辰，西南招讨都监罗汉奴、详稳斡鲁等奏，山西郡部族节度使屈烈以五部叛入西夏，乞南北府兵援送实威塞州户。诏富者遣行，余留屯疑天德军。

五月壬戌朔，罗汉奴奏，所发部兵与党项战不利，招讨使萧普达、四捷军详稳张佛奴殁于阵。李元昊来援叛党。戊辰，诏徵诸道兵会西南边以讨元昊。

六月甲午，阻卜酋长乌八遣其子执元昊所遣来援使窊邑改来，乞以兵助战，从之。驻跸永安山。以将伐夏，遣延昌宫使耶律高家奴告宋。丙申,诏前南院大王耶律谷欲、翰林都林牙耶律庶成等编集国朝上世以来事绩。丙午,高丽遣使来贡。丁未,录囚。

秋七月辛酉,香河县辰李宜儿以左道惑众,伏诛。庚午,行再生礼。庚辰,夏国遣使来朝。

八月乙未,以夏使对不以情,霸之。丁巳,夏国复遣使来,询以事宜,又不以实对,答之。

九月戊辰,宋以亲征夏国,遣余靖致赆礼。壬申,会大军于九十九泉,以皇太弟重元、北院枢密使韩国王萧惠将先锋兵西征。

冬十月庚寅,祭天地。丙申,获党项侦人,射鬼箭。丁酉,李元昊上表谢罪。己亥,元昊遣使来奏,欲收叛党以献,从之。辛亥,元昊遣使来进方物,诏北院枢密副使萧革迓之。壬子,军于河曲。革言元昊亲率党项三部来,诏革诘其纳叛背盟,元昊伏罪,赐酒,许以自新,遣之。召群臣议,皆以大军既集,宜加讨伐。癸丑,督数路兵掩袭,杀数千人,驸马都尉萧胡亲为夏人所执。丁巳,元昊遣使以先被执者来归,诏所留夏使亦还其国。

十一月辛酉,赐有功将校有差。甲子,班师。丁卯,改云州为西京。辛巳,朝皇太后。

十二月己丑,幸西京。戊戌,以北院枢蜜副使耶律敌烈为右夷离毕。己亥,高丽遣使来贡。戊申,萧胡睹自夏来归。

十四年春正月庚申,以侍中萧虚烈为南院统军使,封辽西郡王。庚午,如鸳鸯泺。壬午,以金吾卫大将军敌鲁古为乙室大王。甲申,夏国遣使进鹘。以常侍斡古得战殁,命其子习罗为帅。

二月庚子,朝皇太后。驻跸撒剌泺。

三月己卯,宋以伐夏师还,遣使来贺。

辛亥,高丽遣使来贡。

闰五月癸丑,清暑永安山。

丁卯,谒庆陵。己卯,阻卜大王屯秃古斯率诸酋长来朝。庚辰,夏国遣使来贡。辛亥,以西南面招讨使萧普达战殁,赠同中书门下平章事。

秋七月戊申，驻跸中会川。

冬十月甲子，望祀木叶山。

十一月壬午朔，回鹘阿萨兰遣使来贡。甲辰，以同知北院宣徽事萧阿刺为北府宰相。

十二月癸丑，观汉军习炮射击刺。癸亥，决滞狱。

十五年春正月乙酉，如混同江。禁契丹以奴婢鬻与汉人。

二月乙卯，如长春河。丙寅，蒲卢毛朵界曷懒河户来附，诏抚之。

三月甲申，朝皇太后。乙酉，以应圣节，减死罪，释徒以下。辛卯，朝皇太后。丁酉，高丽遣使来贡。诏诸道岁具狱讼以闻。

夏四月辛朔，禁五京吏民击鞠。戊午，罢遥辇帐戍军。壬戌，以北女直详稳萧高六为奚六部大王。甲子，清暑永安山。甲戌，蒲卢毛朵曷懒河百八十户来附。

六月癸丑，以西京留守耶律马六为汉人行宫都部署，参知政事杨佶出为武定军节度使。戊辰，御清凉殿，放进士王棠等六十八人。甲戌，西北路招讨使耶律敌鲁古坐赃免官。

秋七月乙酉，幽王遂哥薨。戊子，观获。乙未，以北院宣徽使旅坟为左夷离毕，前南府宰相耶律喜孙东北路详稳。丙申，籍诸路军。丁酉，如秋山。辛丑，禁扈从践民田。丁未，以女直部长遮母率众来附，加太师。

八月癸丑，高丽王钦薨，遣使来告。

九月甲辰，禁以置网捕狐兔。

冬十月己酉，驻跸中会川。

十一月丁亥，以南院枢密使萧孝友为北府宰相，契丹行宫都部署耶律仁先南院大王，北府宰相萧革同知北院枢密使事，知夷离毕事耶律信先汉人行宫都部署，左夷离毕旅坟惕隐，汉人行宫都部署耶律敌烈左夷离毕。己亥,渤海部以契丹户例通括军马。乙巳,振南京贫民。

十二月壬申,曲赦徒以下罪。是日,为圣宗在时生辰。

辽史卷二〇
本纪第二〇

兴宗三

十六年春正月己卯,如混同江。

二月庚申,如鱼儿泺。辛酉,禁群臣遇宴乐奏请私事。诏世选之官,从各部耆旧择材能者用之。

三月丁亥,如黑水泺。癸巳,遣使审决双州囚。壬寅,大雪。

夏四月乙巳朔,皇太后不豫,上驰往视疾。丙午,皇太后愈,复如黑水泺。丁卯,肆赦。

六月戊申,清暑永安山。丁巳,阻卜大王屯秃古斯来朝,献方物。戊午,诏士庶言事。

秋七月辛卯,幸庆州。自是月至于九月,日射猎于楚不沟霞列、系轮、石塔诸山。

冬十月辛亥,幸中京,谒祖庙。丙辰,定公主行妇礼于舅姑仪。庚午,铁骊仙门来朝,以始入贡,加右监门卫大将军。

十一月戊寅,祠木叶山。己丑,幸中京,朝皇太后。乙卯,壬辰,禁漏泄宫中事。

十二月辛丑朔,女直遣使来贡。辛亥,谒太祖庙,观《太宗收晋图》。癸丑,问安皇太后。乙卯,以太后愈杂犯死罪减一等论,徒以下免。庚申,南府宰相杜防、韩绍荣奏事有误,各以大杖决之。出防为武定节度使。壬戌,高丽遣使来贡。

十七年春正月丁亥,如春水。

闰月癸丑,射虎于候里吉。

二月辛巳,振瑶稳、嘲稳部。是月,诏士庶言国家利便,不得及己事;奴婢所见,许白其主,不自陈。夏国王李元昊薨,其子谅祚遣使来为告,即遣永兴宫使耶律褭里、右护卫太保耶律兴老、将少监王全慰奠。

三月癸卯,以同知南京留守事萧塔烈葛为左夷离毕,知右夷离毕事唐古为右夷离毕。丙午,夏国李谅祚遣使上其父元昊遗物。丁卯,铁不得国使来,乞以本部军助攻夏国,不许。

夏四月辛未,武定军节度使杜防复为南府宰相。丙子,高丽遣使来贡。甲申,蒲卢毛朵部大王蒲辇以造舟人来献。

六月庚辰,阻卜献马、驼二万。辛卯,长白山太师柴葛回跋部太师撒刺都来贡方物。

秋七月丁未,于越摩梅欲之子不葛一及婆离八部夷离堇虎骰等内附。甲寅,录囚,减杂犯死罪。

八月丙戌,复南京贫户租税。戊子,以殿前都点检耶律义先为行军都部署,中顺军节度使夏行美副部署,东北面详稳耶律术者为监军,伐蒲奴里酋陶得里。

冬十月甲申,南院大王耶律韩八薨。甲午,驻跸独卢金。

十一月乙未朔,遣使括马。丁巳,赐皇太弟重元金券。封皇子和鲁斡为越王,阿琏许王,忠顺军节度使谢家奴陈王,西京留守贴不汉王,惕隐旅坟辽西郡王,行宫都部署别古得柳城郡奉陵军节度使侯古饶乐郡王,安定郡王涅鲁古进封楚王。

十八年春正月甲午朔,日有食之。戊戌,留夏国贺正使不遣。己亥,遣北院枢密副使萧惟信以伐夏告宋。辛丑,录囚。丙午,如鸳鸯泺。丙辰,猎霸特山。耶律义先奏蒲奴里捷。

二月庚辰,幸燕赵国王涅洪基帐视疾。乙酉,耶律义先等执陶得里以献。

三月乙巳，高昌国遣使来贡。壬子，以洪基疾愈，赦杂犯死罪以下。丁巳，乌古遣使送款。

夏四月癸酉，以南府宰相耶律高十为南京统军使。

五月甲辰，五国酋长各率其部来附。庚戌，回跋部长兀迭台扎等来朝。戊午，五国节度使耶律仙童以降为古叛人，授左监门卫上将军。

六月壬戌朔，以韩国王萧惠为河南道行军都统，赵王萧孝友、汉王贴不副之。乙丑，录囚。丙寅，行十二神纛礼。己巳，宋以辽师伐夏，遣钱逸致赆礼。庚辰，阻卜来贡马、驼、珍玩。辛巳，夏国使来贡，留之不遣。丁亥，行再生礼。

秋七月戊戌，亲征。

八月辛酉朔，渡河。夏人遁，乃还。

九月丁未，萧惠等为夏人所败。

冬十月，北道行军都统耶律敌鲁古率阻卜诸军至贺兰山。获李元昊妻及其官僚家属，遇夏人三千来战，殪之。乌古敌烈部都详稳萧慈氏奴、南克耶律斡里死焉。

十二月戊寅，庆陵林木火。己卯，录囚。有弟从兄为强盗者，兄弟俱无子，特原其弟。

十九年春正月庚寅，僧惠鉴加检校太尉。庚子，耶律敌鱼古复封漆水郡王，诸将校及阻卜等部酋长各进爵有差。赠萧慈氏奴同中书门下平章事。辛丑，遣使问罪于夏国。壬寅，如鱼儿泺。

二月丁亥，夏将洼普、猥货、乙灵纪等来攻金肃城，南面林牙耶律高家奴等破之。洼普被遁去，杀猥货、乙灵纪。

三月戊戌，殿前都点检萧送里得与夏战于三角川，败之。癸卯，命西南招讨使萧蒲奴、北院大王宜新、林牙萧撒抹等帅师伐夏，以行宫都部署别古得监战。甲辰，遣同知北院枢密使萧革按军边城，以为声援。己酉，驻跸息鸡淀。丙辰，幸殿前都点检萧送里得、驸马都尉萧胡睹账视疾。

夏四月丙寅,如鱼儿泺。壬申,蒲卢毛朵部惕隐信笃来贡。甲申,高丽遣使来贡。

五月己丑,如凉陉。癸巳,萧蒲奴等入夏境,不与敌遇,纵军俘掠而还。丁酉,夏国洼普来降。己亥,远夷拔思母部遣使来贡。

六月丙辰朔,置倒塌岭都监。丙寅,谒庆陵。庚午,幸庆州,谒大安殿。壬申,诏医卜、屠贩、奴隶及倍父母或犯事逃亡者,不得举进士。回跋、曷苏馆、蒲卢毛朵部各遣使贡马。甲戌,宋遣使来贺伐夏捷,高丽使俱至。辛巳,御金銮殿试进士。

秋七月壬辰,驻跸括皇蒲盌。癸巳,以燕赵国王洪基领北南枢密院。乙未,阻卜长豁得剌弟斡得来朝,加太尉遣之。戊戌,录囚。戊申,以左夷离毕萧唐古为北院枢密副使。壬子,猎候里吉。

八月丁卯,阻卜酋长喘只葛放里斯来朝。

九月壬寅,夏人侵边,敌鲁㦤遣六院军将海里击败之。

冬十月庚午,还上京。辛未,夏国王李谅祚母遣使乞依旧称藩。使还,诏谕别遣信臣诣阙,之徐思之。壬申,释临潢府役徒。甲戌,如中会川。

十一月甲午,阻卜酋长豁得吏来贡。庚戌,录囚。壬子。出南府宰相韩知白为武定军节度使,枢密副使杨绩长宁军节度使,翰林学士王纲泽州刺史,张宥徽州刺史,知制诰周白海北州刺史。

闰月乙卯,以汉王贴不为中京留守。辛未,以同知北院枢密使事萧革为南院枢密使,南院大王耶律仁先知北院枢密使事,封守王。

十二月丁亥,北府宰相、赵王萧孝友出为东京留守,东京留守萧塔列葛为北府宰相,南院枢密使、潞王查葛为南院大王。庚戌,韩国王萧惠徙封魏王,致仕。壬子,夏国李谅祚遣使上表,乞依旧臣属。

二十年春正月戊戌,驻跸混同江。

二月甲申,遣前北都监萧友括等使夏国,索党项叛户。己丑,如苍耳泺。甲辰,吐蕃遣使来贡。

三月壬子朔,幸黑水。

夏五月癸丑,萧友括等使夏还,李谅祚母表乞如党项权进之驼、牛、羊等物。己巳,夏国遣使求唐隆镇及乞罢所建城邑,以语答之。

六月丙戌,诏以所获李元吴妻及前后所俘夏人,安置苏州。以伐夏所获物遣使遗宋。

秋七月,如秋山。

九月,诏更定条制。驻跸中会川。

冬十月己卯朔,括诸道军籍。

十一月庚申,以惕隐都监萧谟鲁为左夷离毕。甲子,命东京留守司总领户部、内省事。丁卯,罢中丞记录职官过犯,令承旨总之。

十二月乙酉,以皇太后行再生礼,肆赦。

二十一年春正月辛亥,如混同江。

二月,如鱼儿泺。

夏四月癸未,以国舅详稳萧阿剌为西北路招讨使,封西平郡王。

六月丙子,驻跸永安山。

秋七月甲辰朔,召北府宰相萧塔烈葛、南府宰相漠王贴不、南院枢密使萧革、知北院枢密使事仁先等,赐坐,论古今治道。戊申,祀天地。己酉,诏北南枢密院,日再奏事。壬子,追尊太祖之祖为简献皇帝,庙号玄祖;祖妣为简献皇后。太祖之考为宣简皇帝,庙号德祖,妣为宣简皇后。追封太祖伯父夷离堇岩木为蜀国王,于越释鲁为隋国王。以燕赵国王洪基为天下兵马大元帅、知惕隐事,赐诏谕之。癸亥,近侍小底卢宝伪学御画,免死,配役终身。甲子,如秋山。戊辰,谒庆陵。以南院枢密使萧革为北院枢密使,封吴王。辛未,如庆州。壬申,追封太祖弟寅底石为许国王。

八月戊子,太尉乌者薨,诏配享圣宗庙。

　　九月乙卯，平州进白兔。己未，谒怀陵。庚申，追上嗣圣皇帝、天顺皇帝尊谥，及更谥彰德皇后曰靖安。癸亥，谥齐天皇后曰仁德皇后。甲子，谒祖陵。增太祖谥大圣明神烈天皇帝，更谥贞烈皇后曰淳钦，恭顺皇帝曰章肃，后萧氏谥曰和敬。

　　冬十月戊寅，驻跸中会川。丁亥，夏国李谅祚遣使乞弛边备，即遣萧友括奉诏谕之。戊子，幸显、懿二州。甲午，辽兴军节度使萧虚烈封郑王，南院大王、潞王查葛为南院枢密使，进封越国王。戊戌，射虎于南撒葛柏。辛丑，谒乾陵。

　　十一月壬寅朔，增谥文献皇帝为文献钦义皇帝，及谥二后曰端顺，曰柔贞。复更谥世宗孝烈皇后为怀节。丁未，增孝成皇帝谥曰孝成康靖皇帝，更谥圣神宣献皇后为睿智。甲子，次中会川。回阿萨兰遣使贡名马、文豹。丙寅，录囚。萨兰遣使贡名马、文豹。丙寅，录囚。

　　十二月戊戌，以北府宰相塔烈葛为南京统军使，郑王虚烈北府宰相，契丹行宫都部署耶律义先惕隐。释役徒限年者。

　　二十二年春正月乙巳，如混同江。

　　二月丙子，回鹘阿萨兰为邻国所侵，遣使求援。庚辰，如春水。

　　三月癸亥，李谅祚以赐诏许降，遣使来谢。丙寅如黑水泺。

　　夏四月戊子，猎鹤淀。

　　五月壬寅，诏内地州县植果。

　　六月壬申，驻跸胡吕山。癸未，高丽遣使来贡。

　　秋七月己酉，阻卜大王屯秃古斯率诸部长献马、驼。庚申，如黑岭。

　　闰月庚午，乌古来贡。癸巳，长春州置钱帛司。

　　九月壬辰，夏国李谅祚遣使进降表。甲午，遣南面林牙高家奴等奉诏抚谕。

　　冬十月丙申朔，日有食之。

　　十一月辛卯，诏诸职事官以礼受代及以罪去者置籍，岁申枢密院。

十二月丙申朔，诏回鹘部副使以契丹人充。庚子，应圣节，曲赦徒以下罪。壬子，诏大臣曰："朕与宋主约为兄弟，欢好岁久，欲见其绘像，可谕来使。"

二十三年春正月己巳，如混同江。癸酉，猎双子淀。戊子，夏国遣使贡方物。壬辰，如春水。甲午，猎盘直坡。

三月丁亥，幸皇太弟重元帐。

夏四月癸卯，高丽遣使来贡。癸丑，猎合只忽里。

五月己巳，李谅祚乞进马、驼，诏岁贡之。庚寅，驻跸永安山。壬辰，夏国遣使来贡。六月丙申如庆州。己亥，谒庆陵。壬寅，高丽王徽请官其子，诏加检校太尉。辛亥，吐蕃遣使来贡。

秋七月己巳，夏国李谅祚遣使来求婚。甲戌，如秋山。己卯，诏八房族巾帻。

九月庚寅，猎，遇三虎，纵犬获之。

冬十月丁酉，驻跸中京。戊戌，幸新建秘书监。辛丑，有事于祖庙。癸丑，以开泰寺铸银佛像，曲赦在京囚。丙辰，李谅祚遣使进誓表。

十一月乙丑，阻卜部长来贡。壬申，帝率臣上皇太后尊号曰仁慈圣善钦孝广德安静贞纯懿和宽厚崇觉仪天皇太后，大赦，内外官进级有差。癸未，录囚。甲申，群臣上皇帝尊号曰钦天奉道祐世兴历武定文成圣神仁孝皇帝，册皇后萧氏曰贞懿慈和文惠孝敬广爱崇圣皇后。

十二月丙申，如中会川。

二十四年春正月癸亥，如混同江。戊辰，朝皇太后。辛巳，宋遣使来贺，馈驯象。

二月己丑朔，召宋使钓鱼、赋诗。癸巳，如长春河。甲寅，夏国遣使来贺。

三月癸亥,皇太弟重元生子,曲赦行在及长春、镇北二州徒以下罪。

夏五月,驻跸南崖。

秋七月壬午,如秋山。次南崖之北峪,不豫。

八月丁亥,疾大渐,召燕赵国王洪基,谕以治国之要。戊子,大赦,纵五坊鹰鹘,焚钩鲁之具。己丑,帝崩于行宫,年四十。遗诏燕赵国王洪基嗣位。清宁元年十月庚子,上尊谥为神圣孝章皇帝,庙号兴宗。

赞曰:兴宗即位年十有六矣,不能先尊母后而尊其母,以致临朝专政,贼杀不辜,又不能以礼几谏,使齐天死于弑逆,有虚亏王者之孝。惜哉!若夫大行在殡,饮酒博鞠,叠见简书。及其谒遗像而哀恸,受宋吊而衰绖,所为若出二人。何为其然欤?至于感富弼之言而申南宋之好,许谅祚之盟而罢西夏之兵,边鄙不耸,政治内修,亲策进士,大修条制,下至士庶,得陈便宜,则求治之志切矣。于时左右大臣,曾不闻一贤之进,一事之谏,欲庶几古帝王之风,其可得乎?虽然,圣宗而下可谓贤君矣。

辽史卷二一
本纪第二一

道宗一

　　道宗孝文皇帝,讳洪基,字涅邻,小字查剌。兴宗皇帝长子,母曰仁懿皇后萧氏。六岁封梁王,重熙十一年进封燕国,总领中丞司事。明年,总北南院枢密使事,加尚书令,进封燕赵国王。二十一年为天下兵马大元帅,知惕隐事,预朝政。帝性沉静、严毅。每朝,兴宗为之敛容。

　　二十四年八月己丑,兴宗崩,即皇帝位于枢前,哀恸不听政。辛卯,百僚上表固_疑,许之。诏曰:"朕以菲德,托居士民之上,第恐智识有不及,群下有未信,赋敛妄兴,赏罚不中,上恩不能及下,下情不能达上。凡尔士庶,在言无讳。可则择用,否则不以为愆。卿等其体朕意。"壬辰,以皇太弟重元为皇太叔,免膜拜,不名。癸巳,遣使报哀于宋及夏、高丽。甲午,遣重元安抚南京军民。戊戌,以遗诏,命西并路招讨使西平郡王萧阿剌为北府宰相,仍权知南院枢密使事,北府宰相萧虚烈为武定军节度使。辛丑,改元清宁,大赦。

　　九月戊午,诏常所幸围外毋禁。庚申,诏除护卫士,余不得佩刃入宫;非勋戚后及夷离堇、副使、承应诸职事人不得冠巾。壬戌,诏夷离堇及副之族并民如贱,不得服驼尼、水獭裘,刀柄、兔鹘、鞍勒、辔子不许用犀玉、骨突犀,惟大将军不禁。乙丑,赐内外臣僚爵赏有差。庚午,尊皇太后为太皇太后。辛未,遣左夷离毕萧谟鲁、翰林学士韩运以先帝遗物遗宋。癸酉,遣使以即位报宋。丙子,尊皇后为皇太后,宴涂葁殿,以上京留守宿国王陈留为南京留守。壬午,遣使赐高丽、夏国先帝遗物。

冬十月丁亥,有司请以帝生日为天安节,从之。以吴王仁先同知南京留守事,陈王涂孛特为南府宰相,进封吴王。壬寅以顺义军节度使十神奴为南院大王。

十一月甲子,葬兴宗皇帝于庆陵。宋及高丽遣使来会。名其山曰永兴。丙寅,以南院大王侯古为中京留守,北府宰相西平郡王萧阿剌进封韩王。壬申,次怀州。有事于太宗、穆宗庙。甲戌,谒祖陵。戊寅,冬至,有事于太祖、景宗、兴宗庙,不受群臣贺。

十二月丙戌,诏左夷离毕曰:"朕以眇冲获嗣大位,夙夜忧惧,恐弗克任。欲闻直言,以匡其失。今已数月,未见所以副朕委任股肱耳目之意。其令内外百官,比秩满,各言一事。仍转谕所部,无贵贱老幼,皆得直言无讳。"戊子,应圣节,上太皇太后寿,宴群臣、命妇,册妃萧氏为皇后。进封皇弟越王和鲁斡为鲁国王,许王阿琏为陈国王,楚王涅鲁古徙封吴王。辛卯,诏部署院,事有机密即奏,其投谤讪书,辄受及读者并弃市。癸巳,皇族十公悖母,伏诛。甲午,以枢密副使姚景行为参知政事,翰林学士吴湛为枢密副使,参知政事、同知枢密院事韩绍文为上京留守。丙申,宋遣欧阳修等来贺即位。戊戌,诏设学养士,颁《五经》传疏,置博士、助教各一员。癸卯,以知涿州杨绩参知政事兼同知枢密院事。庚戌,以圣宗在时生辰,赦上京囚。

是年,御清凉殿放进士张孝杰等四十四人。

二年春正月丙辰,诏州郡官及僚属决囚,如诸部族例。己巳,诏二女古部与世预宰相、节度使之选者免皮室军。是月,幸鱼儿泺。

二月乙酉,以左夷离毕萧谟鲁知西南面招讨都监事。乙巳,以兴宗在时生辰,宴群臣,命各赋诗。

三月丁巳,应圣节,曲赦百里内囚。己卯,御制《放鹰赋》赐群臣,谕任臣之意。

闰月己亥,始行东京所铸钱。乙巳,南京狱空,进留守以下官。

夏四月甲子,诏曰:"方夏,长养鸟兽孳育之时,不得纵火于郊。"

五月戊戌,谒庆陵。甲辰,有事于兴宗庙。

六月丁巳,诏宰相举才能之士。戊午,有司籍军补边戍。辛酉,阻卜酋长来朝,贡方物。丁卯,高丽遣使来贡。辛未,罢史官预闻朝议,俾问宰相而后书。乙亥,中京蝗蝻为灾。丙子,诏强盗得实者,听诸路决之。丁丑,南院枢密使赵国王查葛为上京留守,同知南京留守事吴王仁先为南院枢密使。乙酉,遣使分道平赋税,缮戎器,劝农桑,禁盗贼。

八月辛未,如秋山。

九月庚子,幸中京,祭圣宗、兴宗于会安殿。

冬十月丙子,如中会川。

十一月戊戌,知左夷离毕事耶律划里为夷离毕,北院大王耶律仙童知黄龙府事。甲辰,文武百僚上尊号曰天祐皇帝,后曰懿德皇后,大赦。乙巳,以皇太叔重元为天下兵马大元帅,徙封赵国王查葛为魏国王,鲁国王和鲁斡为宋国王,陈国王阿琏为秦国王,吴王涅鲁古进封楚国王,百官进迁有差。

十二月戊申朔,以韩王萧阿剌为北院枢密使,东京留守宿国王陈留北府宰相,宋国王和鲁斡上京留守,秦国王阿琏知中丞司事。甲寅,上皇太后尊号曰慈懿仁和文惠孝敬广爱宗天皇太后。

三年春正月庚辰,如鸭子河。丙戌,置倒塌岭节度使。乙未,五国部长来贡方物。

二月己未,如大鱼泺。

三月辛巳,以楚国王涅鲁古为武定军节度使。

夏四月丙辰,清暑永安山。

五月己亥,如庆陵,献酌于金殿、同天殿。

六月辛未,以魏国王查葛为惕隐,同知枢密院事萧唐古南府宰,魏国王贴不东京留守。

秋七月甲申,南京地震,赦其境内。乙酉,如秋山。

八月辛亥,帝以《君臣同志华夷同风诗》进皇太后。

九月庚子,幸中会川。

冬十月己酉,谒祖陵。庚申,谒让国皇帝及世宗庙。辛酉,奠酎于玉殿。

十一月丙子,以左夷离毕萧谟鲁为契丹行宫都部署。庚子,高丽遣使来贡。

十二月庚戌,禁职官于部内假贷贸易。戊辰,太皇太后不豫,曲赦行在五百里内囚。己巳,太皇太后崩。

四年春正月壬申朔,遣使报哀于宋、夏。如鸭子河钩鱼。癸酉,宋遣使奉宋主绘像来。丁亥,知易州事耶律颇得秩满,部民乞留,许之。

二月丙午,诏夷离毕:"诸路鞫死罪,狱虽具,仍令别州县覆案,无冤,然后决之;称冤者即具奏。"庚戌,如鱼儿泺。

三月戊寅,募天德、镇试、东胜等处勇捷者,籍为军。甲午,肆赦。

夏四月甲辰,谒庆陵。丁卯,宋遣使吊祭。五月庚午朔,上大行太皇太后尊谥曰钦哀皇后。癸酉,葬庆陵。夏国、高丽遣使来会。乙酉,如永安山清暑。

六月乙丑,以北院枢密使郑王萧革为南院枢密使,徙封楚王,南院枢密使吴王仁先为北院枢密使。

秋七月辛巳,制诸掌内藏库官盗两贯以上者,许奴婢告。壬午,猎于黑岭。

冬十月戊戌朔,以同知东京留守事侯古为南院大王,保安军节度使奚底为奚六部大王。

十一月癸酉,行再生有柴册礼,宴群臣于八方陂。庚辰,御清风殿受大册礼。大赦。以吴王仁先为南京兵马副元帅,徙封隋王。壬午,谒太祖及诸帝宫。丙戌,祠木叶山。禁造玉器。

十二月辛丑,详驼尼、水獭裘之禁。乙巳,许士庶畜鹰。辛亥,南院枢密使楚王萧革复为北院枢密使。

闰月己巳,赐皇太叔重元金券。

是岁,皇子浚生。

五年春,如春州。

夏六月甲子朔,驻跸纳葛泺。己丑,以南院枢密使萧阿速为北府宰相,枢密副使耶律乙辛南院枢密使,惕隐查葛辽兴军节度使,鲁王谢家奴武定军节度使,东京留守吴王贴不西京留守。

秋七月丁酉,以乌古敌烈详稳萧谟鲁为左夷离毕。

冬十月壬子朔,幸南京,祭兴宗于嘉宁殿。

十一月,禁猎。

十二月壬戌,以北院林牙奚马六为右夷离毕,参知政事吴湛以弟洵冒入仕籍,削爵为民。

是年,上御百福殿,放进士梁援等百一十五人。

六年年春,如鸳鸯泺。

夏五月戊子朔,监修国史耶律白请编次御制诗赋,仍命白为序。己酉,驻跸纳葛泺。

六月戊午朔,以东北路女直详稳高家奴为惕隐。壬戌,遣使录囚。丙寅,中京置国子监,命以时祭先圣先师。癸未,以隋王仁先为北院大王,赐御制诰。

冬十月甲子,驻跸藕丝淀。

七年春三月庚戌,如春州。以耶律乙辛知北院枢密使事。

夏四月辛未,禁吏民畜海东青鹘。

五月丙戌,清暑永安山。丙午,谒庆陵。辛亥,杀东京留守陈王萧阿剌。

六月壬子朔，日有食之。甲子，以萧谟鲁为顺义军节度使。丁卯，幸弘义、永兴、崇德三宫致祭。射柳，赐宴，赏赉有差。戊辰，行再生礼，复命群臣分朋射柳。丁丑，以楚国王涅鲁古知南院枢密使事。

秋九月丁丑，驻跸藕丝淀。

冬十一月壬午，以知黄龙府事耶律阿里只为南院大王。

辽史卷二二
本纪第二二

道宗二

八年春正月癸丑,如鸭子河。

二月,驻跸纳葛泺。

三月戊申朔,楚王萧革致仕,进封郑国王。

夏五月,吾独婉惕隐屯秃葛等乞岁贡马、驼,许之。

六月丙子朔,驻跸拖古烈。辛丑,以右夷离毕奚马六为奚六部大王。是月,御清凉殿放进士王鼎等九十三人。

秋七月甲子,射熊于外室剌。

冬十月甲戌朔,驻跸独卢金。

十二月庚辰,以知北院枢密使事萧图古辞为北院枢密使。癸未,幸西京。戊子,以皇太后行再生礼,曲赦西京囚。

九年春正月辛亥,幸鸳鸯泺。辛未,禁民鬻铜。

三月辛未,宋主祯殂,以侄曙为子嗣位。

夏五月丙午,以隋王仁先为南院枢密使,徙封许王。是月,清暑曷里狘。

秋七月丙辰,如太子山。戊午,皇太叔重元与其子楚国王涅鲁古及陈国王陈六、同知北院枢密使事萧胡睹、卫王贴不、林牙涅剌薄古、统军使萧迭里得、驸马都尉参及弟术者、图骨、旗鼓拽剌详稳耶律郭九、文班太保奚叔、内藏提点乌骨、护卫左太保敌不古、按答、副宫使韩家奴、宝神奴等,凡四百人,诱胁弩手军犯行宫。时南院枢密使许王仁先、知北枢密院事赵王耶律乙辛、南府宰相萧唐古、北院宣徽使萧韩家奴、北院枢密副使萧惟信、敦睦宫使耶律良等北宿卫士卒数千人御之。涅鲁古跃马突出,将战,为近侍详稳渤海阿厮、护卫苏射杀之。己未,族逆党家。庚申,重元亡入大漠,自杀。辛酉,诏谕诸道。壬戌,以仁先为北院枢密使,进封宋王,加尚父,耶律乙辛南院枢密使,萧韩家奴殿前都点检,封荆王。萧惟信、耶律冯家奴并加太子太傅。宿卫官萧乙辛、回鹘海邻、虒里,耶律挞不也、阿斯宫分人急里哥、霞抹、乙辛、只鲁并加上将军。诸护卫及士卒、庖夫、弩手、伞子等三百余人,各授官有差。耶律良告重元变,命籍横帐夷离堇房,为汉人行宫都部署。癸亥,贴不诉为重元等所胁,诏削爵为民,流镇州。戊辰,以黑白羊祭天。

八月庚午朔,遣使安抚南京吏民。癸酉,以永兴宫使耶塔有也有定乱功,为同知点检司事。

冬十月戊辰朔,幸兴王寺。庚午,以六院部太保耶律合术知南院大王事。是月,驻跸藕丝淀。

十一月辛丑,以南院宣徽使萧九哥为北府宰相。己未,追封故富春郡王耶律义先为许王。

是岁,封皇子浚为梁王。

十年春正月己亥,北幸。二月,禁南京民决水种粳稻。

秋七月壬申,诏决诸路囚。辛巳,禁僧尼和谐行在,妄述祸福取财物。

九月壬寅,幸怀州,谒太宗、穆宗庙。

冬十月壬辰朔,驻跸中京。戊午,禁民私刊印文字。

十一月甲子,定吏民衣服之制。辛未,禁六斋日屠杀。丁丑,诏求乾文阁所阙经籍,命儒臣校雠。庚辰,以彰国军节度使韩谢十为惕隐。诏南京不得私造御用彩缎,私货铁及非时饮酒。命南京三司,每岁春秋以官钱飨将士。

十二月癸巳，以北院大王萧兀古匿为契丹行宫都部署。

是岁，南京、西京大熟。

咸雍元年春正月辛酉朔，文武百僚加上尊号曰圣文神武全功大略广智聪仁睿孝天祐皇帝。改元，大赦。册梁王浚为皇太子，内外官赐级有差。甲子，如鱼儿泺。庚寅，诏诸遇正旦、重午、冬至，别表贺东宫。

三月丁亥，以知兴中府事杨绩知枢密院事。

夏四月辛卯，以知枢密院事张嗣复疾，改知兴中府事。庚子，清暑拖古烈。

五月辛巳，夏国遣使来贡。

秋七月丙子，以皇太后射获熊，赏赍百官有差。

八月丙申，客星犯天庙，诏诸路备盗贼，严火禁。

九月乙亥，驻跸藕丝淀。丁丑，左夷离毕愷古为孟父敞稳。

冬十月丁亥朔，幸医巫闾山。己亥，皇太后射获虎，大宴群臣，令各赋诗。

十一月壬戌，有星如斗，逆行，隐隐有声。

十二月甲午，以辽王仁先为南京留守，徙封晋王。辛亥，以南京留守萧惟信为左夷离毕。壬子，荧惑与月并行，自旦至午。

二年春正月丁巳，如鸭子河。宋贺正使王严卒，以礼送还。癸未，幸山榆淀。

二月甲午，诏武定军节度使姚景行，问以治道，拜南院枢密使。

三月辛巳，以东北路详稳耶律韩福奴为北院大王。壬午，彗星见于西方。

夏四月，霖雨。

五月乙亥，驻跸拖古烈。辛巳，以户部使刘诜为枢密副使。

六月丙戌，回鹘来贡。甲辰，阻卜来贡。

秋七月癸丑朔，以西北路招讨使萧术者为北府宰相，左夷离毕

萧惟信南院枢密使,同知南院枢密使事耶律白惕隐。丙辰,南院枢
密使姚景行致仕。庚申,录囚。辛酉,景行复前职。丁卯,如藕丝淀。
以岁旱,遣使振山后贫民。

九月壬子朔,日有食之。以参知政事韩孚为枢密副使。

冬十二月壬午,以知枢密院事杨绩为南院枢密使,枢密副使刘
诜参知政事。戊子,僧守志加守司徒。丁酉,以西京留守合术为南
院大王。辛丑,以萧术者为武定军节度使。

是年,御永安殿放进士张臻等百一人。

三年春正月辛亥,如鸭子河。甲子,御安流殿钩鱼。

三月癸亥,宋主曙殂,子顼嗣位,遣使告哀。即遣右护卫太保萧
挞不也、翰林学士陈觉等吊祭。

闰月丁亥,扈驾军营火,赐钱粟及马有差。辛卯,驻跸春州北
淀。乙巳,以萧兀古匿为北府宰相。

夏五月壬辰,驻跸纳葛泺。壬寅,赐随驾官诸工人马。

六月戊申,有司奏新城县民杨从谋反,伪署官吏。上曰:“小人
无知,此儿戏尔。独流其首恶,余释之。”庚戌,宋遣使馈其先帝遗
物。辛亥,宋以即位,遣陈襄来报。即遣知黄龙府事萧图古辞、中书
舍人马铉往贺。壬戌,南府宰相韩王萧唐古致仕。壬申,以广德军
节度使耶律蕊奴为南府宰相,度支使赵徽参知政事。

秋七月辛丑,荧惑昼见,凡三十五日。

九月戊戌,诏给诸路囚粮。癸卯,幸南京。

冬十一月壬辰,夏国遣使进回鹘僧、金佛、《梵觉经》。

十二月丁未,以参知政事刘诜为枢密副使,东北路详隐高八南
院大王,枢密直学士张孝杰参知政事。己酉,以张孝杰同知枢密院
事。丁巳,行再生礼,赦死罪以下。是月,夏国王李谅祚薨。

是岁,南京旱蝗。

四年春正月甲戌朔,日有食之。丙子,如鸳鸯泺。辛巳,改易州

兵马使为安抚使。丁亥,猎炭山。辛卯,遣使振西京饥民。

二月甲辰朔,诏元帅府募军。壬子,夏王李谅祚子秉常遣使告哀。癸丑,颁行《御制华严经赞》。丁卯,北行。

三月丙子,遣使夏国吊祭。甲申,振应州饥民。乙酉,诏南除军行地,余皆得种稻。庚寅,振朔州饥民。乙未,夏国李秉常遣使献其父京谅祚遗物。

夏四月戊午,阿萨兰回鹘遣使来贡。

五月丙戌,驻跸拖古烈。

六月壬子,西北路雨谷,方三十里。丙寅,以北院林牙耶律赵三为北院大王,右夷离毕萧素飒中京留守。

秋七月壬申,置乌古敌烈部都统军司。丙子,猎黑岭。是月,南京霖雨,地震。

九月己亥,驻跸藕丝淀。

冬十月辛亥,曲赦南京徒罪以下囚。永清、武清、安次、固安、新城、归义、容城诸县水,复一岁租。戊辰,册李秉常为夏国王。

十二月辛亥,夏国遣使来贡。

五年春三月,阻卜叛,以晋王仕先为西北路招讨使,领禁军讨之。

夏六月己亥,驻跸拖古烈。丙午,吐蕃遣使来贡。壬戌,以南院枢密使萧惟信知北院枢密使事。

秋七月己丑朔,日有食之。戊辰,夏国遣使来谢封册。癸未,诏禁皇族恃势侵渔细民。

八月,谒庆陵。

九月戊辰,仁先遣人奏阻卜捷。

冬十月己亥,驻跸藕丝淀。

十一月丁卯,诏四方馆副使止以契丹人充。丁丑,五国部阿里部叛,命萧素飒讨之。

闰月戊申,夏国王李秉常遣使乞赐印绶。己未,僧志福加守司徒。

十二月甲子,行皇太子再生礼,减诸路徒以下罪一等。乙丑,诏百官廷议国政。甲戌,五国来降,仍献方物。

六年春正月甲午,如千鹅泺。

二月丙寅,阻卜来朝,贡方物。

夏四月癸未,西北路招讨司以所降阻卜酋长至行在。

五月甲辰,清暑拖古烈。甲寅,设贤良科。诏应是科者,先以所业十万言进。

六月辛巳,阻卜来朝。乙酉,以惕隐耶律白为中京留守。是月,御永安殿放进士赵廷睦等百三十八人。

秋七月辛亥,猎于合鲁聂特。

八月丙子,耶律白薨,追封辽西郡王。

九月庚戌,幸藕丝淀。甲寅,以马希白诗才敏妙,十吏书不能给,召试之。

冬十月丁卯,五国部长来朝。壬申,西北路招讨司擒阻卜酋长来献。

十一月乙卯,禁鬻生熟铁于回鹘、阻卜等界。

十二月戊午,加圆释、法钧二僧并守司空。乙未,以坤宁郎,赦死罪以下。辛酉,禁汉人捕猎。

七年春正月戊子,如鸭子河。

二月乙丑,女直进马。丙寅,以南院枢密使姚景行知兴中府事。

三月己酉,以讨五国功,加知黄龙府事蒲延、怀化军节度使高元纪、易州观察使高正并千牛卫上将军,五国节度使萧陶苏斡、宁江州防御使大荣并静江军节度使。幸黑水。

夏四月癸酉,如纳葛泺。乙亥,禁布帛短狭不中尺度者。

六月乙卯,吐蕃来贡。祭未,南院大王高八致仕。

秋七月甲申朔,以东北路详稳合里只为南院大王,西南面招讨使拾得奴为奚六部大王。己丑,遣使按问五京囚。庚子,如藕丝淀。

八月辛巳,置佛骨于招仙浮图。罢猎,禁屠杀。

冬十月己卯,如医巫闾山。壬戌,以南府宰相耶律蕊奴为南京统军使。戊辰,谒乾陵。庚辰,诏百官廷议军国事。

十一月戊子,免南京流民租。己丑,振饶州饥民。丙午,高丽遣使来贡。

十二月壬子,以契丹行宫都部署耶律胡睹知北院枢密使事,知北院枢密使事萧惟信为南府宰相兼契丹行宫都部署。丁巳,汉人行宫都部署李仲禧、北院宣徽使刘霂、枢密副使王观、都承旨杨兴工各赐国姓。戊寅,回鹘来贡。

是岁,春州斗粟六钱。

辽史卷二三
本纪第二三

道宗三

八年春正月癸未,乌古敌烈部详稳耶律巢等奏克北边捷。以战多杀人,饭僧南京、中京。甲申,如鱼儿泺。壬寅,昏雾连日。

二月丙辰,北南枢密院言无事可陈。壬戌,以讨北部功,乌古敌烈部详稳耶律巢知北院大王事,都监萧阿鲁带乌古敌烈部详稳,加左监门卫上将军。戊辰,岁饥,免武安州租税,振恩、蔚、顺、惠等州民。

三月癸卯,有司奏春、泰、宁江三州三千余人愿为僧尼,受具足戒。许之。

夏四月壬子,振义、饶二州民。丁巳,驻跸塔里舍。已卯,清暑拖古烈。

五月壬午,晋王仕先薨。

六月甲寅,振易州贫民。已未,振中京。甲子,振中兴府。甲戌,封北府宰相杨绩为赵王,枢密副使耶律观参知政事兼知南院枢密使事。丁丑,高丽遣使来贡。

秋七月已卯,庆州靳文高八世同居,诏赐爵。丙申,振饶州饥民。丁酉,幸黑岭。丁未,以御书《华严经五颂》出示群臣。

闰月辛未,射熊于殺羊山。

八月庚辰,混同郡王侯古薨,遣使致祭。

九月甲子,驻跸藕丝淀。

冬十月己丑,参知政事耶律观矫制营私地,降为庶人。癸巳,回鹘来贡。

十一月庚戌,免祖州税。丙辰,大雪,许民樵采禁地。丁卯,赐延昌宫贫户钱。

十二月戊辰,汉人行宫都部署耶律仲禧封韩国公,枢密副使、参知政事赵徽出为武定军节度使,枢密副使柴德滋参知政事。汉人行宫副部署耶律大悲奴升都部署,同知南院枢密使事萧韩家奴知左夷离毕事。丁丑,以坤宁节,大赦。庚寅,赐高丽佛经一藏。

九年春天月丁未,如双泺。

夏四月壬辰,如旺国崖。

秋七月甲辰,猎大熊山。戊申,乌古敌烈统军言,八石烈敌烈人杀其节度使以叛。已酉,诏隗乌古部军分道击之。丙寅,南京奏归义、涞水两县蝗飞入宋境,余为蜂所食。

八月丙申,以耶律仲禧为南院枢密使。

九月癸卯,驻跸独卢金。

冬十月,幸阴山,遂如西京。

十一月戊午,诏行幸之地免租一年。甲子,南大王合理只致仕。

十二月辛未,已知北院枢密使事耶律宜新为中京留守,南院宣徽使耶律撒剌为南院大王。壬辰,高丽、夏国并遣使来贡。

十年春正月乙卯,如鸳鸯泺。

二月癸未,蠲平州复业民租赋。戊子,阻卜来贡。

三月甲子,如拖古烈。以耶律巢为北院大王。

夏四月,旱。辛未,以奚人达鲁三世同居,赐官旌之。

五月丙寅,录囚。

六月戊辰,亲出题试进士。壬申,诏臣庶言得失。丙子,御安定殿,策贤良。秋七月丙辰,如秋山。癸亥,谒庆陵。

九月庚戌,幸东京,谒二仪、五銮殿。癸亥,祠木叶山。

冬十月丁卯,驻跸藕丝淀。丁丑,诏有司颁行《史记》、《汉书》。

十一月戊午,高丽遣使来贡。

十二月辛巳,改明年为大康,大赦。

大康元年春正月乙未,如混同江。壬寅,振云州饥。

二月丁卯,祥州火,遣使恤灾。乙酉,驻跸大鱼泺。丁亥,以获鹅,加鹰坊使耶律杨六为工部尚书。

三月乙巳,命皇太子写佛书。

夏四月丙子,振平州饥。乙酉,如犊山。

闰月丙午,振平、滦二州饥。庚戌,皇孙延禧生。

五月甲子,赐妃之亲及东宫僚属爵有差。

六月癸巳,以兴圣宫使奚谢家奴知奚六部大王事。戊戌,知三司使事韩操以钱谷增羡,授三司使。癸卯,遣使按问诸路囚。以惕隐大悲奴为始平军节度使,参知政事柴德滋武定军节度使。乙卯,吐蕃来贡。丙辰,诏皇太子总领朝政,仍戒谕之。以武定军节度使赵徽为南府宰相,枢密副使遵勖参知政事。

秋七月辛酉朔,猎平地松林。丙寅,振南京贫民。

八月庚寅朔,日有食之。

九月乙亥,驻跸藕丝淀。己卯,以南京饥,免租税一年,仍出钱粟振之。

冬十月,西北路酋长遐搭、雏搭、双古等来降。

十一月辛酉,皇后被诬,赐死。杀伶人赵惟一、高长命,并籍其家属。

十二月己丑,以南京统军使耶律蕊奴为惕隐,汉人行宫都部署耶律霖枢密副使,同知东京留守事萧铎剌夷离毕。庚寅,赐张孝杰国姓。壬辰,以西京留守萧燕六为左夷离毕。

二年春正月己未,如春水。庚辰,驻跸双泺。

二月戊子,振黄龙府饥。癸丑,南京路饥,免税租一年。

三月辛酉,皇太后崩。壬戌,遣殿前副点检耶律辖古报哀于宋。癸亥,遣使报哀于高丽、夏国。丁卯,大赦。戊寅,以皇太后遗物遣使遗宋、夏。六月乙酉朔,上太行皇太后尊谥曰仁懿皇后。戊子,宋及高丽、夏国各遣使吊祭。甲午,葬仕懿皇后于庆陵。乙亥,驻跸拖古烈。壬寅,出北院枢密使魏王耶律乙辛为中京留守。丁未,册皇后萧氏,封其父祗候郎君密里剌为赵王,叔西北路招讨使余里也辽西部王,汉人行宫都部署、驸马鳌尉霞抹柳城郡王,参知政事杨遵勖知南院枢密使事,北院枢密副使萧速撒知北院枢密使事,汉人行宫副部署刘诜参知政事。己酉,南府宰相赵徽致仕。

秋七月戊辰,如秋山。癸酉,柳城郡王霞抹薨。

八月庚寅,猎,遇麑失其母,悯之,不射。

九月戊午,以南京蝗,免明年租税。己卯,驻跸藕丝淀。

冬十月戊戌,召中京留守魏王耶律乙辛复为北院枢密使。

十一月甲戌,上欲观起居注,修注郎不撧及匈突堇等不进,各杖二百,罢之。流林牙萧岩寿于乌隈部。是月,南京地震,民舍多坏。

十二月乙丑,以左夷离毕萧挞不也为南京统军使。

三年春正月癸丑,如混同江。乙卯,省诸道春贡金帛,及停周岁所输尚方银。

二月壬午朔,东北路统军使萧韩家奴加尚父,封吴王。甲申,诏北院枢密使魏王耶律乙辛同母兄大奴、同母弟世阿思世预北南院枢密之选,其异母诸弟世预夷离堇之选。己丑,如鱼儿泺。辛卯,中京饥,罢巡幸。

夏四月乙酉,泛舟黑龙江。

五月丙辰,玉田、安次螟伤稼。癸亥,日中有黑子。己巳,驻跸犊山。乙亥,北院枢密使耶律乙辛奏,右护卫太保查剌等告北院枢密使事萧速撒等八人谋立皇太子,上以无状,不治。出速撒等三人补外,护卫撒拨等六人各鞭百余,徙于边。丙子,以西北路招讨使辽西郡王萧余里也为北府宰相,兼知契丹行宫都部署事。戊寅,诏告谋逆事者,重加官赏。

六月己卯朔,耶律乙辛令牌印郎君萧讹都斡诬首赏预速撒等谋,籍其姓名以告。即命乙辛及耶律仲禧、萧余里也、耶律孝杰、杨遵勗、燕哥、抄只、萧十三等鞫治,杖皇太子,囚之宫中。辛巳,杀宿直官敌里剌等三人。壬午,杀宣徽使挞不也等二人。癸未,杀始平军节度使撒剌等十人,又遣使杀上京留守速撒,及已徙护卫撒拨等六人。乙酉,杀耶律挞不也及其弟陈留。丙戌,废皇太子为庶人,囚之上京。己丑,回鹘来贡。杀东京留守同知耶律回里不。辛卯,杀速撒等诸子,籍其家。戊申,遣使按五京诸道狱。

秋七月辛亥,护卫太保查次加镇国大将军,预突吕不部节度使之选,室韦查剌及萧宝神奴、谋鲁古并加左卫大将军,牌印郎君讹都斡尚皇女赵国公主,授驸马都尉,始平军节度使,祗候郎君耶律挞不也及萧图古辞并加监门卫上将军。壬子,知北院枢密副使萧韩家奴为汉人行宫都部署。乙丑,如秋山。丁丑,谒庆陵。

八月庚寅,汉人行宫都部署萧韩家奴薨。辛丑,谒庆陵。

九月癸亥,玉田贡嘉禾。壬申,修乾陵庙。

冬十月辛丑,驻跸藕丝淀。

十一月,北院枢密使耶律乙辛遣其私人盗杀庶人濬于上京。

闰十二月戊午,以北府宰相辽西郡王萧余里也知北院枢密使事,左夷离毕耶律燕哥为契丹行宫都部署。丙寅,预行正旦礼。

是岁,南京大熟。

四年春正月庚辰,如春水。甲午,振东京饥。

二月乙丑,驻跸扫获野。戊辰,以东路统军使耶律王九为惕隐。

夏四月辛亥,高丽遣使乞赐鸭渌江以东地,不许。

五月丙戌,驻跸散水原。

六月甲寅,阻卜诸酋长进良马。

秋七月甲戌,诸路奏饭僧尼三十六万。

八月癸卯,诏有司决滞狱。

九月乙未,驻跸藕丝淀。庚子,五国部长来贡。

冬十月癸卯,以参知政事刘伸为保静军节度使。

十一月丁亥,禁士庶服用锦绮、日月、山龙之文。己丑,回鹘遣使来贡。庚寅,南院枢密使耶律仲禧为广德军节度使。辛卯,锦州民张宝四世同居,命诸子三班院祗候。

十二月丁卯,以北院枢密副使耶律霖知北院枢密使事。

辽史卷二四
本纪第二四

道宗四

　　五年春正月壬申,如混同江。癸酉,赐宰相耶律孝杰名仁杰。乙亥,如山榆淀。

　　三月辛未,以宰相仕杰获头鹅加侍中。壬辰,以北院枢密使魏王耶律乙辛知南院大王事加于越,知北院枢密使事耶律霖为北院枢密使,北院枢密副使耶律特里底知北院枢密使事,左夷离毕耶律世迁同知北院枢密使事。

　　夏四月己未,如纳葛泺。

　　五月丁亥,谒庆陵。以契丹行宫都部署耶律燕哥为南府宰相,北面林牙耶律永宁为夷离毕,同知南院枢密使事萧挞不也及殿前副点检、驸马都尉萧酬斡并封兰陵郡王。

　　六月辛亥,阻卜来贡。丁巳,以北府宰相、辽西郡王萧余里也为西北路招讨使。己未,遣使录囚。是月,放进士刘瓘等百一十三人。

　　秋七月己卯,猎夹山。

　　八月庚申,命有司撰太宗神功碑,立于南京。九月己卯,诏诸路毋禁僧徒开坛。壬午,禁扈从扰民。

　　冬十月戊戌,夏国遣使来贡。己亥,驻跸独卢金。壬子,诏惟皇子仍一字王,余并削降。丁巳,振平州贫民。己未,以赵王杨绩为辽西郡王,魏王耶律乙辛降封混同郡王,吴王萧韩家奴兰陵郡王,致仕。

十一月丁丑,召沙门守道开坛于内殿。癸未,复南京流民差役三年,被火之家免租税一年。

十二月丙午,彗星犯尾。乙卯,幸西京。戊午,行再生礼,赦杂犯死罪以下。

六年春正月癸酉,如鸳鸯泺。辛卯,耶律乙辛出知兴中府事。

三月庚寅,封挿孙延禧为梁王,忠顺军节度使耶律颇德南院大王,耶律仲禧南院枢密使,户部使陈毅参知政事。

夏四月乙卯,猎炭山。

五月壬申,免平州复业民租赋一年。庚寅,以旱祷雨,命左右以水相沃,俄而雨降。

六月戊戌,驻跸纳葛泺。

戊申,以度支使王绩参知政事。庚戌,女直遣使来贡。

秋七月戊辰,观市。癸未,为皇孙梁王延禧设旗鼓,拽剌六人卫护之。甲申,猎沙岭。

九月壬寅,祠木叶山。己酉,驻跸藕丝淀。

冬十月己未朔,省同知广德军节度使事,命奉先鼓,节度使兼巡警乾、显二州。丁卯,耶律仕杰出为武定军节度使。庚午,参知政事刘诜致仕。癸酉,以陈毅为汉人行宫都部署,王绩同知枢密院事。辛巳,回鹘遣使来贡。

十一月己丑朔,日有食之。癸卯,召群臣议政。

十二月甲子,以耶律特里底为孟父敞稳。乙丑,以萧挞不也为北府宰相,耶律世迁知北枢密使事,耶律慎思同知北院枢密使事。庚午,免西京流民租赋赋一年。甲戌,减民赋。丁亥,豫行正旦礼。戊子,如混同江。

七年春正月戊申,五国部长来贡。甲寅,女直贡良马。

二月甲子,如鱼儿泺。

夏五月壬子,驻跸岭西。癸丑,有司奏永清、武清、固安三县蝗。

甲寅,以萧挞不也兼殿前都点检,萧酬斡为汉人行宫都部署兼知枢密院事。

六月甲子,诏月祭观德殿。岁寒食,诸帝在时生辰及忌日,诣景宗御容殿致奠。丙寅,阻卜余古赧来贡。丁卯,以翰林学士王言敷参知政事,封弱院宣徽使石笃漆水郡王。

秋七月戊子,如秋山。丙申,谒庆陵。八月丁卯,射鹿赤山,加围场使涅葛为静江军节度使。

九月戊子,次怀州,命皇后谒怀陵。辛卯,次祖州,命皇后谒祖陵。乙巳,驻跸藕丝淀。

冬十月戊辰,以惕隐主九为南院大王,夷离毕奚抄只为彰国军节度使。

十一月乙酉,诏岁出官钱,振诸宫分及边戍贫户。丁亥,幸驸马都尉萧酬斡第,方饮,宰相梁颖谏曰:"天子不可饮人臣家。"上即还宫。己亥,高丽遣使来贡。辛亥,除绢帛尺度狭短之令。

十二月丁卯,武定军节度使耶律仕杰以罪削爵为民。辛未,知兴中府事耶律乙辛以罪囚于莱州。

八年春正月甲申,如混同江。丁酉,铁骊、五国诸长各贡方物。

二月戊午,如山榆淀。辛酉,诏北南院官,凡给驿者必先奏闻。贡新及奏狱讼,方许驰驿,余并禁之。己巳,夏国获宋将张天一,遣使来献。壬申,以耶律颇德为南府宰相兼知北院枢密使,燕哥为惕隐,萧挞不也兼知契丹行宫都部署事。

三月庚戌,黄龙府女直部长术乃率部民内附,予官,赐印绶。是月,诏行秬黍所定升斗。

夏四月壬戌,以耶律世迁为上京留守。

六月辛亥朔,驻跸纳葛泺。丙辰,夏国遣使来贡。丁巳,以耶律颇德为北院枢密使,耶律巢哥南府宰相,刘筠南枢密使,萧挞不也兼知北院枢密使事,王绩汉人行宫都部署,萧酬斡国舅详稳。乙丑,阻卜长来贡。丙子,以耶律慎思知右夷离毕事。

秋七月甲午，如秋山。南京霖雨，沙河溢永清、归义、新城、安次、武清、香河六县，伤稼。

九月庚寅，谒庆陵。丁未，驻跸藕丝淀。大风雪，牛马多死，赐扈从官以下衣马有差。

冬十月乙卯，诏化哥傅导梁王延禧，加金吾卫大将军。丙子，谒乾陵。

十一月壬午，以乙室大王萧何葛为南院宣徽使，权知奚六部大王事图赴为本部大王。

十二月癸丑，乌古敌烈统军使耶律马五为北院大王。庚申，降皇后为惠妃，出居乾陵。

九年春正月辛巳，如春水。

夏四月丙午朔，大雪，平地丈余，马死者十六七。

五月，如黑岭。

六月己未，驻跸散水原。甲子，以耶律阿思为契丹行宫都部署，耶律慎思北院枢密副使。庚午，诏诸路检括脱户，罪至死者，原之。

闰月丁丑，以汉人行宫副部署可汗奴为南院大王。戊寅，追谥庶人浚为昭怀太子。丁亥，阻卜来贡。己丑，以知兴中府事邢熙年为汉人行宫都部署，汉人行宫部署王绩为南院枢密副使。

秋七月乙巳，猎马尾山。丁巳，谒庆陵。癸亥，禁外官部内贷钱取息及使者馆于民家。

八月，高丽王徽薨。

九月癸卯朔，日有食之。乙酉，射熊于白石山，加围场使涅葛左金吾卫大将军。己巳，以高丽王徽子三韩国公勋权知国事。辛未，五国部长来贡。壬申，召北南枢密院官议政事。

冬十月丁丑，谒观德殿。己卯，南院枢密使刘筠薨。壬辰，混同郡王耶律乙辛谋亡入宋，伏诛。

十一月丙午，进封梁王延禧为燕国王，大赦。以南院宣徽使萧何葛为南府宰相,三司使王经参知政事兼知枢密事。甲寅,诏僧善知雠校高丽所进佛经,颁行之。己未,定诸令史、译史迁叙等级。

十二月丁亥,以邢熙年知南院密使事。辛卯,以王言敷为汉人行宫都部署。高丽三韩国公王勋薨。

是年,御前放进士李君裕等五十一人。

十年春正月辛丑朔,如春水,丙午,复建南京奉福寺浮图。戊辰,如山榆淀。

二月庚午朔,萌古国遣使来聘。

三月戊申,远萌古国遣使来聘。丁巳,命知制诰王师儒、牌印郎君耶律固傅导燕国王延禧。

夏四月丁丑,女直贡良马。

五月壬戌,驻跸散水原。乙丑,阻卜来贡。丙寅,降国舅详稳班位在敌稳之下。

六月壬辰,禁毁铜钱为器。

秋七月甲辰,如黑岭。

九月癸亥,驻跸藕丝淀。

冬十二月乙未,改庆州大安军曰兴平。是月,改明年为大安,赦杂犯死罪以下。

大安元年春正月丁酉,如混同江。癸卯,王绩知南院枢密使事,邢熙年为中京留守。戊申,以枢密直学士杜公^疑参知政事。庚戌,五国酋长来贡良马。

二月辛未,如山榆淀。

夏四月乙酉,宋主顼殂,子煦嗣位,使来告哀。辛卯,西幸。

六月戊辰,驻跸拖古烈。壬申,以王绩为南府宰相,萧挞不也兼知南院枢密使事。丁丑,遣使吊祭于宋。戊寅,宋遣王真、甄祐等馈其先帝遗物。

秋七月乙巳,遣使贺宋主即位。戊午,猎于赤山。

八月丁卯,幸庆州。戊辰,谒庆陵。

冬十月癸亥,驻跸好草淀。戊辰,夏国主李秉常遣使报其母梁氏哀。甲申,以萧挞不也为南院枢密使。

十一月乙未,诏:"比者,外官因誉进秩,久而不调,民被其害。今后皆以资给迁转。"丁酉,以南女直详稳萧袍里为北府宰相。辛亥,史臣进太祖以下七帝实录。丙辰,遣使册三韩国公王勋子运为高丽国王。已未,诏僧尼无故不得赴阙。

十二月甲戌,宋遣蔡卞来谢吊祭。

二年春正月辛卯,如混同江。已酉,五国诸部长来贡。癸丑,召权翰林学士赵孝严、知制诰王师儒等讲《五经》大义。

二月癸酉,驻跸山榆淀。是月,太白犯岁星。三月乙酉,女直贡良马。

夏四月戊戌,北幸。癸丑,遣使加统军使萧讹都斡太子太保,禅将老古金吾卫大将军,萧雅哥静江军节度使,耶律燕奴右监门卫大将军,仍赐赍诸军士。

五月丁巳朔,以牧马蕃息多至百万,赏群牧官,以次进阶。乙亥,驻跸纳葛泺。戊寅,宰相梁颖出知兴中府事。是月,放进士张毂等二十六人。

六月丁亥朔,以左夷离毕耶律坦为惕隐,知枢密院事耶律斡特剌兼知左夷离毕事。丙申,阻卜来朝。癸卯,遣使按诸路狱。甲辰,以同知南京留守事耶律那也知右夷离毕事。乙巳,阻卜猷长余古赧及爱的来朝,诏燕国王延禧相结为友。戊申,以契行宫都部署耶律阿思兼知北院大王事。壬子,高墩以下、县令、录事兄弟及子,悉许叙用。

秋七月丁巳,惠妃母燕国夫人削古以厌魅梁王事觉,伏诛。子兰陵郡王萧酬斡除名,置边郡,仍隶兴圣宫。戊午,猎沙岭。甲子,赐兴圣、积庆二宫贫民钱。乙酉,出粟振辽州贫民。

八月戊子,以雪罢猎。

九月庚午,还上京。壬申,发粟振上京、中京贫民。丙子,谒二仪、五鸾二殿。乙卯,出太祖、太宗所御铠仗示燕国王延禧,谕以创业征代之难。辛巳,召南府宰相议国政。

冬十月乙酉朔,以枢密副使窦景庸知枢密院事。丙戌,五部长来贡。丁亥,以夏国主李秉常薨,遣使诏其子乾顺知国事。

十一月甲戌,为燕国王延禧行再生礼,曲赦上京囚。戊寅,高丽遣使谢封册。癸未,出粟振乾、显、成、懿四州贫民。

十二月辛卯,以兰陵郡主萧挞不也为南院枢密使。己亥,夏国王李乾顺遣使上其父遗物。

辽史卷二五
本纪第二五

道宗五

　·三年春正月乙卯,如鱼儿泺。甲戌,出钱粟振南京贫民,仍复其租赋。己卯,大雪。

　三月丙戌,发粟振中京饥。甲辰,以民多流散,除安泊逃户徵偿法。

　三月乙卯,高丽遣使来贡。己未,免锦州贫民租一年。甲戌,免上京贫民租如锦州。庚辰,女直贡良马。

　夏四月戊子,赐中京贫民帛,及免诸路贡输之半。丙申,赐隈乌古部贫民帛。庚子,如凉陉。甲辰,南府宰相王绩薨。乙巳,诏出户部司粟,振诸路流民及义州之饥。

　五月庚申,海云寺进济民钱千万。

　秋七月丙辰,猎黑岭。丁巳,出杂帛赐兴圣宫贫民。庚午,大雨,罢猎。丁丑,秦越国王阿琏薨。

　九月乙亥,驻跸匦鲁金。

　冬十月庚辰,以参知政事王经为三司使。壬辰,罢节度使已下官进珍玩。癸卯,追封秦越国王阿琏为秦魏国王。

　十一月甲寅,以惕隐耶律坦同知南京留守事。辽兴军节度使耶律王九为南府宰相。

　十二月乙卯朔,以枢密直学士吕嗣立参知政事。

四年春正月庚戌,如混同江。甲寅,太白昼见。甲子,五国部长来贡。庚午,免上京逋逃及户税赋。甲戌,以上京、南京饥,许良人自鬻。丁丑,曲赦西京役徒。

二月己丑,如鱼儿泺。甲午,曲赦春州役徒,终身者皆五岁免。己亥,如春州。赦泰州役徒。

三月乙丑,免高丽岁贡。己巳,振上京及平、锦、来三州饥。

夏四月己卯。振苏、吉、复、渌、铁五州贫民、并免其租税。甲申,振庆州贫民。乙酉,减诸路常贡服御物。丁酉,立入粟补官法。癸卯,西幸。召枢密直学士耶律俨讲《尚书·洪范》。

五月辛亥,命燕国王延禧写《尚书·五子之歌》。乙卯,振祖州贫民。丁巳,诏免役徒,终身者五岁免之。己未,振春州贫民。丙寅,禁挟私引水犯田。

六月庚辰,驻跸散水原。丁亥,命燕国王延禧知中丞司事,以同知南院枢密使事耶律聂里知知夷离毕,知右夷离毕事耶律那也同知南院枢密使事。庚寅,北院枢密使耶律颇德致仕。

秋七月戊申,曲赦奉圣州役徒。丙辰,遣使册李乾顺为夏国王。庚申,如秋山。己巳,禁钱出境。

八月庚辰,有司奏宛平、永清蝗为飞鸟所食。庚寅,谒庆陵。

冬十月丁丑,猎辽水之滨。己卯,驻跸藕丝淀。癸未,免百姓所贷官粟。己丑,知北院枢密使事耶律阿思封漆水郡王。癸巳,以乙室大王耶律敌烈知西北路招讨使事,权知西北路招讨使事萧朽哥知乙室大王事。壬寅,诏诸部长官亲鞠狱讼。

十一月庚申,兴中府民张化法以父兄犯盗当死,请代,皆免。

十二月戊寅,南府宰相耶律王九致仕。癸未,以孟父敞稳耶律慎思为中京留守。

闰十二月癸卯朔,预行正旦礼。甲午,如混同江。

五年春正月癸未,如鱼儿泺。甲午,高丽遣使来贡。

三月癸酉,诏析津、大定二府精选举人以闻,仍诏谕学者常穷经明道。

夏四月甲辰,以知奚六部大王事涅葛为本部大王。壬子,猎北山。甲子,霖雨,罢猎。

五月丁亥,驻跸赤勒岭。己丑,以阻卜磨古斯为诸部长。癸巳,回鹘遣使贡良马。己亥,以同知南院枢密使事耶律那也知右夷离毕事,左祗候郎君班详稳耶律涅里知北院大王事。

六月甲寅,夏国遣使来谢封册。壬戌,以参知政事王言敷为枢密副使,前枢密副使贾士勋参知政事兼同知枢密院事。

秋七月庚午,猎沙岭。

九月辛卯,遣使遗宋鹿脯。壬辰,驻跸藕丝淀。

冬十月乙巳,以新定法令太烦,复行旧法。庚申,以辽兴军节度使何葛为乙室大王。

十一月丁卯朔,燕国王延禧生子,大赦,妃之族属进爵有差。

六年春正月,如混同江。

二月辛丑,驻跸双山

三月辛未,女直遣使来贡。

夏四月丁酉,东北路统军司设掌法官。庚子,以同知南院枢密使事耶律吐朵知左夷离毕事。

五月壬辰,驻跸散水原。

六月甲寅,遣使决五京囚。

秋七月丙子,如黑岭。

冬十月丁酉,驻跸藕丝淀。

十一月壬戌,高丽遣使来贡。己巳,以南府宰相窦景庸为武定军节度使。

是年,放进士文充等七十二人。

七年春正月壬戌,如混同江。二月己亥,驻跸鱼儿泺。壬寅,诏给渭州贫民耕牛、布绢。

三月丙戌,驻跸黑龙江。

夏四月丙辰,以汉人行宫副部署耶律谷欲知乙室大王事。

五月己未朔,日有食之。

六月甲午,驻跸赤勒岭。己亥,倒塌岭人进古鼎,有文曰“万岁永为宝用”。辛丑,回鹘遣使贡方物。癸卯,以权知东京留守萧陶隗为丹行宫都部署。丁未,端拱殿门灾。

秋七月戊午朔,回鹘遣使来贡异物,不纳,厚赐遣之。

八月庚寅,以霖雨,罢猎。壬寅,幸庆州,谒庆陵。

九月丙申,还上京。己亥,日本国遣郑元、郑心及僧应范等二十八人来贡。

冬十月辛巳,命燕国王延禧为天下兵马大元帅,总北南院枢密使事。

十一月庚子,如藕丝淀。甲子,望祀木叶山。

八年春正月乙酉,如山榆淀。乙未,阻卜诸长来降。

三月己亥,驻跸挞里舍淀。丁未,曲赦中京、蔚州役徒。

夏四月乙卯,阻卜长来贡。丁丑,猎西山。惕隐酋长胡里只来附。

五月甲辰,驻跸赤勒岭。

六月乙丑,夏国为宋侵,遣使乞援。

秋七月丁亥,猎沙岭。

九月乙巳,驻跸藕丝淀。丁未,日本国遣使来贡。

冬十月庚戌朔,遣使遗宋鹿脯。丙辰,振西北路饥。辛酉,阻卜磨古斯杀金吾吐古斯以叛,遣奚六部秃里耶律郭三发诸蕃部兵讨之。壬申,南府宰相王经薨。戊寅,以左夷离毕耶律涅里为彰圣军节度使。

十一月戊子,以枢密副使王是敦兼知枢密院事,权参知政事韩资让参知政事,汉人行宫都部署奚回离保知奚六部大王事。丁酉,以通州潦水害稼,遣使振之。戊申,北院大王合鲁薨。

是年，放进士冠尊文等五十三人。

九年春正月庚辰，如混同江。

二月，磨古斯来侵。

三月，西北路讨使耶律阿鲁扫古追磨古斯还。都监萧张九遇贼，与战不利。二室韦、挞剌、北王府、特满群牧、宫分等军多陷没。

夏四月乙卯，兴中府甘露降，遣使祠佛饭僧。癸酉，猎西山。

六月丁未朔，驻跸散水原。庚申，以辽兴军节度使荣哥为南院大王，知左夷离毕事耶律吐朵为左夷离毕。

秋七月辛卯，如黑岭。壬寅，遣使赐高丽羊。

九月癸卯，振西北路贫民。

冬十月庚戌，有司奏，磨古斯诣西北路招讨使耶律挞不也伪降，既而乘虚来袭，挞不也死之。阻卜乌古札叛。达里底、拔思母并寇倒塌岭。壬子，遣使籍诸路兵。癸丑，以南院大王特末同知南京留守事，命郑家奴率兵往援倒塌岭。甲寅，驻跸藕丝淀，以左夷离毕耶律秃朵、围场都管撒八并为西北路行军都监。乙卯，诏以马三千给乌古部。丙辰，有司奏阻卜长辖底掠西路群牧。丁巳，振西北路贫民。己未，燕国王延禧生子，肆赦，妃之族属并进级。壬戌，以枢直学士赵廷睦参知政事兼同知南院枢密使事。癸亥，乌古敌烈统军使萧朴哥奏讨阻卜等部捷。甲子，宋遣使告其母后曹氏哀，即遣使吊祭。己巳，诏广积贮以备水旱。

十一月辛巳，特抹等奏讨阻卜捷。

十二月丙辰，宋遣使以母后遗留物来馈。

十年春正月，如春水。癸未，惕德来贡。戊子，乌古扎等来降，达里底、拔思母二部来侵，四捷军都监特抹死之。

二月甲辰，以破阻卜赏有功者。丙午，西南面招讨司奏讨拔思母捷。癸丑，排雅、仆里、同葛、虎骨、仆果等来降。达里底来侵。

三月壬申朔，日有食之。山北路副部署萧阿鲁带奏讨达里底捷。

夏四月壬寅朔，惕德萌得斯、老古得等各率所部来附，诏复旧地。甲辰，驻跸春州北平淀。丙午，乌古部节度使耶律陈家奴奏讨茶扎剌捷。庚戌，以知北院枢密使事耶律斡特剌为都统，夷离毕耶律秃朵为副统，龙虎卫上将军司耶律胡吕都监，讨磨古斯，遣积庆宫使萧乣里监战。辛亥，朽哥奏颇里八部来侵。击破之。己巳，除玉田、密云流民租赋一年。

闰月庚子，赐西北路贫民钱。达里底、拔思母二部来降。

五月甲辰，驻跸赤勒岭。甲寅，括马。戊午，西北路招讨司奏敌烈等部来侵，统军司出兵与战，不利。招讨司以兵击破之，敦睦宫太师耶律爱奴及其子死之。辛酉，以知国舅详稳事萧阿烈同领西北路行军事。

六月辛未，宋人遣使来谢吊祭。乙酉，乌占敌烈统军使朽哥有罪，除名。丙戌，和烈葛等部来聘。癸巳，惕德来贡。己亥，禁边民与蕃部为婚。

是夏，高丽国王运薨，子昱遣使来告，即遣使赙赠。

秋七月庚子朔，猎赤山。是月，阻卜等寇倒塌岭，尽掠西路群牧马去。东北路统军使耶律石柳以兵追及，尽获所掠而还。

九月乙未，以南院大王特末为南院枢密使。甲子，敌烈诸酋来降，释其罪。是月，斡特剌破磨古斯。

冬十月丙子，驻跸藕丝淀。壬午，山北路副部署萧阿鲁带以讨达里底功，加左金吾卫上将军。癸巳，西北路统军司获阻卜长拍撒葛、蒲鲁等来献。

十一月乙巳，惕德铜刮、阻卜的烈等来降。达里底及拔思母等复来侵，山北副部署阿鲁带击败之。

十二月癸酉，三河县民孙宾及其妻皆百岁，复其家。甲戌，以参知政事事赵廷睦兼同知枢密院事。枢密副使王师儒参知政兼同知枢密院事。己卯，诏录西北路有功将士及战殁者，赠官。乙酉，诏改明年元，减杂犯死罪以下，仍除贫民租赋。戊子，西北路统军司奏讨磨古斯捷。

辽史卷二六

本纪第二六

道宗六

寿隆元年春正月己亥,如混同江。庚戌,西南面招讨司奏拔思母来侵,萧阿鲁带等击破之。乙卯,振奉圣州贫民。

二月戊辰,赐左右二皮室贫民钱。癸酉,高丽遣使来贡。乙亥,驻跸鱼儿泺。

三月丙午,赐东北路贫民绢。

夏四月丁卯,斡特剌奏讨耶睹刮捷。乙亥,女直遣使来贡。庚寅,录西北路有功将士。

五月乙未朔,左夷离毕耶律吐朵为惕隐,南京宣徽使耶律特末为北院大王。癸卯,赠阵亡者官。丁巳,驻跸特礼岭。

六月己巳,以知奚六部大王事回里不为本部大王,权参知政事赵孝严为汉人行宫都部署。围场都管撒八以讨阻卜功,加镇国大将军。癸巳,阻卜长香里底及图木葛来贡。

秋七月庚子,阻卜长猛达斯等来贡。癸卯,猎沙岭。癸丑,颇里八部来附,进方物。甲寅,斡特剌奏磨古斯捷。

九月甲寅,木叶山。丙辰,诏西京炮人、弩人教西北路汉军。

冬十月甲子,驻跸藕丝淀。甲戌,以以北面林牙耶律大悲奴为右夷离毕。癸未,以参知政事王师儒为枢密副使,汉人行宫都部署赵孝严参知政事。壬辰,录讨阻卜有功将士。

十一月丙申,女直遣使进马。己亥,以都统斡特剌为西北路招讨使。封漆水郡王。甲辰,夏国进贝多叶佛经。庚申,高丽王昱疾,命其子颙权知国事。

十二月癸亥朔,以知北院枢密使事耶律阿思为北院枢密使。

是年,放进士陈衡甫等百三十人。

二年春正月甲午,如春水。癸卯,西南面招讨司讨拔思母,破之。乙卯,驻跸瑟尼思。辛酉,市牛给乌古敌烈、隈乌古部贫民。

二月癸亥,振达麻里别古部。

夏四月乙卯,振西北边军。

六月辛酉,驻跸撒里乃。

秋七月甲午,阻卜来贡。丙午,猎赤山。

八月乙丑,颇里八部进马。

九月丙午,徙乌古敌烈部于乌纳水,以扼北边之冲。

冬十月戊辰,驻跸藕丝淀。庚辰,高丽遣使来贡。

十二月己未,斡特剌讨梅里急,破之。壬戌,南府宰相耶律铎鲁斡致仕。癸亥,萧挞不也为北府宰相,耶律大悲奴殿前都点检。乙亥,夏国献宋俘。

三年春正月丁亥,如春水。壬寅,乌古部节度使耶律陈家奴以功加尚书右仆射。癸卯,驻跸双山。

二月丙辰朔,南京水,遣使振之。丙午,阻卜长猛撒葛、粘八葛长秃骨撒、梅里急长忽鲁八等请复旧地,贡方物。从之。

三月辛酉,燕国王延禧生子。癸亥,赐名挞鲁。妃之父长哥迁左监门卫上将军,仍赐官属钱。

是春,高丽王昱薨。

夏四月,南府宰相赵廷睦出知兴中府事,参知政事牛温舒兼同知枢密院事。

五月癸亥,斡特剌讨阻卜,破之。己巳,驻跸撒里乃。

六月甲申,诏罢诸路驰驲贡新。丙戌,诏每冬驻跸之所,宰相以下构宅,毋役其民。辛丑,夏人来告宋城要地,遣使之宋,谕与夏和。庚戌,以契丹行宫都部署耶律吾也为南院大王。

秋七月壬子朔,猎黑岭。

八月己亥,蒲卢毛朵部长率其民来归。己巳,彗星见西方。

九月壬申,驻跸藕丝淀。丁丑,以武定军节度使梁援为汉人行宫都部署。戊寅,斡特剌奏讨梅里急捷。己卯,五国部长来贡。

冬十月庚戌,以西北路招讨使斡特剌为南府宰相。

十一月乙卯,蒲卢毛朵部来贡。戊午,以安军召医巫闾山僧志达。己未,以中京留守韩资让知枢密院事,同知南院枢密使事萧药师奴知右夷离毕。丁丑,西北路统军司奏讨梅里急捷。

四年春正月壬子,如鱼儿泺。己巳,徙阻卜等贫民于山前。辛未,宋遣使来馈锦绮。

三月庚午,幸春州。丙子,有司奏黄河清。

夏四月辛丑,以雨罢猎。

五月癸酉,那也奏北边捷。甲戌,驻跸撒里乃。

六月戊寅朔,夏国为宋所攻,遣使求援。丁亥,以辽兴军节度使涅里为惕隐,前知惕隐事耶律郭三为南京统军使。甲午,以参知政事牛温舒兼知中京留守事。

秋七月戊午,如黑岭。

冬十月乙亥朔,驻跸藕丝淀。己卯,以南府宰相斡特剌兼契丹行宫都部署,以傅导燕国王延禧。

十一月乙巳朔,知右夷离毕事萧药师奴、枢密直学士耶律俨使宋,讽与夏和。辛酉,夏复遣使求援。

十二月壬辰,为燕国王延禧行再生礼,曲赦三百里内囚。

五年春正月乙巳,如鱼儿泺。己酉,诏夏国王李乾顺伐拔思母等部。

夏五月壬戌,药师奴等使宋回,奏宋罢兵。癸亥,谒乾陵。戊辰,以南府宰相斡特剌兼西北路招讨使,禁军都统。己巳,驻跸沿柳湖。

六月甲申,以奚六部大王回离保为契丹行宫都部署,知右夷离毕事萧药师奴南面林牙,兼知契丹行宫都部署事。乙未,五国部长来朝。戊戌,阻卜来贡。己亥,以兴圣宫使耶律郝家奴为右夷离毕。

秋七月壬寅朔,惕德长秃的等来贡。辛亥,如大牢古山。

闰九月丙子,驻跸独卢金。

冬十月己亥朔,高丽王颙遣使乞封册。丁巳,斡特剌奏讨耶睹刮捷。丙寅,以同知南京留守事萧得里底知北院枢密使事。丁卯,宋遣郭知章、曹平来聘。戊辰,振辽州饥,仍免租赋一年。

十一月甲戌,振南北二纠。乙酉,夏国以宋罢兵,遣使来谢。

十二月甲子,以参知政事赵孝严为汉人行宫都部署,汉人行宫都部署梁援为辽兴军节度使。

六年春正月癸酉,南院大王耶律吾也薨。壬午,以太师致仕,秃开起为奚六部大王。丁亥,如春水。辛卯,斡特剌执磨古斯来献。丙申,诏问民疾苦。

二月丁未,以乌古部节度使陈家奴为南院大王。己酉,磔磨古斯于市。癸丑,出绢赐五院贫民。辛酉,宋遣使告宋主煦殂,弟佶嗣位,即日遣使吊祭。

三月甲申,弛朔州山林之禁。

夏四月丁酉朔,日有食之。癸卯,如炭山。

五月壬午,乌古部讨茶扎剌,破之。乙酉,汉人行宫都部署赵孝严薨。丙戌,驻跸纳葛泺。辛卯,宋遣使馈先帝遗物。乙未,以东京留守何鲁扫古为惕隐,南院宣徽使萧常哥为汉人行宫都部署。

六月庚子,遣使贺宋主。辛丑,以有司案牍书宋帝“嗣位”为“登宝位”,诏夺宰相郑颙以下官,出颙知兴中府事。韩资让为崇义军节度使,御史中丞韩君义为广顺军节度使。癸丑,阻卜长来贡。戊午,遣使决五京滞狱。己未,以辽兴军节度使梁援为枢密副使。

秋七月庚午,如沙岭。壬申,耶睹刮诸部寇西北路。

八月，斡特剌以兵击败之，使来献捷。

九月癸未，望祠木叶山。戊子，驻跸藕丝淀。

冬十月壬寅，以枢密副使王师儒监修国史。癸卯，五国诸部长来贡。甲寅，以平州饥，复其租赋一年。

十一月壬申，以天德军民田世荣三世同居，诏官之，令一子三班院祗候。丙子，召医巫闾山僧志达设坛于内殿。戊子，夏国王李乾顺遣使请尚公主。

十二月乙未，女直遣使来贡。己亥，以知右夷离毕事郝家奴为北面林牙。辛亥，诏燕国王延禧拟注大将军以下官。庚申，铁骊来贡。宋遣使来谢。帝不豫。

是岁，封高丽王颙为三韩国公。放进士康秉俭等八十七人。

七年春正月壬戌朔，力疾御清风殿受百官及诸国使贺。是夜，白气如练，自天而降。黑云起于西北，疾飞有声。北有青赤黑白气相杂而落。癸亥，如混同江。甲戌，上崩于行宫，年七十。遗诏燕国王延禧嗣位。

六月庚子，上尊谥仁圣大孝文皇帝，庙号道宗。

赞曰：道宗初即位，求直言，诏治道，劝农兴学，救灾恤患，粲然可观。及夫谤讪之令既行，告讦之赏日重，群邪并兴，谗巧竞进，贼及骨肉，皇基浸危，众正沦胥，诸部反侧，甲兵之用无宁岁矣。一岁而饭僧三十六万，一日而祝发三千。徒勤小惠，蔑计大本。尚足与论治哉！

辽史卷二七
本纪第二七

天祚皇帝一

天祚皇帝,讳延禧,字延宁,小字权果。道宗之孙,父顺宗大孝顺圣皇帝,母贞顺皇后萧氏。大康元年生。六岁封梁王,加守太尉,兼中书令,后三年,进封燕国王。大安七年,总北南院枢密使事,加尚书令。为天下兵马大元帅。

寿隆七年正月甲戌,道宗崩,奉遗诏即皇帝位于柩前。群臣上尊号曰天祚皇帝。

二月壬辰朔,改元乾统,大赦。诏为耶律乙辛所诬陷者,复其官爵,籍没者出之,汉放者还之。乙未,遣使告哀于宋及西夏、高丽。乙巳,以北府宰相萧兀纳为辽兴军节度使,加守大傅。

三月丁卯,诏有司以张孝杰家属分赐群臣。甲戌,召僧法颐放戒于内庭。

夏四月,旱。

六月庚寅朔,如庆州。甲午,宋遣王潜等来吊祭。丙申,高丽、夏国各遣使慰奠。戊戌,以南府宰相斡特剌兼南院枢密使。庚子,追益懿德皇后为宣懿皇后。壬寅,以宋魏国王和鲁斡为天下兵马大元帅。乙巳,以北平郡王淳进封郑王。丁未,北院枢密使耶律阿思加于越。辛亥,葬仁圣大孝文皇帝、宣懿皇后于庆陵。

秋七月癸亥,阻卜、铁骊来贡。

八月甲寅,谒庆陵。

九月壬申,谒怀陵。乙亥,驻跸藕丝淀。

冬十月壬辰,谒乾陵。甲辰,上皇考昭怀太子谥曰大孝顺圣皇帝,庙号顺皇宗,皇妣曰贞顺皇后。

十二月戊子,以枢密副使张琳知枢密院事。翰林学士张奉珪参知政事兼同知枢密院事。癸巳,宋遣黄实来贺即位。丁酉,高丽、夏国并遣使来贺。乙巳,诏先朝已行事不得陈告。

初,以杨割为生女直部节度使,其俗呼为太师。是岁,杨割死,传于兄之子乌雅束,束死,其弟阿骨打袭。

二年春正月,如鸭子河。

二月辛卯,如春州。

三月,大寒,冰复合。

夏四月辛亥,诏诛乙辛党徙其子孙于边。发乙辛、得里特之墓,剖棺戮尸,以其家属分赐被杀之家。

五月乙丑,斡特刺献耶睹刮等部捷。

六月壬辰,以雨罢猎,驻跸散水原。丙午,夏国王李乾顺复遣使请尚公主。丁未,南院大王陈家奴致仕。壬子,李乾顺为宋所攻,遣李造福、田若水求援。

闰月庚申,策贤良。壬申,降惠妃为庶人。

秋七月,猎黑岭。以霖雨,给猎人马。阻卜来侵,斡特刺等战败之。

冬十月乙卯,萧海里叛,劫乾州武库器甲。命北面林牙郝家奴捕之,萧海里亡入陪术水阿典部。丙寅,以南院府宰相耶律斡特刺为北院枢密使,参知政事牛温舒知南院枢密使事。

十一月乙未,郝家奴以不获萧海里,免官。壬寅,以上京留守耶律慎思为北院枢密副使。有司请以帝生日为天兴节。

三年春正月辛巳朔,如混同江。女直函萧海里首,遣使来献。戊申，如春州。

二月庚午，以武清县大水，弛其陂泽之禁。

夏五月戊子，以猎人多亡，严立科禁。乙巳，清暑赤勒岭。丙午，谒庆陵。

六月辛酉，夏国王李乾顺复遣使请尚公主。

秋七月，中京雨雹伤稼。

冬十月甲辰，如中京。己未，吐蕃遣使来贡。庚申，夏国复遣使求援。己巳，有事于观德殿。

十一月丙申，文武百官加上尊号曰惠文智武圣孝天祚皇帝，大赦，以宋魏国王和鲁斡为皇大叔，梁王挞鲁进封燕国王，郑王淳为东京留守，进封越国王，百官各进一阶。丁酉，以惕隐耶律何鲁扫古为南院大王。戊戌，以受尊号告庙。乙巳，谒太祖庙，追尊太祖之高祖曰昭烈皇帝，庙号肃祖，妣曰昭烈皇后；曾祖曰庄敬皇帝，设号懿祖，妣曰庄敬皇后。召监修国史耶律俨纂太祖诸帝实录。

十二月戊申，如藕丝淀。

是年，放进士马恭回等百三人。

四年春正月戊子，幸鱼儿泺。壬寅，猎木岭。癸卯，燕国王挞鲁薨。

二月丁丑，鼻骨德遣使来贡。

夏六月甲辰，驻跸旺国崖。甲寅，夏国遣李造福、田若水求援。癸亥，吐蕃遣使来贡。

秋七月，南京蝗。庚辰，猎南山。癸未，以西北路招讨使萧得里底、北院枢密副使耶律慎思并知北院枢密使事。辛卯，以同知南院枢密使事萧敌里为西北路讨使。

冬十月己酉，凤凰见于漷阴。己未，幸南京。

十一月乙亥，御迎月楼，赐贫民钱。

十二月辛丑，以张琳为南府宰相。

　　五年春正月乙亥,夏国遣李造福等来求援,且乞伐宋。庚寅,以辽兴军节度使萧常哥为北府宰相。丁酉,遣枢密直学士高端礼等讽宋罢伐夏兵。

　　二月癸卯,微行视民疾苦。丙午,幸鸳鸯泺。

　　三月壬申,以族女南仙封成安公主,下嫁夏国王李乾顺。

　　夏四月甲申,射虎炭山。

　　五月癸卯,清暑南崖。壬子,宋遣曾孝广、王觌报聘。

　　六月甲戌,夏国遣使来谢及贡方物。己丑,幸候里吉。

　　秋七月,谒庆陵。

　　九月辛亥,驻跸藕丝淀。乙卯,谒乾陵。

　　冬十一月戊戌,禁商贾之家应进士举。丙辰,高丽三韩国公王颙薨。子俣遣使来告。

　　十二月己巳,夏国遣李造福、田若水求援。癸酉,宋遣林洙来议与夏约和。

　　六年春正月辛丑,遣知北院枢密使萧得里底、知南院枢密使事牛温舒使宋,讽归所侵夏地。

　　夏五月,清暑散水原。

　　六月辛巳,夏国遣李造福等来谢。

　　秋七月癸巳,阻卜来贡。甲午,如黑岭。庚子,猎鹿角山。

　　冬十月乙亥,宋与夏通好,遣刘正符、曹穆来告。庚辰,以皇太叔、南京留守和鲁斡兼惕隐,东京留守、越国王淳为南府宰相。

　　十一月乙未,以谢家奴为南院大王,马奴为奚六部大王。丙申,行柴册礼。戊戌,大赦。以和鲁斡为义和仁圣皇太叔,越国王淳进封魏国王,封皇子敖卢斡为晋王,习泥烈为饶乐郡王。己亥,谒太祖庙。甲辰,祠木叶山。

　　十二月己巳,封耶律俨为漆水郡王,余官进爵有差。

　　七年春正月,钩鱼于鸭子河。

二月,驻跸大鱼泺。

夏六月,次散水原。

秋七月,如黑岭。

冬十月,谒乾陵。猎医巫闾山。

是年,放进士李石等百人。

八年春正月,如春州。

夏四月丙申,封高丽王俣为三韩国公,赠其父颙为高丽国王。

五月,清暑散水原。

六月壬辰,西北路招讨使萧敌里率诸蕃来朝。丙申,射柳,祈雨。壬寅,夏国王李乾顺以成安公主生子,遣使来告。丁未,如黑岭。

秋七月戊辰,以雨罢猎。

冬十二月己卯,高丽遣使来谢。

九年春正月丙午朔,如鸭子河。

二月,如春州。

三月戊午,夏国以宋不归地,遣使来告。

夏四月壬午,五国部来贡。

六月乙亥,清暑特礼岭。

秋七月,陨霜伤稼。甲寅,猎于候里吉。

八月丁酉,雪,罢猎。

冬十月癸酉,望祠木叶山。丁丑,诏免今年租税。

十二月甲申,高丽遣使来贡。

是年,入进士刘桢等九十人。

十年春正月辛丑,预行立春礼。如鸭子河。

二月庚午朔,驻跸大鱼泺。

夏四月丙子,五国部长来贡。丙戌,预行再生礼。癸巳,猎于北山。

六月甲戌,清暑玉丘。癸未,夏国遣李造福等来贡。甲午,阻卜来贡。

秋七月辛丑,谒庆陵。

闰月辛亥,谒怀陵。己未,谒祖陵。壬戌,皇太叔和鲁斡薨。

九月甲戌,免重九节礼。

冬十月,驻跸藕丝淀。

十二月己酉,改明年元。

是岁,大饥。

天庆元年春正月,钩鱼于鸭子河。

二月,如春州。

三月乙亥,五国部长来贡。

夏五月,清暑散水原。

秋七月,猎。

冬十月,驻跸藕丝淀。

二年春正月己未朔,如鸭子河。丁丑,五国部长来贡。

二月丁酉,如春州,幸混同江钩鱼。界外生女直酋长在千里内者,以故事皆来朝。适遇"头鱼宴",酒半酣,上临轩,命诸酋次第起舞,独阿骨打辞以不能。谕之再三,终不从。他日,上密谓枢密使萧奉先曰:"前日之燕,阿骨打意气雄豪,顾视不常,可托以边事诛之。否则,必贻后患。"奉先曰:"粗人不知礼义,无大过而杀之,恐伤向化之心。假有异志,又何能为?"其弟吴乞买、粘罕、胡舍等尝从猎,能呼鹿,刺虎,搏熊。上喜辄加官爵。

夏六月庚寅,清暑南崖。甲午,和州回鹘来贡。戊戌,成安公主来朝。甲辰,阻卜来贡。

秋七月己丑,猎南山。

九月己未,射获熊,燕群臣,上亲御琵琶。初,阿骨打混同江宴归,疑上知其异志,遂称兵,先并旁近部族。女直赵三、阿鹘产拒之,阿骨打虏其家属。二人真诚诉咸州,详稳司送北枢密院。枢密使萧奉先作常事以闻上,仍送咸州诘责,欲使自新。后数召,阿骨打竟称疾不至。

冬十月辛亥,高丽三韩国公王俣之母死,来告,即遣使致祭,起复。是月,驻跸奉圣州。

十一月乙卯,幸南京。丁卯,谒太祖庙。

是年,放进士韩昉等七十七人。

三年春正月丙寅,赐南京贫民钱。丁卯,如大鱼泺。甲戌,禁僧尼破戒。丙子,猎狗牙山。大寒,猎人多死。

三月,籍诸道户,徙大牢古山围场地居民于别土。阿骨打一日率五百骑突至咸州,吏民大惊。翌日,赴详稳司,与赵三等面折庭下。阿骨打不屈,送所司问状。一夕遁去。遣人诉于上,谓详稳司欲见杀,故不敢留。自是召不复至。

夏闰四月,李弘以左道聚众为乱,支解,分示五京。

六月乙卯,斡朗改国遣使来贡良犬。丙辰,夏国遣使来贡。

秋七月,幸秋山。

九月,驻跸藕丝淀。

十一月甲午,以三司使虞融知南院枢密使事,西南面招讨使萧乐古为南府宰相。

十二月庚戌,高丽遣使来谢致祭。癸丑,回鹘遣使来贡。甲寅,以枢密直学士马人望参知政事。丙辰,知枢密院事耶律俨薨。癸亥,高丽遣使来谢起复。

四年春正月,如春州。初,女直起兵,以纥石烈部人阿疏不从,遣其部散改讨之。阿疏弟狄故保来告,诏谕使勿讨,不听,阿疏来奔。至是女直遣使来索,不发。

夏五月,清暑散水原。

秋七月,女直复遣使取阿疏,不发,乃遣侍御阿息保问境上多建城堡之故。女直以慢语答曰:"若还阿疏,朝贡如故。不然,城未能已。"遂发浑河北诸军,益东北路统军司。阿骨打乃与弟粘罕、胡舍等谋,以银术割、移烈、娄室、阇母等为帅,集女真诸部兵,擒辽障鹰官。及攻宁江州,东北路统军司以闻。时上在庆州射鹿,闻之略不介意,遣海州刺史高仙寿统渤海军应援。萧挞不也遇女直,战于宁江东,败绩。

十月壬寅,以守司空萧嗣先为东北路都统,静江军节度使萧挞不也为副,发契丹奚军三千人,中京禁兵及土豪二千人,别选诸路武勇二千余人,以虞候崔公义为都押官,控鹤指挥邢颖为副,引军屯出河店。两军对垒,女直军潜渡混同江,掩击辽众。萧嗣先军溃,崔公义、邢颖、耶律佛留、萧葛十等死之,其获免者十有七人。萧奉先惧其弟嗣先获罪,辄奏东征溃军所至劫掠,若不肆赦,恐聚为患。上从之,嗣先但免官而已。诸军相谓曰:"战则有死而无功,退则有生而无罪。"故士无斗志,望风奔溃。

十一月壬辰,都统萧敌里等营于斡邻淶东,又为女直所袭,士卒死者甚众。甲午,萧敌里亦坐免官。辛丑,以西北路招讨使耶律斡里朵为行军都统,副点检萧乙薛、同知南院枢密使事耶律章奴副之。

十二月,咸、宾、祥三州及铁骊、兀惹皆叛入女直。乙薛往援宾州,南军诸将实娄、特烈等往援咸州,并为女直所败。

辽史卷二八
本纪第二八

天祚皇帝二

五年春正月，下诏亲征。遣僧家奴持书纳和，斥阿骨打名。阿骨打遣赛剌复书，若归叛人阿疏迁黄龙府于别地，然后议之。都统耶律斡里朵等与女直兵战于达鲁古城，败绩。

二月，饶州渤海古欲等反，自称大王。

三月，以萧谢佛留等讨之。遣耶律张家奴等六人赍书使女直，斥其主名，冀以速降。

夏四月癸丑，萧谢佛留等为渤海古欲所败，以南面副部署萧陶苏斡为都统，赴之。

五月，陶苏斡及古欲战，败绩。张家奴等以阿骨打书来，复遣之往。

六月己亥朔，清暑特礼岭。壬子，张家奴等还，阿骨打复书，亦斥名谕之使降。癸丑，以亲征谕诸道。丙辰，陶苏斡招获古欲等。癸亥，以惕隐耶非末里为北院大王。是月，遣萧辞剌使女直，以书辞不屈见留。

秋七月辛未，守遣使致助军银绢。丙子，猎于岭东。是月，都统斡里朵等与女直战于白马泺，败绩。

八月甲子，罢猎，趋军中。以斡里朵等军败免官。丙寅，以围场使阿不为中军都统，耶律张家奴为都监，率番汉兵十万。萧奉先充御营都统，诸行营都部署耶律章奴为副，以精兵二万为先锋。余分五部为正军,贵族子弟千人为硬军,扈从百司为护卫军,北出骆驼口。以都点检萧胡睹姑为都统,枢密直学士柴谊为副,将汉步骑三万,南出宁江州。自长春州分道而进,发数月粮,期必灭女直。

九月丁卯朔,女直军陷黄龙府。己巳,知北院枢密使萧得里底出为西南面招讨使。辞刺还,女直复遣赛刺以书来报:"若归我叛人阿疏等,即当班师。"上亲征。粘罕、兀术等以书来上,阳为毕哀之辞,实欲求战。书上,上怒,下诏有"女直作过,大军剿除"之语。女直主聚众,劓面仰天恸哭曰:"始与汝等起兵,盖苦契丹残忍,欲自立国。今主上新征,奈何? 非人死战,莫能当也。不若杀我一族,汝等迎降,转祸为福。"诸军皆曰:"事已至此,惟命是从。"乙巳,耶律章奴反,奔上京,谋迎立魏国王淳。上遣驸马萧昱领兵诣广平淀护后妃,行宫小底乙信持书驰报魏国王。时章奴先遣王妃亲弟萧谛里以所谋说魏国王。王曰:"此非细事,主上自有诸王当立。北南面大臣不来,而汝言及此,何也?"密令左右拘之。有顷,乙信待赏御礼至,备言章奴等欲废立事。魏国王立斩萧谛里等首以献,单骑间道诣广平淀等罪。上遇之如初。章奴知魏国王不听,率麾下掠庆、饶、怀、祖等州,结渤海群盗,众至数万,趋广平淀犯行宫。顺国女直阿鹘产以三百骑一战而胜,擒其贵族二百余人,并斩首以徇。其妻子配役绣院,或散诸近侍为婢,余得脱者皆奔女直。章奴诈为使者,欲奔女直,为逻者所获,缚送行在,腰斩于市,剖其心以献祖庙,支解以徇五路。

冬十一月,遣驸马萧特末、林牙萧察刺等将骑兵五万、步卒四十万、亲军七十万至驼门。

十二月乙巳,耶律张家奴叛。戊申,亲战于护步答冈,败绩,尽亡其辎重。己未,锦州刺史耶律术者叛应张家奴。庚申,北面林牙耶律马哥讨张家奴。癸亥,以北院宣徽使萧韩家奴知北院枢密使事。南院宣微使萧特末为汉人行宫都部署。

六年春正月丙寅朔,东京夜有恶少年十余人,乘酒执刃,逾垣入留守府,问留守萧保先所在,今军变,请为备。萧保先出,刺杀之。户部使大公鼎闻乱,即摄留守事,与副留守高清明集奚、汉兵千人,尽捕其众,斩之,抚定其民。东京故渤海地,太祖力战二十余年乃得之,而萧保先严酷,渤海苦之,故有是变。其裨将渤海高永昌僭号,称隆基元年。遣萧乙薛、高兴顺招之,不从。

闰月己亥,遣萧韩家奴、张琳讨之。戊午,贵德州守将耶律余睹以广州渤海第叛附永昌,我师击败之。

二月戊辰,侍御司徒挞不也等讨张家奴,战于祖州,败绩。乙酉,遣汉人行宫都部署萧特末率诸将讨张家奴。戊子,张家奴诱饶州渤海及中京贼侯概等万余人,攻陷高州。

三月,东面行军副统酬斡等擒侯概于川州。

夏四月戊辰,亲征张家奴。癸酉,败之。甲戌,诛叛党,饶州渤海平。丙子,赏平贼将士有差。而萧韩家奴、张琳等复为贼所败。

五月,清暑散水原。女直军攻下沈州,复陷东京,擒高永昌。东京州县族人痕孛、铎剌、吴十、挞不也、道剌、酬斡等十三人皆降女直。

六月乙丑,籍诸路兵,有杂畜十头以上者皆从军。庚辰,魏国王淳进封秦晋国王,为都元帅。上京留守萧挞不也为契丹行宫都部署兼副元帅。丁亥,知北院枢密使事萧韩家奴为上京留守。

秋七月,猎秋山。春州渤海二千余户叛,东北路统军使勒兵追及,尽俘以还。

八月,乌古部叛,遣中丞耶律挞不也等招之。

九月丙午,谒怀陵。

冬十月丁卯,以张琳军败,夺官。庚辰,乌古部来降。

十一月,东面行军副统马哥等攻曷苏馆,败绩。

十二月乙亥,封庶人萧氏为太皇太妃。辛巳,削副统耶律马哥官。

七年春正月甲寅,减厩马粟,分给诸局。是月,女直军攻春州,

东北面诸军不战自溃,女古、皮室四部及渤海人皆降,复下泰州。

二月,涞水县贼董庞儿聚众万余,西京留守萧乙薛、南京统军都监查剌与战于易水,破之。

三月,庞儿党复聚,乙薛复击破之于奉圣州。

夏五月庚寅,东北面行军诸将涅里、合鲁、涅哥、虚古等弃市。乙巳,诸围场隙地,纵百姓樵采。

六月辛巳,以同知枢密院事余里也为北院大王。

秋七月癸卯,猎秋山。

八月丙寅,猎狱斯那里山,令都元帅秦晋非赴沿边,会四路兵马防秋。

九月,上自燕至阴凉河,置怨军八营:募自宜、州者曰前宜、后宜,自锦州者曰前锦、后锦,自乾自显者曰乾、曰显,又有乾显大营、岩州营,凡二万八千余人,屯卫州蒺藜山。丁酉,猎辋子山。

冬十月乙卯朔,至中京。

十二月丙寅,都元帅秦晋国王淳遇女直军,战于蒺藜山,败绩。女直复拔显州旁近州郡。庚午,下诏自责。癸酉,遣夷离毕查剌与大公鼎诸路募兵。丁丑,以西京留守萧乙薛为北府宰相,东北路行军都统奚霞末知奚六部大王事。

是岁,女直阿骨行用铁州杨朴策,即皇帝位,建元天辅,国号金。杨朴又言:"自古英雄开国或受禅,必先求大国封册。"遂遣使议和,以求封册。

八年春正月,幸鸳鸯泺。丁亥,遣耶律奴哥等使金议和。庚寅,保安军节度使张崇以双州二百户降金。东路诸州盗贼蜂起,掠民自随以充食。

二月,耶律奴哥还自金,金主复书曰:"能以兄事朕,岁贡方物,归我上、中京、兴中府三路州县,以亲王、公主、驸马、大臣子孙为质,还我行人及元给信符,并宋、夏、高丽往复书诏表牒,则可以如约。

三月甲午，复遣奴哥使金。

夏四月辛酉，以西南面招讨使萧得里底为北院枢密使。

五月壬午朔，奴哥以书来，约不逾此月见报。戊戌，复遣奴哥使金，要以酌中之议。是月，至纳葛泺。贼安生儿、张高儿聚众二十万，耶律马哥等斩生儿于龙化州，高儿亡入懿州，与霍六哥相合。金主遣胡突衮与奴哥持书，报如前约。

六月丁卯，遣奴哥等赍宋、夏、高丽书诏表牒至金。霍六哥陷海北州，趣义州，军帅回离保等击败之。通、祺、双、辽四州之民八百余户降于金。

秋七月，猎秋山。金复遣胡突衮来，免取质子及上京、兴中府所属州郡，裁减岁币之数。"如能以兄事朕，册用汉仪，可以如约"。

八月庚午，遣奴哥、突迭使金，议册礼。

九月，突迭见留，遣奴哥还，谓之曰："言如不从，勿复遣使。"

闰月丙寅，遣奴哥复使金，而萧宝、讹里等十五人各率户降于金。

冬十月，奴哥、突迭持金书来。龙化州张应古等四人率众降金。

十一月，副元帅萧挞不也薨。

十二月甲申，议定册礼。遣奴哥使金。宁昌军节度使刘宏以懿州户三千降金。时山前诸路大饥，乾、显、宜、锦、兴中等路，斗粟直数缣，民削榆皮食之，既而人相食。

是年，放进士王翚等百三人。

九年春正月，金遣乌林荅赞谟持书来迎册。

二月，至鸳鸯泺。贼张撒八诱中京射粮军，僭号，南面军帅余睹擒撒八。

三月丁未朔，遣知右夷离毕事萧习泥烈等册金主为东怀国皇帝。己酉，乌林荅赞谟、奴哥等先以书报。

夏五月，阻卜补疏只等叛，执招讨使耶律斡里朵，都监萧斜里得死之。

秋七月,猎南山。金复遣乌林苔赞谟来,册文无"兄事"之语,不言"大金"而云"东怀",乃小邦怀其德之义;及册文有"渠材"二字,语涉轻侮;若"遥芬多戬"等语,皆非善意,殊乖体式。如依前书所定,然后可从。杨询卿、罗子韦率众降金。

八月,以赵王习泥烈为西京留守。

九月,至西京。复遣习泥烈、杨立忠先持册虆使金。

冬十月甲戌朔,耶律陈图奴等二十余人谋反,伏诛。是月,遣使送乌林苔赞谟持书以还。

十年春二月,幸鸳鸯泺。金复遣乌林苔赞谟持书及册文副本以来,仍责乞兵于高丽。

三月己酉,民有群马者,十取其一,给东路军。庚申,以金人所定"大圣"二字,与先世称号同,复遣习泥烈往议。金主怒,遂绝之。

夏四月,猎胡土白山,闻金师再举,耶律白斯不等选精兵三千以济辽师。

五月,金主亲攻上京,克外郭,留守挞不也率从出降。

六月乙酉,以北府宰相萧乙薛为上京留守、知盐铁内省雨司、东北统军司事。

秋,猎沙岭。

冬,复至西京。

辽史卷二九
本纪第二九

天祚皇帝三

　　保大元年春正月丁酉朔，改元，肆赦。初，金人兴兵，郡县所失几半。上有四子：长赵王，母赵昭容；次晋王，母文妃；次秦王、许王，皆元妃生。国人知晋王之贤，深所属望。元妃之兄枢密使萧奉先恐秦王不得立，潜图之。文妃姊妹三人：长适耶律挞葛里，次文妃，次适余睹。一日，其姊若妹俱会军前，奉先讽人诬驸马萧昱及余睹等谋立晋王，事觉，昱、挞葛里等伏诛，文妃亦赐死，独晋王未忍加罪。余睹在军中，闻之大惧，即率千余骑叛入金。上遣知奚王府事萧遏买、北府宰相萧德、大常耶律谛里姑、归州观察使萧和尚奴、四军太师萧干将所部兵追之，及诸间山县。诸将议曰："主上信萧奉先言，奉先视吾辈蔑如也。余睹乃宗室豪俊，常不肯为奉先下。若擒余睹，他日吾党皆余睹也。不若纵之。"还，即绐曰："追袭不及。"奉先既见余睹之亡，恐后日诸校亦叛，遂劝骤加爵赏，以结众心。以萧遏买为奚王，萧德恭试中书门下平章事兼判上京留守事，耶律谛里姑为龙虎卫上将军，萧和尚奴金吾卫上将军，萧干镇国大将军。

　　二月，幸鸳鸯泺。

　　夏五月，至曷里狘。

　　秋七月，猎炭山。

　　九月，至南京。

　　冬十一月癸亥，以西京留守赵王习泥烈为惕隐。

二年春正月乙亥,金克中京,进下泽州。上出居庸关,至鸳鸯泺。闻余睹引金人娄室孛堇奄至,萧奉先曰:"余睹乃王子班之苗裔,此来欲立甥晋王耳。若为社稷计,不惜一子,明其罪诛之,可不战而余睹自回矣。"上遂赐晋王死,素服三日,耶律撒八等皆伏诛。王素有人望,诸军闻其死,无不流涕,由是人心解体。余睹引金人逼行宫,上率卫兵五千余骑幸云中,遗传国玺于桑乾河。

二月庚寅朔,日有食之,既。甲午,知北院大王事耶律补马哥、汉人行宫都部署萧特末并为都统,大和耶律补得副之,将兵屯鸳鸯泺。己亥,金师败奚王霞末非北安州,遂降斯城。

三月辛酉,上闻金师将出岭西,遂趋白水泺。乙丑,群牧使谟鲁干降金。丙寅,上至女古底仓。闻金兵将近,计不知所出。乘轻骑入夹山,方悟奉先之不忠。怒曰:"汝父子误我至此,今欲诛汝,何益于事!恐军心忿怨,尔曹避敌苟安,祸必及我,其勿从行。"奉先下马,哭拜而去。行未数里,左右执其父子,缚送金兵。金人斩其长子昂,以奉先及其次子昱械送金主。道遇辽军,夺以归国,遂并赐死。逐枢密使萧得里底。召挞不也典禁卫。丁卯,以北院枢密副使萧僧孝奴知北院枢密使事,同知北院枢密使事萧查剌为左夷离毕。戊辰,同知殿前点检事耶律高八率卫士降金。己巳,侦人萧和尚、牌印郎君耶律哂斯为金师所获。癸酉,以诸局百工多亡,凡扈从不限吏民,皆官之。初,诏留宰相张琳、李处温与秦晋国王淳守燕。处温闻上入夹山,数日命令不通,即与弟处能、子奭,外假怨军,内结都统萧干,谋立淳。遂与诸大臣耶律大石、左企弓、虞仲文、曹勇义、康公弼集番汉百官、诸军及父老数万人诣淳府。处温邀张琳至,白其事。琳曰:"摄政则可。"处温曰:"天意人心已定,请立班耳。"处温等请淳受礼,淳方出,李奭持赭袍被之,令百官拜舞山呼。淳惊骇,再三辞,不获,已而从之。以处温守太尉,左企弓守司徒,曹勇义知枢密院事,虞仲文参知政事,张琳守太师,李处能直枢密院,李奭为少府少监、提举翰林医官,李爽、陈秘十余人曾与大计,并赐进士及第,授官有差。萧干为北枢密使,驸马都尉萧旦知枢密院事。改怨军为常胜军。于是肆赦,自称天锡皇帝,改元建福,降封天祚为湘阴王。遂据有燕、云、平及上京、辽西六路。天祚所有,沙漠已北,西南、西北路两都招讨府、诸蕃部族而已。

夏四月辛卯,西南面招讨使耶律佛顶降金,云内、宁边、东胜等州皆降。阿疏为金兵所擒。金已取西京沙漠以南部族皆降。上遂遁于讹莎烈。时北部谟葛失赆马、驼、食羊。

五月甲戌,都统马哥收集散亡,会于沤里谨。丙子,以马哥知北院枢密使事兼都统。

六月,淳寝疾,闻上传檄天德、云内、朔、武、应、蔚等州,合诸蕃精兵五万骑,约以八月入燕,并遣人问劳,索衣裘、茗药。淳甚惊,命南北面大臣议。而李处温、萧干等有迎秦拒湘之说,集蕃汉百官议之。从其议者东立,惟南面行营都部署耶律宁西立。处温等问故,宁曰:"天祚果能以诸蕃兵大举夺燕,则是天数未尽,岂能拒之?否则,秦、湘,父子也,拒则皆拒。自古安有迎子而拒其父者?"处温等相顾微笑,以宁扇乱军心,欲杀之。淳欹枕长欢曰:"彼忠臣也,焉可杀?天祚果来,吾有死耳,复何面目相见耶!"已而淳死,众乃议立其妻萧氏为皇太后,主军国事。奉遗命,迎立天祚次子秦王定为帝。太后遂称制,改元德兴。处温父子惧祸,南通童贯,欲挟萧太后纳土于宋,北通于金,欲为内应,外以援立太功自陈。萧太后骂曰:"误秦晋国王者,皆汝父子!"悉数其过数十,赐死,裔其子奭而磔之。籍其家,得钱七万缗,金玉宝器称是,为宰相数月之间所取也。谟葛失以兵来援,为金人败于洪灰水,擒其子陀古及其属阿敌音。夏国援兵至,亦为金所败。

秋七月丁巳朔,敌烈部皮室叛,乌古部节度使耶律棠古讨平之,加太子太保。乙丑,上京毛八十率二千户降金。辛未,夏国遣曹价来问起居。

八月戊戌,亲遇金军,战于石辇驿,败绩,都统萧特末及其侄撒古被执。辛丑,会军于欢挞新查剌,金兵追之急,弃辎重以遁。

九月,敌烈部叛,都统马哥克之。

冬十月，金兵攻蔚州，降。

十一月乙丑，闻金兵至奉圣州，遂率卫兵屯于落昆髓。秦晋王淳妻萧德妃五表于金，求立秦王，不许。以劲兵守居庸。及金兵临关，厓石自崩，戍卒多压死，不战而溃。德妃出古北口，趋天德军。

十二月，知金主抚定南京，上遂由埚里关出居四部族详稳之家。

三年。正月丁巳，奚王回离保僭号，称天复元年。命都统马哥讨之。甲子，初，张觉为辽兴军节度副使，民推觉领州事。秦晋王淳既死，萧德妃遣时立爱知平州。觉知辽必亡，练兵畜马，籍丁壮为备。立爱至，觉弗纳。金帅粘罕入燕，首问平州事于故参知政事康公弼。公弼曰："觉狂妄寡谋，虽有乡兵，彼何能为？示之不疑，图之未晚。"金人招时立爱赴军前，加觉临海军节度使，仍知平州。既而又欲以精兵三千先下平州，擒张觉。公弼曰："若加兵，是趣之叛也。"公弼请自往觇之。觉谓公弼曰："辽之八路，七路已降。独平州未解甲者，防萧干耳。"厚赂公弼而还。公弼复粘罕曰："彼无足虑。"金人遂改平州为南京，加觉试中书门下平章事，判留守事。庚辰，宜、锦、乾、显、成、川、豪、懿等州相继皆降，上京卢彦纶叛，杀契丹人。

二月乙酉朔，兴中府降金。来州归德军节度使田颢、权隰州刺史杜师回、权迁州刺史高永昌、权润州刺史张成，皆籍所管户降金。丙戌，诛萧德妃，降淳为庶人，尽释其党。癸巳，兴中、宜州复城守。

三月，驻跸于云内州南。

夏四月甲申朔，以知北院枢密使萧僧孝奴为诸道大都督。丙申，金兵至居庸关，擒耶律大石。戊戌，金兵围辎重于青冢，硬寨大保特母哥窃梁王雅里以遁，秦王、许王、诸妃、公主、从臣皆陷没。庚子，梁宋大长公主特里亡归。壬寅，金遣人来招。癸卯，答言请和。丙午，金兵送族属辎重东行，乃遣兵邀战于白水泺。赵王习泥烈、萧道宁皆被执。上遣牌印郎君谋卢瓦送免纽金印伪降，遂西遁云内。

驸马都尉乳奴诣金降。己酉,金复以书来招,答其书。壬子,金帅书来,不许请和。是月,特母哥挈雅里至,上怒不能尽救诸子,诘之。

五月乙卯,夏国王李乾顺遣使请临其国。庚申,军将耶律敌烈等夜劫梁王雅里奔西北部,立以为帝,改元神历。辛酉,渡河,止于金肃军北。回离保为众所杀。

六月,遣使册李乾顺为夏国皇帝。

秋九月,耶律大石自金来归。

冬十月,复渡河东还,居突吕不部。梁王雅里殁,耶律术烈继之。

十一月,术烈为众所杀。

四年春正月,上趋都统马哥军。金人来攻,弃营北遁,马哥被执。谟葛失来迎,赆马、驼、羊,又率部人防卫。时侍从乏粮数日,以衣易羊。至乌古敌烈部,以都点检萧乙薛知北院枢密使事,封谟葛失为神于越王。特母哥降金。

二月,耶律遥设等十人谋叛,伏诛。

夏五月,金人既克燕,驱燕之大家东徙,以燕空城及涿、易、檀、顺、京、蓟州与宋以塞盟。左企弓、康公弼、曹勇义、虞仲文皆东迁。燕民流离道路,不胜其苦。入平州,言于留守张瑴曰:"宰相左企弓不谋守燕,使吾民流离,无所安集。公今临巨镇,握强兵,尽忠于辽,必能使我复归乡土,人心亦惟公是望。"瑴遂召诸将领议。皆曰:"闻天祚兵势复振,出没漠南。公若仗议勤王,奉迎天祚,以图中兴,先责左企弓等叛降之罪而诛之,尽归燕民,使复其业,而以平州归宋,则宋无不接纳,平州遂为藩镇矣。即后日金人加兵,内用平山之军,外得宋为之援,又何惧焉?"瑴曰:"此大事也,不可草草。翰林学士李石智而多谋,可召与议。"石至,其言与之合。乃遣张谦率五百余骑,传留守令,召宰相左企弓、曹勇义、枢密使虞仲文、参知政事康公弼至滦河西岸,遣议事官赵秘校往数十罪,曰:"天祚播迁夹山,不即奉迎,一也。劝皇叔秦晋王僭号,二也。诋讦君父,降封湘阴,三也,天祚遣知阁王有庆来议事而杀之,四也。檄书始至,有迎秦拒湘之议,五也。不谋守燕而降,六也。不顾大义,臣事于金,七也。根括燕财,取悦于金,八也。使燕人迁徙失业,九也。教金人发兵先下平州,十也。尔有十罪,所不容诛。"左企弓等无以对,皆缢杀之。仍称保大三年,画天祚象,朝夕谒,事必告而后行,称辽官秩。

六月,榜谕燕人复业,怨彦为常胜军所占者,悉还之。燕民既得归,大悦。翰林学士李石更名安弼,偕故三司使高党往燕山,说宋王安中曰:"平州带甲万余,斡有文武材,可用为屏翰。不然,将为肘腋之患。"安中深然之。令安弼与党诣宋。宋主诏帅臣王安中、詹度厚加安抚,与免三年常赋。斡闻之,自谓得计。

秋七月,金人屯来州,阇母开平州附宋,以二千骑问罪,先入营州。斡以精兵万骑击败之。宋建平州为泰宁军,以斡为节度使,以安弼、党为徽猷阁待制,令宣抚司出银绢数万犒赏。斡喜,远迎。金人谍知,举兵来袭,斡不得归,奔燕。金人克三州,始来索斡,王安中讳之。索急,斩一人貌类者去。金人曰非斡也,以兵来取。安中不得已,杀斡,函其首送金。天祚既得林牙耶律大石兵归,又得阴山室韦谟葛失兵,自谓得天助,再谋出兵,复收燕、云。大石林牙力谏曰:"自金人初陷长春、辽阳,则军驾不幸广平淀,而都中京;及陷上京,则都燕山;及陷中京,则幸云中;自云中而播迁夹山。向以全师不谋战备,使举国汉地皆为金有。国势至此,而方求战,非计也。当养兵待时而动,不可轻举。"不从。大石遂杀乙薛及坡里括,置北南面官属,自立为王,率所部西去。上遂率诸军出夹山,下渔阳岭,取天德、东胜、宁边、云内等州。南下武州,遇金人,战于奄遏下水,复溃,直趋山阴。

八月,国舅详稳萧挞不也、笔砚祗候察剌降金。是月,金主阿骨打死。

九月,建州降金。

冬十月,纳突吕不部人讹哥之妻谙葛,以讹哥为本部节度使。昭古牙率众降金。金攻兴中府,降之。

十一月,从行者举兵乱,北护卫太保术者、舍利详稳牙不里等击败之。

十二月,置二总管府。

辽史卷三〇
本纪第三〇

天祚皇帝四

　　五年春正月辛巳,党项小斛禄遣人请临其地。戊子,趋天德,过沙漠,金兵忽至。上徒步出走,近侍进珠帽,却之。乘张仁贵马得脱,至天德。己丑,遇雪,无御寒具,术者以貂裘帽进;途次绝粮,术者进麨与枣;欲憩,术者即跪坐,倚之假寐。术者辈惟啗冰雪以济饥。过天德,至夜,将宿民家,绐曰侦骑,其家知之,乃叩马道,跪而大恸,潜宿其家。居数日,嘉其忠,遥授以节度使,遂趋党项。以小斛禄为西南面招讨使,总知军事,仍赐其子及诸校爵赏有差。

　　二月,至应州新城东六十里,为金人完颜娄室等所获。

　　八月癸卯,至金。丙午,降封海滨王。以疾终,年五十有四,在位二十四年。金皇统元年二月,改封豫王。五年,葬于广宁府闾阳县乾陵傍。

　　耶律淳者,世号为北辽。淳小字涅里,兴宗第四孙,南京留守、宋魏王和鲁斡之子。清宁初,太后鞠育之。既长,笃好文学。昭怀太子得罪,上欲以淳为嗣。上怒耶律白斯不,知与淳善,出淳为彰圣等军节度使。天祚即位,进王郑。乾统二年,加越王。六年,拜南府宰相,首议制两府礼仪。上喜,徙王魏。其父和鲁斡薨,即以淳袭父守南京。冬夏入朝,宠冠诸王。

　　天庆五年,东征,都监章奴济鸭子河,与淳子阿撒等三百余人亡归,先遣敌里等以废立之谋报淳,淳斩敌里首以献,进封秦晋国王,拜都元帅,赐金券,免汉拜礼,不名。许自择将士,乃募燕、云精兵。东至锦州,队长武朝彦作乱,劫淳。淳匿而免,收朝彦诛之。会金兵至,聚兵战于阿里轸斗,败绩,收亡卒数千人拒之。淳入朝,释其罪,诏南京刻石纪功。

保大二年,天祚入夹山,奚王回离保、林牙耶律大石等引唐灵武故事,议欲立淳。淳不从,官属劝进曰:"主上蒙尘,中原扰攘,若不立王,百姓何归? 宜熟计之。"遂即位。百官上号天锡皇帝,改保大二年为建福元年,大赦。放进士李宝信等一十九人。遥降天祚为湘阴王。以燕、云、平、上京、中京、辽西六路,淳主之。沙漠以北、南北路两都招讨府、诸蕃部族等,仍隶天祚。自此辽国分矣。封其妻普贤女为德妃,以回离保知北院枢密使事,军旅之事悉委大石。又遣使报宋,免岁币,结好。宋人发兵问罪,击败之。寻遣使奉表于金,乞为附庸。事未决,淳病死,年六十。百官伪谥曰孝章皇帝,庙号宣宗,葬燕西香山永安陵。

遗命遥立秦王定以存社稷,德妃为皇太后,称制。改建福为德兴元年。放进士李球等百八人。时宋兵来攻,战败之,由是人心大悦,兵势日振。宰相李纯等潜纳宋兵,居民内应,抱关者被杀甚众。翌日,攻内东门,卫兵力战,宋军大溃,逾城而走,死者相藉。五表于金,求立秦王,不从。而金兵大至,德妃奔天德军,见天祚。天祚怒,诛德妃,降淳庶人,除其属籍。

耶律雅里者,天祚皇帝第二子也,字撒鸾。七岁,欲立为皇太子,别置禁卫,封梁王。

保大三年,金师围青冢寨,雅里在军中。大保特母哥挟之出走,间道行至阴山。闻天祚失利趋云内,雅里驰赴。时扈从者千余人,多于天祚。天祚虑特母哥生变,欲诛之。责以不能全救诸王,将讯之。仗剑召雅里问曰:"特母哥教汝何为?"雅里对曰:"无他言。"乃释之。天祚渡河奔夏,队帅耶律敌列等劫雅里北走。至沙岭,见蛇横道而过，识者以为不祥。后三日，群僚共立雅里为主。雅里遂即位，改元神历，命士庶上便宜。

雅里性宽大，恶诛杀。获亡者，笞之而已。有自归者，即官之。因谓左右曰："欲附来归，不附则去。何须威逼耶？"每取唐《贞观政要》及林牙资忠所作《治国诗》，令侍从读之。乌古部节度使糺哲、迭烈部统军挞不也、都监突里不等各率其众来附，自是诸部继至。而雅里日渐荒怠，好击鞠。特母哥切谏，乃不复出。以耶律敌列为枢密使，特母哥副之。敌列劾西北路招讨使萧糺里荧惑众心，志有不臣，与其子麻涅并诛之。以遥设为招讨使，与诸部战，数败，杖免官。从行有疲困者，辄振给之。直长保德谏曰："今国家空虚，赐赉若此，将何以相给耶？"雅里怒曰："昔畋于福山，卿诬猎官，今复有此言。若无诸部，我将何取？"不纳。初，令群特运盐泺仓粟，而民盗之，议籍以偿。雅里乃自为直：每粟一车偿一羊，三车一牛，五车一马，八车一驼。左右曰："今一羊易粟二斗且不可得，乃偿一车？"曰："民有则我有，若令尽偿，民□堪？"后猎查剌山，一日而射黄羊四十，狼二十一，因致疾，年三十。

耶律大石者，世号为西辽。大石字重德，太祖八代孙也。通辽、汉字，善骑射。登天庆五年进士第，擢翰林应奉，寻升承旨。以翰林为林牙，故称大石林牙。历泰、祥二州刺史，辽兴军节度使。

保大二年，金兵日逼，天祚播越，与诸大臣立秦晋王淳为帝。淳死，立其妻萧德妃为太后，以守燕。及金兵至，萧德妃归天祚。天祚怒诛德妃而责大石曰："我在，汝何敢立淳？"对曰："陛下以全国之势，不能一拒敌，弃国远遁，使黎民涂炭。即立十淳，皆太祖子孙，岂不胜乞命于他人耶？"上无以答，赐酒食，赦其罪。

大石不自安，遂杀萧乙薛、坡里括，自立为王，率铁骑二百宵遁。北行三日，过黑水，见白达达详稳床古儿。床古儿献马四百，驼二十，羊若干。西至可敦城，驻北庭都护府，会威武、崇德、会蕃、新、大林、紫河、驼等七州，及大黄室韦、敌剌、王纪剌、茶赤剌、也喜、鼻

古德、尼剌、达剌乖、达密里、密儿纪、合主、乌古里、阻卜、普速完、
唐古、忽母思、奚的、糺而毕十八部王众，谕曰："我祖宗艰难创业，
历世九主，历年二百。金以臣属，逼我国家，残我黎庶，屠翦我州邑，
使我天祚皇帝蒙尘于外，日夜痛心疾首。我今仗义而西，欲借力诸
蕃，翦我仇敌，复我疆宇。惟尔众亦有轸我国家，忧我社稷，思共救
君父，济生民于难者乎？"遂得精兵万余，置官吏，立排甲，具器伏。

明年二月甲午，以青牛白马祭天地、祖宗，整旅而西。先遗书回
鹘王毕勒哥曰："昔我太祖皇帝北征，过卜古罕城，即遣使至甘州，
诏尔祖乌母主曰：'汝思故国耶，朕即为汝复之；汝不能返耶，朕则
有之。在朕，犹在尔也。'尔祖即表谢，以为迁国于此。十有余世，军
民皆安土重迁，不能复返矣。是与尔国非一日之好也。今我将西至
大食，假道尔国，其勿致疑。"毕勒哥得书，即迎至邸，大宴三日。临
行，献马六百，驼百，羊三千，愿质子孙为附庸，送至境外。所过，敌
者胜之，降者安之。兵行万里，归者数国，获驼马、牛羊、财物不可胜
计。军势日盛，锐气日倍。

至寻思干，西域诸国举兵十万，号忽儿珊，来拒战。雨军相望二
里许。谕将士曰："彼军虽多而无谋，攻之则首尾不救，我师必胜。"
遣六院司大王萧斡里剌、招讨副使耶律松山等将兵二千五百攻其
右；密副使萧剌阿不、招讨使耶律木薛等将兵二千五百攻其左；自
以众攻其中。三军俱进，忽儿珊大败，僵尸数十里。驻军寻思干凡
九十日，回回国王来降，贡方物。

又西至起儿漫，文武百官册立大石为帝，以甲辰岁二月五日即
位，年三十八，号葛儿罕。复上汉尊号曰天祐皇帝，改元延庆。追谥
祖父为嗣元皇帝，祖母为宣义皇后，册元妃萧氏为昭德皇后。因谓
百官曰："朕与卿等行三万里，跋涉沙漠，夙夜难勤。赖祖宗之福，卿
等之力，冒登大位。称祖尔父宜加恤典，共享尊荣。自萧斡里剌等
四十九人祖父，封爵有差。

延庆三年，班师东归。马行二十日，得善地，遂建都城，号虎思
斡耳朵，改延庆为康国元年。三月，以六院司大王萧斡里剌为兵马

都元帅,敌剌部前同知枢密院事萧查剌阿不副之,茶赦剌部秃鲁耶律燕山为都部署,护卫耶律铁哥为都监,率七万骑东征。以青牛白马祭天,树旗以誓于众曰:"我大辽自太祖、太宗,艰难而成帝业,其后嗣君耽乐无厌,不恤国政,盗贼蜂起,天下土崩。朕率尔众,远至朔漠,期复大业,以光中兴。此非朕与尔世居之地。"申命元帅斡里剌曰:"今汝其往,信赏必罚,与士卒同甘苦,择善水草以立营,量敌而进,毋自取祸败也。"行万余里无所得,牛马多死,勒兵而还。大石曰:"皇天弗顺,数也。"康国十年殁,在位二十年,庙号德宗。

子夷列年幼,遗命皇后权国。后名塔不烟,号感天皇后,称制,改元咸清,在位七年。子夷列即位,改元绍兴。籍民十八岁以上,得八万四千五百户。在位十三年殁,庙号仁宗。

子幼,遗诏以妹普速完权国,称制,改元崇福,号承天太后。后与驸马萧朵鲁不弟朴古只沙里通,出驸马为东平王,罗织杀之。驸马父斡里剌以兵围其宫,射杀普速完及朴古只沙里。普速完在位十四年。

仁宗次子直鲁古即位,改元天禧,在位三十四年。时秋出猎,乃蛮王屈出律以伏兵八千擒之,而据其位。遂袭辽衣冠,尊直鲁古为太上皇,皇后为皇太后,朝夕问起居,以侍终焉。直鲁古死。辽绝。

耶律淳在天祚之世,历王大国,受赐金券,赞拜不名。一时恩遇,无与为比。当天祚播越,以都元帅留守南京,独不可奋大义以激燕民及诸大臣,兴勤王之师,东拒金而迎天祚乎?自取之,是篡也。况忍王天祚哉!

大石既帝淳而王天祚矣,复归天祚。天祚责以大义,乃自立为王而去之。幸藉祖宗余威遗智,建号万里之外。虽寡母弱子,更继迭承,几九十年,亦可谓难矣。然淳与雅里、大石之立,皆在天祚之世。有君而复君之,其可乎哉?诸葛武侯为献帝发丧,而后立先主为帝者,不可同年语矣。故著以为戒云。

赞曰:辽起朔野,兵甲之盛,鼓行爽外,席卷河朔,树晋植汉,何其壮欤！太祖、太宗乘百战之势，辑新造之邦，英谋睿略，可谓远矣。虽以世宗中才，穆宗残暴，连遭弑逆，而神器不摇。盖由祖宗威令犹足以震叠其国人也。圣宗以来，内修政治，外拓疆宇。既而申固邻好，四境乂安。维持二百余年之基，有自来矣。降臻天祚，既丁末运，又觖人望，崇信奸回，自椓国本，群下离心。金兵一集，内难先作，废立之谋，叛亡之迹，相继蜂起。驯致土崩瓦解，不可复支，良可哀也！耶律与萧，世为甥舅，义同休戚。奉先挟私灭公，首祸构难，一至于斯。天祚穷蹙，始奉先误己，不几晚乎！淳、雅里所谓名不正，言不顺，事不成者也。大石苟延，彼善于此，亦几何哉！

辽史卷三一
志第一

营卫上

宫卫　　著帐郎君　　著帐户

　　上古之世,草衣木食,巢居穴处,熙熙于于,不求不净。爰自炎帝政衰,蚩尤作乱,始制干戈,以毒天下。轩辕氏作,戮之涿鹿之阿。处则象吻于宫,行则悬旄于纛,以为天下万世戒。于是师兵营卫,不得不设矣。

　　冀州以南,历洪水之变,夏后始制城郭。其人土著而居绥服之中,外奋武卫,内揆文教,守在四边。营卫之设,以备非常而已。并、营以北,劲风多寒,随阳迁徙,岁无宁居,旷土万里,寇贼奸宄乘隙而作。营卫之设,以为常然。其势然也。

　　有辽始大,设制尤密。居有宫卫,谓之斡鲁朵;出有行营,谓之捺钵;分镇边圉,谓之部族。有事则以攻战为务,闲暇则以畋渔为生。无日不营,无在不卫。立国规模,莫重于此。作《营卫志》。

　　辽国之法,天子践位置宫卫,分州县,析部族,设官府,籍户口,备兵马。崩则扈从后妃宫帐,以奉陵寝。有调发,则丁壮从戎事,老弱居守。

　　太祖曰弘义宫,应天皇后曰长宁宫,太宗曰永兴宫,世宗曰积庆宫,穆宗曰延昌宫,景宗曰彰愍宫,承天太后曰崇德宫,圣宗曰兴圣宫,兴宗曰延庆宫,道宗曰太和宫,天祚曰永昌宫。又孝文皇太弟有敦睦宫,丞相耶律隆运有文忠王府。

凡州三十八,县十,提辖司四十一,石烈二十三,瓦里七十四,抹里九十八,得里二,闸撒十九。为正户八万,蕃汉转户十二万三千,共二十万三千户。

算斡鲁朵,太祖置。国语心腹曰“算”,宫曰“斡鲁朵”。是为弘义宫。以心腹之卫置,益以渤海俘、锦州户。其斡鲁朵在临潢府,陵寝在祖州东南二十里。正户八千,蕃汉转户七千,出骑军六千。

州五:锦、祖、严、祺、银。

县一:富义。

提辖司四:南京、西京、奉圣州、平州。

石烈二:曰须,曰速鲁。

瓦里四:曰合不,曰挞撒,曰慢押,曰虎池。

抹里四:曰膻,曰预墩,曰鹘突,曰纠里阐。

得里二:曰述垒北,曰述垒南。

国阿辇斡鲁朵,太宗置。牧国曰“国阿辇”,是为永兴宫,初名孤稳斡鲁朵。以太祖平渤海俘户,东京、怀州提辖司及云州怀仁县、泽州滦河县等户置。其斡鲁朵在游古河侧,陵寝在怀州南三十里。正户三千,蕃汉转户七千,出骑军五千。

州四:怀、黔、开、来。

县二:保和、滦河。

提辖司四:南京、西京、奉圣州、平州。

石烈一:北女古。

瓦里四:曰抹,曰母,曰合李只,曰述垒。

抹里十三:曰述垒轸,曰大隔蒇,曰小隔蒇,曰母,曰归化不术,曰唐括,曰吐谷,曰百尔瓜忒,曰合鲁不只,曰移马不只,曰膻,曰清带,曰速稳。

闸撒七:曰伯德部,曰守狨,曰穴骨只,曰合不频尼,曰虎里狨,曰耶里,只挟室,曰僧隐令公。

耶鲁盌斡鲁朵,世宗置。兴盛曰"耶鲁盌",是为积庆宫。以文献皇帝卫从及太祖俘户,及云州提辖司,并高、宜等州户置。其斡鲁朵在土河东,陵寝在长宁宫北。正户五千,蕃汉转户八千,出骑军八千。

州三:康、显、宜。

县一:山东。

提辖司四。

石烈一:兮腊。

瓦里八:曰达撒,曰合不,曰吸烈,曰逼里,曰潭马,曰槊不,曰耶里直,曰耶鲁兀也。

抹里十:曰纥斯直,曰蛮葛,曰厥里,曰潭马忒,曰出懒,曰速忽鲁椀,曰牒里得,曰阎马,曰迭里特,曰女古。

蒲速盌斡鲁朵,应天皇太后置。兴隆曰"蒲速盌",是为长宁宫。以辽州及海滨县等户置。其斡鲁朵在高州,陵寝在龙化州东一百里。世宗分属让国皇帝宫院。正户七千,蕃汉转户六千,出骑军五千。

州四:辽、仪坤、辽西、显。

县三:奉先、归义、定霸。

提辖司四。

石烈一:北女古。

瓦里六:曰潭马,曰合不,曰达撒,曰慢押,曰耶里只,曰浑只。

抹里十三:曰浑得移邻稍瓦只,曰合四卑腊因铁里卑稍只,曰夺罗果只,曰挛葛只,曰合里只,曰婆浑昆母温,曰阿鲁埃得本,曰东厮里门,曰西厮里门,曰东镶里,曰西镶里,曰牒得只,曰灭母邻母。

夺里本斡鲁朵，穆宗置。是为延昌宫。讨平曰"夺里本"。以国阿辇斡鲁朵户及阻卜俘户，中京提辖司、南京制置司、咸、信、韩等州户置。其斡鲁朵在纥雅里山南，陵寝在京南。正户一千，蕃汉转户三千，出骑军二千。

州二：遂、韩。

提辖司三：中京、南京、平州。

石烈一：曰须。

瓦里四：曰抹骨古等，曰兀没，曰潭马，曰合里直。

抹里四：曰抹骨登兀没灭，曰土木直移邻，曰息州决里，曰莫瑰夺石。

监母斡鲁朵，景宗置。是为彰愍宫。遗留曰"监母"。以章肃皇帝侍卫及武安州户置。其斡鲁朵在合鲁河，陵寝在祖州南。正户八千，蕃汉转户一万，出骑军一万。

州四：永、龙化、降圣、同。

县二：行唐、阜俗。

提辖司四。

石烈二：曰监母，曰南女古。

瓦里七：曰潭马，曰奚烈，曰埃合里直，曰蛮雅葛，曰特末，曰乌也，曰灭合里直。

抹里十一：曰尼母曷烈因稍瓦直，曰察改因麻得不，曰移失邻斡直，曰辛古不直，曰撒改真，牙葛直，曰虎狨阿里邻，曰泼昆，曰潭马，曰闸腊，曰楚兀真果邻。

孤稳斡鲁朵，承天太后置。是为崇德宫。王曰"孤稳"。以乾、显、双三州户置。其斡鲁朵在土河东，陵祔景宗皇帝。正户六千，蕃汉转户一万，出骑军一万。

州四：乾、川、双、贵德。

县一：潞上京。

提辖司三：南京、西京、奉圣州。

石烈三：曰钁里，曰滂，曰迭里特女古。

瓦里七：曰达撒，曰耶里，曰合不，曰歇不，曰合里直，曰慢押，曰耶里直。

抹里十一：曰阿里斯直述垒，曰预笃温稍瓦直，曰潭马，曰赁预笃温一腊，曰牙葛直，曰牒得直，曰虎温，曰孤温，曰撒里僧，曰阿里葛斯过邻，曰铁里乖稳钁里。

闸撒五：曰合不直迷里几频你，曰牒耳葛太保果直，曰爪里阿本果直，曰僧隐令公果直，曰老昆令公果直。

女古斡鲁朵，圣宗置。是为兴圣宫。金曰“女古”。以国阿辇、耶鲁盌、蒲速盌三斡鲁朵户置。其斡鲁朵在女混活直，陵寝在庆州南安。正户一万，蕃汉转户二万，出骑军五千。

州五：庆、隰、乌上京、乌东京、霸。

提辖司四。

石烈四：曰毫兀真女姑，曰挐兀真女室，曰女特里特，曰女古滂。

瓦里六：曰女古，蒲速盌，曰鹘笃，曰乙抵，曰蓊，曰埃也。

抹里九：曰乙辛不只，曰铁乖温，曰埃合里只，曰嘲瑰，曰合鲁山血古只，曰夺忒排登血古只，曰劳骨，曰虚沙，曰土邻。

闸撒五：曰达邻频你，曰和里懒你，曰爪阿不厥真，曰粘独里僧，曰袍达夫人厥只。

窝笃盌斡鲁朵，兴宗置。是为延庆宫。孳息曰“窝笃盌”。以诸斡鲁朵及饶州户置。其斡鲁朵在高州西，陵寝在上京庆州。正户七千，蕃汉转户一万，出骑军一万。

州三：饶、长春、泰。

提辖司四。

石烈二：曰窝笃盌、曰鹘笃骨。

瓦里六：曰窝笃盌，曰厮把，曰厮阿，曰糺里，曰得里，曰欧烈。

抹里六：曰欧里本，曰燕厮，曰缅四，曰乙僧，曰北得里，曰南得里。

阿思斡鲁朵，道宗置。是为太和宫。宽大曰"阿思"。以诸斡鲁朵御前承应人及兴中府户置。其斡鲁朵在好水泺，陵寝在上京庆州。正户一万，蕃汉转户二万，出骑军一万五千。

石烈二：曰阿厮，曰耶鲁。

瓦里八：曰阿厮，曰耶鲁，曰得里，曰糺里，曰撒不，曰鹘笃，曰蒲逮斡，曰曷烈。

抹里七：曰恩州得里，曰斡奢得里，曰欧里本，曰特满，曰查剌土邻，曰糺里，曰阿里厮迷里。

阿鲁盌斡鲁朵，天祚皇帝置。是为永昌宫。辅祐曰"阿鲁盌"。以诸斡鲁朵御前承应人，春、宣州户置。正户八千，蕃汉转户一万，出骑军一万。

石烈二：曰阿鲁盌，曰榆鲁苑。

瓦里八：曰阿鲁斡，曰合里也，曰鹘突，曰敌剌，曰谋鲁斡，曰糺里，曰夺里剌，曰特未也。

抹里八：曰蒲速盌，曰移辇，曰斡笃盌，曰特满，曰谋鲁盌，曰移典，曰悦，曰勃得本。

孝文皇太弟敦睦宫，谓之赤实得本斡鲁朵。孝曰"赤实得本"。文献皇帝承应人及渤海俘，建、沈、岩三州户置。陵寝在祖州西南三十里。正户三千，蕃汉转户五千，出骑军五千。

州三：建、沈、岩。

提辖司一：南京。

石烈二：曰嘲，曰与敦。

瓦里六：曰乙辛，曰得里，曰奚烈直，曰大潭马，曰小潭马，曰与墩。

抹里二：曰潭马抹乖，曰柳实。

闸撒二：曰聂里频你，曰打里频你。

大丞相晋国王耶律隆运，本韩氏，名德让。以功赐国姓，出宫籍，隶横帐季父房。赠尚书令，谥文忠。无子，以皇族魏王贴不子耶鲁为嗣，早卒。天祚皇帝又以皇子敖鲁斡继之。官给葬具，建庙乾陵侧。拟诸宫例，建文忠王府。正户五千，蕃汉转户八千，出骑军一万。

州一。

提辖司六：上京、中京、南京、西京、奉圣州、平州。

著帐郎君。初，遥辇痕德堇可汗以蒲古只等三族害于越释鲁，籍没家属入瓦里。淳钦皇后宥之，以为著帐郎君。世宗悉免。后族、戚、世官犯罪者没入。

著帐户。本诸斡鲁朵析出，及诸罪没入者。凡承应小底、司藏、鹰坊、汤乐、尚饮、盥漱、尚膳、尚衣、裁造等役，及宫中、亲王祗从、伶官之属，皆充之。

凡诸宫卫人丁四十万八千，骑军十万一千。著帐释宥、没入，随时增损，无常额。

辽史卷三二
志第二

营卫中

行营 部族土

《周官》土圭之法：日东，景朝多风；日北，景长多寒。天地之间，风气异宜，人生其间，各适其便。王者因三才而节制之。长城以南，多_暑多暑，其人耕稼以食，桑麻以衣，宫室以居，城郭以治。大漠之间，多寒多风，畜牧畋渔以食，皮毛以衣，转徙随时，车马为家。此天时地利所以限南北也。辽国尽有大漠，浸包长城之境，因宜为治。秋冬违寒，春夏避暑，随水草就畋渔，岁以为常。四时各有行在之所，谓之"捺钵"。

春捺钵

曰鸭子河泺。皇帝正月上旬起牙帐，约六十日方至。天鹅未至，卓帐冰上，凿冰取鱼。冰泮，乃纵鹰鹘捕鹅雁。晨出暮归，从事弋猎。鸭子河泺东西二十里，南北三十里，在长春州东北三十五里，四面皆沙埚，多榆柳杏林。皇帝每至，侍御皆服墨绿色衣，各备连锤一柄，鹰食一器，刺鹅锥一枚，于泺周围相去各五七步排立。皇帝冠巾，衣时服，系玉束带，于上风望之。有鹅之处举旗，深骑驰报，远泊鸣鼓。鹅惊腾起，左右围骑皆举帜麾之。五坊擎进海东青鹘，拜授皇帝放之。鹘擒鹅坠，势力不加，排立近者，举锥刺鹅，取脑以饲鹘。救鹘人例赏银绢。皇帝得头鹅，荐庙，群臣各献酒果，举乐。更相酬酢,致贺语,皆插鹅毛于首以为乐。赐从人酒,遍散其毛。弋猎网钩,春尽乃还。

夏捺钵

无常所,多在吐儿山。道宗每岁先幸黑山,拜圣宗、兴宗陵,赏金莲,乃幸子河避暑。吐儿山在黑山东北三百里,近馒头山。黑山在庆州北十三里,上有池,池中有金莲。子河在吐儿山东北三百里。怀州西山有清凉殿,亦为行幸避暑之所。四月中旬起牙帐,卜吉地为纳凉所,五月末旬、六月上旬至,居五旬。与北南臣僚议国事,暇日游猎,七月中旬乃去。

秋捺钵

曰伏虎林。七月中旬,自纳凉处起牙帐,入山射鹿及虎。林在永州西北五十里。尝有虎据林,伤害居民畜牧。景宗领数骑猎焉,虎伏草际,战栗不敢仰视,上舍之,因号伏虎林。每岁车驾至,皇族而下分布泺水侧。伺夜将半,鹿饮盐水,令猎人吹角效鹿鸣,既集而射之。谓之"舐碱鹿",又名"呼鹿"。

冬捺钵

曰广平淀。在永州东南三十里,本名白马淀。东西二十余里,南北十余里。地甚坦夷,四望皆沙碛,木多榆柳。其地饶沙,冬月稍暖,牙帐多于此坐冬,与北南大臣会议国事,时出校猎讲武,兼受南宋及诸国礼贡。皇帝牙帐以枪为硬寨,用毛绳连系。每枪下黑毡伞一,以庇卫士风雪。枪外小毡帐一层,每帐五人,各执兵仗为禁围。南有省方殿,殿北约二里曰寿宁殿,皆木柱竹榱,以毡为盖,彩绘韬柱,锦为壁衣,加绯绣额。又以黄布绣龙为地障,窗槅皆以毡为之,傅以黄油绢。基高尺余,两厢廊庑亦以毡盖,无门户。省方殿北有鹿皮帐,帐次北有八方公用殿。寿宁殿北有长春帐,卫以梗寨。宫用契丹兵四千人,每日轮番千人祗直。禁围外卓枪为寨,夜则拔枪移卓御寝帐。周围拒马,外设铺,传铃宿卫。每岁四时,周而复始。

皇帝四时巡守,契丹大小内外臣僚并应役次人,及汉人宣徽院所管百司皆从。汉人枢密院、中书省唯摘宰相一员,枢密院都副丞旨二员，令史十人，中书令史一人，御史台、大理寺选摘一人扈从。每岁正月上旬，车驾启行。宰相以下，还于中京居守，行遣汉人一切公事。除拜官僚，止行堂帖权差，俟会议行在所，取旨、出给诰敕。文官县令、录事以下更不奏闻，听中书铨选；武官须奏闻。五月，纳凉行在所，南北臣僚会议。十月，坐冬行在所，亦如之。

部落曰部，氏族曰族。契丹故俗，分地而居，合族而处。有族而部者，五院、六院之类是也。有部而族者，奚王、室韦之类是也。有部而不族者，特里特勉、稍瓦、曷术之类是也。有族而不部者，遥辇九帐、皇族三父房是也。

奇首八部为高丽、蠕蠕所侵，仅以万口附于元魏。生聚未几，北齐见侵，掠男女十万余口。继为突厥所逼，寄处高丽，不过万家。部落离散，非复古八部矣。别部有臣附突厥者，内附于隋者，依纥臣水而居。部落渐众，分为十部，有地辽西五百余里。唐世大贺氏仍为八部，而松漠、玄州别出，亦十部也。遥辇氏承万荣、可突于散败之余，更为八部，然遥辇、迭剌别出，又十部也。阻午可汗析为二十部，契丹始大。至于辽太祖，析九帐、三房之族，更列二十部。圣宗之世，分置十有六，增置十有八，并旧为五十四部，内有援里、乙室已国舅族，外有附庸十部，盛矣！

其氏族可知者，略具《皇族》、《外戚》二表。余五院、六院、乙室部止见益古、撒里本，涅剌、乌古部止见撒里卜、涅勒，突吕不、突举部止见塔古里、航斡，皆兄弟也。奚王府部时瑟、哲里，则臣主也。品部有挐女，楮特部里洼。其余世系名字，皆漫无所考矣。

旧《志》曰："契丹之初，草居野次，靡有定所。至涅里始制部族，各有分地。太祖之兴，以迭剌部强炽，析为五院、六院。奚六部以下，多因俘降而置。胜兵甲者即著军籍，分隶诸路详稳、统军、招讨司。番居内地者，岁时田牧平莽间。边防纠户，生生之资，仰给畜牧，绩毛饮湩，以为衣食。各安旧风，狃习劳事，不见纷华异物而迁。故家给人足，戎备整完。卒之虎视四方，强朝弱附，东逾蟠木，西越流沙，莫不率服,部族实为之爪牙云。"

古八部:

悉万丹部。

何大何部。

伏弗郁部。

羽陵部。

日连部。

匹洁部。

黎部。

吐六于部。

契丹之先曰奇首可汗,生八子。其后族属渐盛,分为八部,居松漠之间。今永州木叶山有契丹始祖庙,奇首可汗、可敦并八子像在焉。潢河之西,土河之北,奇首可汗故壤也。

隋契丹十部

元魏_疑,莫弗贺勿于畏高丽、蠕蠕侵逼,率车三千乘、众万口内附,乃去奇首可汗故壤,居白狼水东。北齐文宣帝自平州三道来侵,掠男女十余万口,分置诸州。又为突厥所逼,以万家寄处高丽境内。隋开皇四年,诸莫弗贺悉众款塞,听居白狼故地。又别部寄处高丽者曰出伏等率众内附,诏置独奚那颉之北。又别部臣附突厥者四千余户来降,诏给粮遣还,固辞不去,部落渐众,徙逐水草,依纥臣水而居。在辽西正北二百里,其地东西亘五百里,南北三百里。分为十部,逸其名。

唐大贺氏八部:

达稽部,峭落州。

纥便部,弹汗州。

独活部,无逢州。

芬问部,羽陵州。

突便部,日连州。

芮奚部,徒河州。

坠斤部，万丹州。

伏部，州二：匹黎、赤山。

唐太宗置玄州，以契丹大帅据曲为刺史。又置松漠都督府，以窟哥为都督，分八部，并玄州为十州。则十部在其中矣。

遥辇氏八部：

  旦利皆部。

  乙室活部。

  实活部。

  纳尾部。

  频没部。

  纳会鸡部。

  集解部。

  奚嗢部。

当唐开元、天宝间，大贺氏既微，辽始祖涅里立迪辇祖里为阻午可汗。时契丹因万荣之败，部落凋散，即故有族众分为八部。涅里所统迭剌部自为别部，不与其列。并遥辇、迭剌，亦十部也。

遥辇阻午可汗二十部：

  耶律七部。

  审密五部。

  八部。

涅里相阻午可汗，分三耶律为七，二审密为五，并前八部为二十部。三耶律：一曰大贺，二曰遥辇，三曰世里，即皇族也。二审密：一曰乙室已，二曰拔里，即国舅也。其分部皆未详。可知者曰迭剌，曰乙室，曰品，曰楮特，曰乌隗，曰突吕不，曰捏剌，曰突举，又有右大部、左大部，凡十，逸其二。大贺、遥辇析为六，而世里合为一，兹所以迭剌部终遥辇之世，强不可制云。

辽史卷三三
志第三

营卫下

部族下　兵制

　　辽起松漠，经营抚纳，竟有唐、晋帝王之器，典章文物施及渤海之区，作史者尚可以故俗语耶？旧史有《部族志》，历代之所无也。古者，巡守于方岳，五服之君各述其职，辽之部族实似之。故以部族置宫卫、行营之后云。

辽内四部族：

　　遥辇九帐族。

　　横帐三父房族。

　　国舅帐拔里乙室已族。

　　国舅别部。

　　太祖二十部，二国舅升帐分，止十八部。

　　五院部。其先曰益古，凡六营。阻午可汗时，与弟撒里本领之，曰迭剌部。传至太祖，以夷离堇即位。天赞元年，以强大难制，析五石烈为五院，六爪为六院，各置夷离堇。会同元年，更夷离堇为大王。部隶北府，以镇南境。大王及都监，春夏居五院部之侧，秋居羊门甸。石烈四：

　　大蔑孤石烈。

　　小蔑孤石烈。

瓯昆石烈。太宗会同二年,以乌古之地水草丰美,命居之。三年,益以海勒水之地为农田。

乙习本石烈。会同二年,命以乌古之地。

六院部。隶北府,以镇南境。其大王及都监,春夏居泰德泉之北,秋冬居独卢金。石烈四:

辖懒石烈。

阿速石烈。

斡纳拨石烈。

斡纳阿剌石烈。会同二年,命居乌古。三年,益以海勒水地。

乙室部。其先曰撒里本,阻午可汗之世与其兄益古分营而领之,曰乙室部。会同二年,更夷离堇为大王。隶南府,其大王及都监镇驻西南之境,司徒居鸳鸯泊,闸撒狨居车轴山。石烈二:

阿里苔石烈。

欲主石烈。

品部。其先曰拏女,阻午可汗以其营为部。太祖更诸部夷离堇为令稳。统和中,又改节度使,隶北府,属西北路招讨司,司徒居太子坟。凡戍军隶节度使,留后户隶司徒。石烈二:

北哲里只石烈。

南辖懒石烈。

楮特部。其先曰洼,阻午可汗以其营为部。隶南府,节度使属西北路招讨司,司徒居柏坡山及铧山之侧。石烈二:

北石烈。

南石烈。

乌隗部。其先曰撒里卜,与其兄涅勒同营,阻午可汗析为二:撒里卜为乌隗部,涅勒为涅剌部。俱隶北府,乌隗部节度使属东北路招讨司,司徒居徐母山、郝里河之侧。石烈二:

北石烈。

南石烈。

涅剌部。其先曰涅勒,阻午可汗分其营为部。节度使属西南路

招讨司,居黑山北,司徒居郝里河侧。石烈二:

北塌里石烈。

南察里石烈。

突吕不部。其先曰塔古里,领三营。阻午可汗命分其一与弟航
斡为突举部,塔古里得其二,更为突吕不部。隶北府,节度使属西北
路招讨司,司徒居长春州西。石烈二:

北托不石烈。

南须石烈。

突举部。其先曰航斡,阻午可汗分营置部。隶南府,戍于隗乌
古部,司徒居冗泉侧。石烈二:

北石烈。

南石烈。

奚王府六部五帐分。其先曰时瑟,事东遥里十帐部主哲里。后
逐哲里,自立为奚王。卒,弟吐勒斯立。遥辇鲜质可汗讨之,俘其拒
敌者七百户,撫其降者。以时瑟邻睦之故,止俘部曲之半,余悉留
焉,奚势由是衰矣。初为五部:曰遥里,曰伯德,曰奥里,曰梅只,曰
楚里。太祖尽降之,号五部奚。天赞八年,有东扒里厮胡损者,恃险
坚壁于箭笴山以拒命,挪揄曰:“大军何能为,我当饮堕瑰门下矣!”
太祖灭之。以奚府给役户,并括诸部隐丁,收合流散,置堕瑰部。因
堕瑰门之语为名,遂号六部奚。命勃鲁恩主之,仍号奚王。太宗即
位,置宰相、常衮各二员。圣宗合奥里、梅只、堕瑰三部为一,持置二
克部以足六部之数。奚王和朔奴讨兀惹,败绩,籍六部隶北府。

突吕不室韦部。本名大、小二黄室韦户。太祖为达马狘沙里,
以计降之,乃置为二部。隶北府,节度使属东北路统军司,戍泰州东
北。

涅剌拏古部。与突吕不室韦部同。节度使戍泰州东。

迭剌迭达部。本鲜质可汗所俘奚七百户,太祖即位,以为十四
石烈,置为部。隶南府,节度使属西南路招讨司,戍黑山北,部民居
庆州南。

乙室奥隗部。神册六年,太祖以所俘奚户置。隶南府,节度使属东北路兵马司。

楮特奥隗部。太祖以奚户置。隶南府,节度使属东京都部署司。

品达鲁虢部。太祖以所俘达鲁虢部置。隶南府,节度使属西南路招讨司,戍黑山北。

乌古涅剌部。亦曰涅离部。太祖取于骨里户六千,神册六年,析为乌古涅剌及图鲁二部。俱隶北府,节度使属西南路招讨司。

图鲁部。节度使属东北路统军司。

已上太祖以遥辇氏旧部族分置者凡十部,增置者八。

圣宗三十四部:

撒里葛部。奚有三营:曰撒里葛,曰窈爪,曰耨盌爪。太祖伐奚,乞降,愿为著帐子弟,籍于宫分,皆设夷离堇。圣宗各置为部,改设节度使,皆隶南府,以备畋猎之役。居泽州东。

窈爪部。与撒里葛部同。居潭州南。

耨盌爪部。节度使属东京都部署司。

讹仆括部。与撒里葛三部同。居望云县东。

特里特勉部。初于八部各析二十户以戍奚。侦候落马河及速鲁河侧,置二十详稳。圣宗以户口蕃息置为部,设节度使。隶南府,戍倒塌岭,居橐驼冈。

稍瓦部。初,取诸宫及横帐大族奴隶置稍瓦石烈,"稍瓦",鹰坊也。居辽水东,掌罗捕飞鸟。圣宗以户口蕃息置部。节度使属东京都部署司。

曷术部。初,取诸宫及横帐大族奴隶置曷术石烈,"曷术",铁也。以冶于海滨柳湿河、三黜古斯、手山。圣宗以户口蕃息置部。属东京都部署司。

遥里部。居潭、利二州间。石烈三:

撒里必石烈。

北石烈。

帖鲁石烈。

伯德部。松山、平州之间,太师、太保居中京西。石烈六:

啜勒石烈。

速古石烈。

腆你石烈。

迭里石烈。

旭特石烈。

悦里石烈。

楚里部。居潭州北。

奥里部。统和十二年,以与梅只、坠瑰三部民籍数寡,合为一部,并上三部。本属奚王府,圣宗分置。

南克部。

北克部。统和二年,以奚府二克分置二部。

隗衍突厥部。圣宗析四辟沙、四颇惫户置,以镇东北女直之境。开泰九年,节度使奏请置石烈。隶北府,属黄龙府都部署司。

奥衍突厥部。与隗衍突厥同。

涅剌越兀部。以涅剌室韦户置。隶北府,节度使属西南面招讨司,戍黑山北。

奥衍女直部。圣宗以女直户置。隶北府,节度使属西北招讨司,戍镇州境。自北至河西部,皆俘获诸国之民。初隶诸官,户口蕃息置部。讫于五国,皆有节度使。

乙典女直部。圣宗以女直户置。隶南府,居高州北。

斡突盌乌古部。圣宗以乌古户置。隶南府,节度使属西南面招讨司,戍黑北山。

迭鲁敌烈部。圣宗以敌烈户置。隶北府,节度使属乌古敌烈统军司。

室韦部。圣宗以室韦户置。节度使属西北路招讨司。

术哲达鲁虢部。圣宗以达鲁虢户置。隶北府,节度使属东北路统军司。戍境内,居境外。

梅古悉部。圣宗以唐古户置。隶北府,节度使属西南面招讨司。

颉的部。圣宗以唐古户置。隶北府,节度使属西南面招讨司。

北敌烈部。圣宗以敌烈户置。戍隗乌古部。

匿讫唐古部。圣宗置。隶北府,节度使属西南面招讨司。

北唐古部。圣宗以唐古户置。隶北府,节度使属黄龙府都部署司,戍府南。

南唐古部。圣宗置。隶北府。

鹤剌唐古部。与南唐古同。节度使属西南面招讨司。

河西部。圣宗置。隶北府,节度使属东北路统军司。

薛特部。开泰四年,以回鹘户置。隶北府,居慈仁县北。

伯斯鼻骨德部。本鼻骨德户。初隶诸宫,圣宗以户口蕃息置部。隶北府,节度使属东北路统军司,戍境内,居境外。

达马鼻骨德部。圣宗以鼻骨德户置。隶南府,节度使属东北路统军司。

五国部。剖阿里国、盆奴里国、奥里米国、越里笃国、越里吉国,圣宗时来附,命居本土,以镇东北境,属黄龙府都部署司。重熙六年,以越里吉国人尚海等诉酋帅浑敞贪污,罢五国酋帅,设节度使以领之。

已上圣宗以旧部族置者十六,增置十八。

辽国外十部:

　　乌古部。

　　敌烈八部。

　　隗古部。

　　回跋部。

　　岩母部。

　　吾秃婉部。

　　迭剌葛部。

　　回鹘部。

　　长白山部。

　　蒲卢毛朵部。

右十部不能成国,附庸于辽,时叛时服,各有职贡,犹唐人之有
羁縻州也。

辽史卷三四
志第四

兵卫上

兵 制

　　轩辕氏合符东海,邑于涿鹿之阿,迁徙往来无常处,以兵为营卫。飞狐以北,无虑以东,西暨流沙,四战之地,圣人犹不免于兵卫,地势然耳。

　　辽国左都辽海,右邑涿鹿,兵力莫强焉。其在隋世,依纥臣水而居,分为十部。兵多者三千,少者千余。顺寒暑,逐水草畜牧。侵伐则十部相与议,兴兵致役,合契而后动;猎则部得自行。至唐,大贺氏胜兵四万三千人,分为八部。大贺氏中衰,仅存五部。有耶律雅里者,分五部为八,立二府以总之,析三耶律氏为七,二审密氏为五,凡二十部。刻木为契,政令大行。逊不有国,乃立遥辇氏代大贺氏,兵力益振,即太祖六世祖也。及太祖会李克用于云中,以兵三十万,盛矣。

　　遥辇耶澜可汗十年,岁在辛酉,太祖授钺专征,破室韦、于厥、奚三国,俘获庐帐,不可胜纪。十月,授大迭烈府夷离堇,明赏罚,缮甲兵,休息民庶,滋蕃群牧,务在戢兵。十一年,总兵四十万伐代北,克郡县九,俘九万五千口。十二年,德祖讨奚,俘七千户。十五年,遥辇可汗卒,遗命逊位于太祖。

　　太祖即位五年,讨西奚、东奚,悉平之,尽有奚、霤之众。六年春，亲征幽州，东西旌旗相望，亘数百里。所经郡县，望风皆下，俘获甚众，振旅而还。秋，亲征背阴国，俘获数万计。神册元年，亲征突厥、吐浑、党项、小蕃、沙陀诸部，俘户一万五千六百。攻振武，乘胜而东，攻蔚、新、武、妫、儒五州，俘获不可胜纪，斩不从命者万四千七百级。尽有代北、河曲、阴山之众，遂取山北八军。四年，亲征于骨里国，俘获一万四千二百口。五年，征党项，俘获二千六百口。攻天德军，拔十有二栅，徙其民。六年，出居庸关，分兵掠檀、顺等州，安远军、三河、良乡、望都、潞、满城、遂城等县，俘其民徙内地。皇太子略定州，俘获甚众。天赞元年，以户口滋繁，糺辖疏远，分北大浓兀为二部，立两节度以统之。三年，西征党项等国，俘获不可胜纪。四年，疑亲征渤海。天显元年，灭渤海国，地方五千里，兵数十万，五京、十五府、六十二州，尽有其众，契丹益大。

会同初，太宗灭唐立晋，晋献燕、代十六州，民众兵强，莫之能御矣。

辽国兵制，凡民年十五以上，五十以下，隶兵籍。每正军一名，马三匹，打草谷、守营铺家丁各一人。人铁甲九事，马鞯辔、马甲皮铁，视其力。弓四，箭四百，长短枪、镮鏉、斧钺、小旗、锤锥、火刀石、马盂、秒一斗、炒袋、搭钍伞各一，縻马绳二百尺，皆自备。人马不给粮草，日遣打草谷骑四出抄掠以供之。铸金鱼符，调发军马，其捉马及传命有银牌二百。军所舍，有远探拦子马，以夜听人马之声。

凡举兵，帝率蕃汉文武臣僚，以青牛白马祭告天地、日神，惟不拜月。分命近臣告太祖以下诸陵及木叶山神，乃诏诸道征兵。惟南、北、奚王，东京渤海兵马，燕京统军兵马，虽奉诏，未敢发兵，必以闻。上遣大将持金鱼符，合，然后行。始闻诏，攒户丁，推户力，核籍齐众以待。自十将以上，次第点集军马、器仗。符至，兵马本司自领，使者不得与。唯再共点军马讫，又以上闻。量兵马多少，再命使充军主，与本司互相监督。又请引五方旗鼓，然后皇帝亲点将校。又选勋戚大臣，充行营兵马都统、副都统、都监各一人。又选诸军兵马尤精锐者三万人为护驾军，又选骁勇三千人为先锋军，又选剽悍百人之上为远探拦子军，以上各有将领。又于诸军每部量众寡，抽十人或五人，合为一队，别立将领，以备勾取兵马腾递公事。

其南伐点兵，多在幽州北千里鸳鸯泊。及行，并取居庸关、曹王峪、白马口、古北口、安达马口、松亭关、榆关等路。将至平州、幽州境，又遣使分道催发，不得久驻，恐践禾稼。出兵不过九月，还师不过十二月。正路不得见僧尼、丧服之人。

皇帝亲征，留亲王一人在幽州，权知军国大事。既入南界，分为三路，广信军、雄州、霸州各一。驾必由中道，兵马都统、护驾等军皆从。各路军马遇县镇，即时攻击。若大州军，必先料其虚实、可攻次第而后进兵。沿途民居、园囿、桑柘，必夷伐焚荡。至宋北京，三路兵皆会，以议攻取。及退亦然。三路军马前后左右有先锋。远探拦子马各十数人，在先锋前后二十余里，全副衣甲，夜中每行十里或五里少驻，下马侧听无有人马之声。有则擒之；力不可敌，飞报先锋，齐力攻击。如有大军，走报主帅。敌中虚实，动必知之。军行当道州城，防守坚固，不可攻击，引兵过之。恐敌人出城邀阻，及围射鼓噪，诈为攻击。敌方闭城固守，前路无阻，引兵进，分兵抄截，使随处州城隔绝不通，孤立无援。所过大小州城，至夜恐城中出兵突击，及与邻州计会军马，甲夜，每城以骑兵百人去城门左右百余步，被甲执兵，立马以待。兵出，力不能加，驰还勾集众兵与战。左右官道、斜径、山路、河津，夜中并遣兵巡守，其打草谷家丁，各衣甲持兵，旋团为队，必先斫伐园林，然后驱掠老幼，运土木填壕堑。攻城之际，必使先登，矢石檑木并下，止伤老幼。又于本国州县，起汉人乡兵万人，随军专伐园林，填道路。御寨及诸营垒，唯用桑、柘、梨、栗。军通，纵火焚之。敌军既阵，料其阵势小大，山川形势，往回道路，救援捷径，漕运所出，各有以制之。然后于阵四面列骑为队，每队五七百人，十队为一道，十道当一面，各有主帅。最先一队走马大噪，冲突敌阵。得利，则诸队齐进；若未利，引退，第二队继之。通者息马饮水秒。诸道皆然。更退迭进，敌阵不动，亦不力战。历二三日，待其困惫，又令打草谷家丁马施双帚，因风疾驰，扬尘敌阵，更互往来。中既饥疲，目不相睹，可以取胜。若阵南获胜，阵北失利，主将在中，无以知之，则以本国四方山川为号，声以相闻，得相救应。

若帝不亲征，重臣统兵不下十五万众，三路往还，北京会兵，进以九月，退以十二月，行事次第皆如之。若春以正月，秋以九月，不命都统，止遣骑兵六万，不许深入，不攻城池，不伐林木。但于界外三百里内，耗荡生聚，不令种养而已。

军入南界，步骑车帐不循阡陌。三道将领各一人，率拦子马各万骑，支散游弈百十里外，更迭觇逻。及暮，以吹角为号，众即顿舍，环绕御帐。自近及远，折木梢屈，为弓子铺，不设枪营堑栅之备。每军行，鼓三伐，不问昼夜，大众齐发。未遇大敌，不乘战马。俟近敌师，乘新羁马，蹄有余力。成列不战，退则乘之。多伏兵断粮道，冒夜举火，上风曳柴。馈饷自赍，散而复聚。善战，能寒，此兵之所以强也。

辽史卷三五
志第五

兵卫中

御帐亲军　　宫卫骑军
大首领部族军　　众部族军

汉武帝多行幸之事，置期门、佽飞、羽林之目，天子始有亲军。唐太宗加亲、勋、翊、千牛之卫，布腹心之地，防卫密矣。辽太祖宗室盛强，分迭剌部为二，宫卫内虚，经营四方，未遑鸠集。皇后述律氏居守之际，摘番汉精锐为属珊军。太宗益选天下精甲，置诸爪牙为皮室军。合骑五十万，国威壮矣。

大帐皮室军。

太宗置，凡三十万骑。

属珊军。

地皇后置，二十万骑。

太祖以迭剌部受禅，分本部为五院、六院，统以皇族，而亲卫缺然。乃立斡鲁朵法，裂州县，割户丁，以强干弱支。诒谋嗣续，世建宫卫。入则居守，出则扈从，葬则因以守陵。有兵事，则五京、二州各提辖司传檄而集，不待调发州县、部族，十万骑军已立具矣。恩意亲洽，兵甲犀利，教练完习。简天下精锐，聚之腹心之中。怀旧者岁深，增新者世盛。此军制之良者也。

弘义宫：

　　正丁一万六千，

　　蕃汉转丁一万四千，

　　骑军六千。

长宁宫：

　　正丁一万四千，

　　蕃汉转丁一万二千，

　　骑军五千。

永兴宫：

　　正丁六千，

　　蕃汉转丁一万四千，

　　骑军五千。

积庆宫：

　　正丁一万，

　　蕃汉转丁一万六千，

　　骑军八千。

延昌宫：

　　正丁二千，

　　蕃汉转丁六千，

　　骑军二千。

彰愍宫：

　　正丁一万六千，

　　蕃汉转丁二万，

　　骑军一万。

崇德宫：

　　正丁一万二千，

　　蕃汉转丁二万，

　　骑军一万。

兴圣宫：

　　正丁二万，

　　蕃汉转丁四万，

　　骑军五千。

延庆宫：

　　正丁一万四千，

　　蕃汉转丁二万，

　　骑军一万。

太和宫：

　　正丁二万，

　　蕃汉转丁四万，

　　骑军一万五千。

永昌宫：

　　正丁一万四千，

　　蕃汉转丁二万，

　　骑军一万。

敦睦宫：

　　正丁六千，

　　蕃汉转丁一万，

　　骑军五千。

文忠王府：

　　正丁一万，

　　蕃汉转丁一万六千，

　　骑兵一万。

　　十二宫一府，自上京至南京总要之地，各置提辖司。重地每宫皆置，内地一二而已。太和、永昌二宫，宜与兴圣、延庆同。旧史不见提辖司，盖阙文也。

南京：

　　弘义宫提辖司。

　　长宁宫提辖司。

　　永兴宫提辖司。

　　积庆宫提辖司。

　　延昌宫提辖司。

　　彰愍宫提辖司。

　　崇德宫提辖司。

　　兴圣宫提辖司。

　　延庆宫提辖司。

　　敦睦宫提辖司。

　　文忠王府提辖司。

西京：

　　弘义宫提辖司。

　　长宁宫提辖司。

　　永兴宫提辖司。

　　积庆宫提辖司。

　　彰愍宫提辖司。

　　崇德宫提辖司。

　　延庆宫提辖司。

　　文忠王府提辖司。

奉圣州：

　　弘义宫提辖司。

　　长宁宫提辖司。

　　永兴宫提辖司。

　　积庆宫提辖司。

　　彰愍宫提辖司。

　　崇德宫提辖司。

　　兴圣宫提辖司。

　　延庆宫提辖司。

　　文忠王府提辖司。
平州：
　　弘义宫提辖司。
　　长宁宫提辖司。
　　永兴宫提辖司。
　　积庆宫提辖司。
　　延昌宫提辖司。
　　彰愍宫提辖司。
　　兴圣宫提辖司。
　　延庆宫提辖司。
　　文忠王府提辖司。
中京：
　　延昌宫提辖司。
　　文忠王府提辖司。
上京：
　　文忠王府提辖司。

凡诸宫卫，丁四十万八千，出骑军十万一千。

　　辽亲王大臣，体国如家，征伐之际，往往置私甲以从王事。大者千余骑，小者数百人，著籍皇府。国有戎政，量借三五千骑，常留余兵为部族根本。
　　太子军。
　　伟王军。
　　永康王军。
　　于越王军。
　　麻荅军。
　　五押军。

众部族分隶南北府,守卫四边,各有司存,具如左。

北府凡二十八部。

侍从宫帐:

　　　奚王府部。

镇南境:

　　　五院部。

　　　六院部。

东北路招讨司:

　　　乌隗部。

东北路统军司:

　　　遥里部。

　　　伯德部。

　　　奥里部。

　　　南剋部。

　　　北剋部。

　　　图卢部。

　　　术者违鲁虢部。

　　　河西部。

西北路统招讨司:

　　　突吕不部。

　　　奥衍女直部。

　　　室韦部。

西南路招讨司:

　　　涅剌部。

　　　乌古剌部。

　　　涅剌越兀部。

　　　梅古悉部。

　　　颉的部。

匿讫唐古部。

鹤剌唐古部。

黄龙府都部署司：

　　隗衍突厥部。

　　奥衍突厥部。

　　北唐古部。

　　五国部。

乌古敌烈统军司：

　　迭鲁敌烈部。

戍隗乌古部：

　　北敌烈部。

南府凡一十六部。

镇驻西南境：

　　乙室部。

西南路招讨司：

　　品部。

迭达迭剌部。

　　品达鲁虢部。

　　乙典女直部。

西北路招讨司：

　　楮特部。

东北路统军司：

　　达马鼻古德部。

东北路女直兵马司：

　　乙室奥隗部。

东京都部署司：

　　楮特奥隗部。

　　窈爪部。

　　　稍瓦部。

　　　曷木部。

戍倒塌岭：

　　　讹仆括部。

屯驻本境：

　　　撒里葛部。

　　　南唐古部。

　　　薛特部。

辽史卷三六

志第六

兵卫下

五京乡丁　属国军　边境戍兵

辽建五京:临潢,契丹故壤;辽阳,汉之辽东,为渤海故国;中京,汉辽西地,自唐以来契丹有之。三京丁籍可纪者二十二万六千一百,蕃汉转户为多。析津、大同,故汉地,籍丁八十万六千七百。契丹本户多隶宫帐、部族,其余蕃汉户丁分隶者,皆不与焉。

太祖建皇都于临潢府。太宗定晋,晋王石敬瑭来献十六城,乃定四京,改皇都为上京。有丁一十六万七千二百。

临潢府:

临潢县丁七千。

长泰县丁八千。

保和县丁六千。

定霸县丁六千。

宣化县丁四千。

潞县丁六千。

易俗县丁一千五百。

迁辽县丁一千五百。

祖州:

　　　　长霸县丁四千。

　　　　咸宁县丁二千。

　　　　越王城丁二千。

怀州：

　　　　扶余县丁三千。

　　　　显理县丁二千。

庆州：

　　　　玄宁县丁一万二千。

泰州：

　　　　兴国县丁一千四百。

长春州：

　　　　长春县丁四千。

乌州：

　　　　爱民县丁二千。

永州：

　　　　长宁县丁九千。

　　　　义丰县丁三千。

　　　　慈仁县丁八百。

仪坤州：

　　　　广义县丁五千。

龙化州：

　　　　龙化县丁二千。

降圣州：

　　　　永安县丁一千五百。

饶州：

　　　　长乐县丁八千。

　　　　临河县丁二千。

　　　　安民县丁二千。

头下：

徽州丁二万。

成州丁八千。

懿州丁八千。

渭州丁二千。

原州丁一千。

壕州丁一万二千。

福州丁五百。

横州丁四百。

凤州丁一千。

遂州丁一千。

丰州丁一千。

顺州丁二千。

闻州丁二千。

松山州丁一千。

豫州丁一千。

宁州丁六百。

东京本渤海,以其地建南京辽阳府。统县六,辖军、府、州、城二十六,有丁四万一千四百。天显十三年,太宗改为东京。

辽阳府:

辽阳县丁三千。

仙乡县丁三千。

鹤野县丁二千四百。

析木县丁二千。

紫蒙县丁二千。

兴辽县丁二千。

开州开远县丁二千。

盐州丁五百。

穆州丁五百。

　　　贺州丁五百。

　　　定州定东县丁一千六百。

　　　保州来远县丁二千。

　　　辰州丁四千。

　　　卢州丁五百。

　　　铁州丁二千。

　　　兴州丁三百。

　　　汤州丁七百。

　　　崇州丁一千。

　　　海州丁三千。

　　　耀州丁一千二百。

　　　嫔州丁七百。

　　　渌州丁四千。

　　　桓州丁一千。

　　　丰州丁五百。

　　　正州丁七百。

　　　慕州丁三百。

　南京析津府,统县十,辖军、府、州、城九,有丁五十六万六千。

　析津府:

　　　析津县丁四万。

　　　宛平县丁四万四千。

　　　昌平县丁一万四千。

　　　良乡县丁一万四千。

　　　潞县丁一万一千。

　　　安次县丁二万四千。

　　　武清县丁二万。

　　　永清县丁一万。

　　　香河县丁一万四千。

玉河县丁二千。

漷阴县丁一万。

顺州怀柔县丁一万。

檀州：

密云县丁一万。

行唐县丁六千。

涿州：

范阳县丁二万。

固安县丁二万。

新城县丁二万。

归义县丁八万。

易州：

易县丁五万。

涞水县丁五万四千。

容城县丁一万。

蓟州：

渔阳县丁八千。

三河县丁六千。

玉田县丁六千。

平州：

卢龙县丁一万四千。

安喜县丁一万。

望都县丁六千。

滦州：

义丰县丁八千。

马城县丁六千。

石城县丁六千。

营州：

广宁县丁六千。

　　景州：

　　　　遵化县丁六千。

　　西京大同府,统县七,辖军、府、州、城十七,有丁三十二万二千七百。

　　大同府：

　　　　大同县丁二万。

　　　　云中县丁二万。

　　　　天详县丁一万。

　　　　长青县丁八千。

　　　　奉义县丁六千。

　　　　怀仁县丁六千。

　　　　怀安县丁六千。

　　弘州：

　　　　永宁县丁二万。

　　　　顺圣县丁六千。

　　德州：

　　　　宣德县丁六千。

　　丰州：

　　　　富民县丁二千四百。

　　　　振武县乡兵三百。

　　奉圣州：

　　　　永兴县丁一万六千。

　　　　矾山县丁六千。

　　　　龙门县丁八千。

　　　　望云县丁二千。

　　归化州：

　　　　文德县丁二万。

　　可污州：

怀来县丁六千。

儒州：

  缙山县丁一万。

蔚州：

  灵仙县丁四万。

  定安县丁二万。

  飞狐县丁一万。

  灵丘县丁六千。

  广陵县丁六千。

应州：

  金城县丁一万六千。

  浑原县丁一万。

  河阴县丁六千。

朔州：

  鄯阳县丁八千。

  宁远县丁四千。

  马邑县丁六千。

金肃军：

  防秋兵一千。

武州：

  神武县丁一万。

河清军：

  防秋兵一千。

  圣宗统和二十三年，城七金山，建大定府，号中京。统县九，辖军、府、州、城二十三。草创未定，丁籍莫考，可见者一县：

高州三韩县丁一万。

  大约五京民丁可见者，一百一十万七千三百为乡兵。

辽属国可纪者五十有九，朝贡无常。有事则遣使徵兵，或下诏专征；不从者讨之。助军众寡，各从其便，无常额。又有铁不得国者，兴宗重熙十七年乞以兵助攻夏国，诏不许。

吐谷浑。

铁骊。

靺鞨。

兀惹。

黑车子室韦。

西奚。

东部奚。

乌马山奚。

斜离底。

突厥。

党项。

小蕃。

沙陀。

阻卜。

乌古。

素昆那。

胡母思山蕃。

波斯。

大食。

甘州回鹘。

新罗。

乌孙。

敦煌。

赁烈。

要里。

回鹘。

辖戛斯。

吐蕃。

黄室韦。

小黄室韦。

大黄室韦。

阿萨兰回鹘。

于阗。

师子。

北女直。

河西党项。

南京女直。

沙州敦煌。

曷苏馆。

沙州回鹘。

查只底。

蒲卢毛朵。

蒲奴里。

大蕃。

高昌。

回拔。

颇里。

达里底。

拔思母。

敌烈。

粘八葛。

梅里急。

耶睹刮。

鼻骨德。

和州回鹘。

斡朗改。

高丽。

西夏。

女直。

辽之为国，邻于梁、唐、晋、汉、周、宋。晋以恩故，始则父子一家，终则寇雠相攻；梁、唐、周、德然然敌国；宋惟太宗征北汉，辽不能救，余多败衄，纵得亦不偿失。良由石晋献土，中国失五关之固然也。高丽小邦，屡丧辽兵，非以险阻足恃故欤！西夏弹丸之地，南败宋，东抗辽。虽西北士马雄劲，元昊、谅祚智勇过人，能使党项、阻卜制肘大国，盖亦襟山带河，有以助其势耳。虽然，宋久失地利，而旧《志》言兵，唯以敌宋为务。逾三阙，聚议北京，犹不敢轻进。岂不以大河在前，三镇在后，临事好谋之审，不容不然欤！

二帐、十二宫、一府、五京，有兵一百六十四万二千八百。宫丁、大首领、诸部族，中京、头下等州，属国之众，皆不与焉。不轻州之，所以长世。

人得高丽《大辽事迹》，载东境戍兵，以备高丽、女直等国，见其守国规模，布置简要，举一可知三边矣。

东京至鸭渌西北峰为界：

　　黄龙府正兵五千。

　　咸州正兵一千。

东京沿女直界至鸭渌江：

　　军堡凡七十，各守军二十人，计正兵一千四百。

来远城宣义军营八：

　　太子营正兵三百。

　　大营正兵六百。

　　蒲州营正兵二百。

　新营正兵五百。

　加陀营正兵三百。

　王海城正兵三百。

　柳白营正兵四百。

　沃野营正兵一千。

神虎军城正兵一万。大康十年置。

右一府、一州、二城、七十堡、八营,计正兵二万二千。

辽史卷三七
志第七

地理一

上京道　边防城

　　帝尧画天下为九州。舜以冀、青地大,分幽、并、营,为州十有二。幽州在渤、碣之间,并州北有代、朔,营州东暨辽海。其地负山带海,其民执干戈,奋武卫,风气刚劲,自古为用武之地。太祖以迭剌部之众代遥辇氏,起临潢,建皇都;东并渤海,得城邑之居百有三。太宗立晋,有幽、涿、檀、蓟、顺、营、平、蔚、朔、云、应、新、妫、儒、武、寰十六州,于是割古幽、并、营之境而跨有之。东朝高丽,西臣夏国,南子石晋而兄弟赵宋,吴越、南唐航海输贡。嘻,其盛矣!

　　辽国其先曰契丹,本鲜卑之地。居辽泽中,去榆关一千一百三十里,去幽州又七百一十四里。南控黄龙,北带潢水,冷陉屏右,辽河堑左。高原多榆柳,下隰饶蒲苇。当元魏时,有地数百里。

　　至唐,大贺氏蚕食扶余、室韦、奚、靺鞨之区,地方二千余里。贞观三年,以其地置玄州。寻置松漠都督府,建八部为州,各置刺史:达稽部曰峭落州,纥便部曰弹汗州,独活部曰无逢州,芬阿部曰羽陵州,突便部曰日连州,芮奚部曰徒河州,坠斤部曰万丹州,伏部曰匹黎、赤山二州。以大贺氏窟哥为使持节十州军事。分州建官,盖昉于此。

　　迨于五代,辟地东西三千里。遥辇氏更八部曰旦利皆部、乙室活部、实活部、纳尾部、频没部、内会鸡部、集解部、奚嗢部,属县四十有一。每部设刺史,县置令。太宗以皇都为上京,升幽州为南京,改南京为东京,圣宗城中京,兴宗升云州为西京,于是五京备焉。又以征伐俘户建州襟要之地,多因旧居名之,加以私奴置投下州。总京五,府六,州、军、城百五十有六,县二百有九,部族五十有二,属国六十。东至于海,西至金山,暨于流沙,北至胪朐河,南至白沟,幅员万里。

上京临潢府。本汉辽东郡西安平之地。新莽曰北安平。太祖取天梯、别鲁等三山之势于苇甸,射金龊箭以识之,谓之龙眉宫。神册三年城之,名曰皇都。天显十三年,更名上京,府曰临潢。

涞流河自西北南流,绕京三面,东入于曲江,其北东流为按出河。又有御河、沙河、黑河、潢河、鸭子河、他鲁河、狼河、苍耳河、辋子河、胪朐河、阴凉河、猪河、鸳鸯湖、兴国惠民湖、广济湖、盐泺、百狗泺、大神淀、马盂山、兔儿山、野鹊山、盐山、凿山、松山、平地松林、大斧山、列山、屈劣山、勒得山(唐所封大贺氏勒得王有墓存焉)。

户三万六千五百,辖军、府、州、城二十五,统县十:

临潢县。太祖天赞初南攻燕、蓟,以所俘人户散居潢水之北,县临潢水,故以名。地宜种植。户三千五百。

长泰县。本渤海国长平县民,太祖伐大諲譔,先得是邑,迁其人于京西北,与汉民杂居。户四千。

定霸县。本抚余府强师县民,太祖下扶余,迁其人于京西,与汉人杂处,分地耕种。统和八年,以诸宫提辖司人户置。隶长宁宫,户二千。

保和县。本渤海国富利县民,太祖破龙州,尽徙富利县人散居京南。统和八年,以诸宫提辖司人户置。隶彰愍宫,户四千。

潞县。本幽州潞县民,天赞元年,太祖破蓟州,掠潞县民,布于京东,与渤海人杂处。隶崇德宫,户三千。

易俗县。本辽东渤海之民,太平九年,大延琳结构辽东夷叛,围守经年,乃降,尽迁于京北,置县居之。是年,又徙渤海叛人家属置焉。户一千。

迁辽县。本辽东诸县渤海人,大延琳叛,择其谋勇者置之左右。后以城降,戮之,徙其家属于京东北,故名。户一千。

渤海县。本东京人,因叛,徙置。

兴仁县。开泰二年置。

宣化县。本辽东神化县民,太祖破鸭渌府,尽徙其民居京之南。统和八年,以诸宫提辖司人户置。隶彰愍宫,户四千。

上京,太祖创业之地。负山抱海,天险足以为固。地沃宜耕植,水草便畜牧。金龊一箭,二百年之基,壮矣！天显元年,平渤海归,乃展郛郭,建宫室,名以天赞。起三大殿:曰开皇、安德、五銮。中有历代帝王御容,每月朔望、节辰、忌日,在京文武百官并赴致祭。又于内城东南隅建天雄寺,奉安烈考宣简皇帝遗像。是岁,太祖崩,应天皇后于义节寺断腕,置太祖陵。即寺建断腕楼,树碑焉。太宗援立晋,遣宰相冯道、刘煦等持节,具卤簿、法服至此,册上太宗及应天皇后尊号。太宗诏蕃部并依汉制,御开皇殿,辟承天门受礼,因改皇都为上京。

城高二丈,不设敌楼,幅员二十七里。门,东曰迎春,曰雁儿,南曰顺阳、曰南福,西曰金凤、曰西雁儿、曰南福。其北谓之皇城,高三丈,有楼橹。门,东曰安东,南曰大顺,西曰乾德,北曰拱辰,中有大内。内南门曰承天,有楼阁;东门曰东华,西曰西华。此通内出入之所。正南街东,留守司卫,次盐铁司,次南门,龙寺街。南曰临潢府,其侧临潢县。县西南崇孝寺,承天皇后建。寺西长泰县,又西天长观。西南国子监,临北孔子庙,庙东节义寺。又西北安国寺,太宗所建。寺东齐天皇后故宅,宅东有元妃宅,即法天皇后所建也。其南贝圣尼寺,绫锦院、内省司、麹院、赡国、省司二仓,皆在大内西南,八作司与天雄寺对。南城谓之汉城,南当横街,各有楼对峙,下列井肆。东门之北潞县,又东南兴仁县。南门之东回鹘营,回鹘商贩留居上京,置营居之。西南同文驿,诸国信使居之。驿西南临潢驿,以待夏国使。驿西福先寺。寺西宣化县,西南定霸县,县西保和县。西门之北易俗县,县东迁辽县。

周广顺中,胡峤记曰:上京西楼,有邑屋市肆,交易无钱而用布。有绫锦诸工作、宦者、翰林、伎术、教坊、角抵、儒、僧尼、道士。中国人并、汾、幽、蓟为多。

宋大中祥符九年,薛映记曰:上京者,中京正北八十里至松山馆,七十里至崇信馆,九十里至广宁馆,五十里至姚家寨馆,五十里至咸宁馆,三十里度潢水石桥,旁有饶州,唐于契丹尝置饶乐,今渤海人居之。五十里保和馆,度黑水河,七十里宣化馆,五十里长泰馆。馆西二十里有佛舍、民居,即祖州。又四十里至临潢府。自过崇信馆乃契丹旧境,其南奚地也。入西门,门曰金德,内有临潢馆。子城东门曰顺阳。北行至景福门,又至承天门,内有昭德、宣政二殿与毡庐,皆东向。临潢西北二百余里号凉淀,在馒头山南,避暑之处。多丰草,掘地丈余,即有坚冰。

祖州,天成军。上,节度。本辽右八部世没里地。太祖秋猎多于此,始置西楼。后因建城,号祖州。以高祖昭烈皇帝、曾祖庄敬皇帝、祖考简献皇帝、皇考宣简皇帝所生之地,故名。城高二丈,无敌棚,幅员九里。门,东曰望京,南曰大夏,西曰液山,北曰兴国。西北隅有内城。殿曰两明,奉安祖考御容;曰二仪,以白金铸太祖像;曰黑龙,曰清秘,各有太祖微时兵伐器物及服御皮毳之类,存之以示后嗣,使勿忘本。内南门曰兴圣,凡三门,上有楼阁,东西有角楼。东为州廨及诸宫廨舍,绫锦院,班院祗候蕃、汉、渤海三百人,供给内府取索。东南横街,四隅有楼对峙,下连市肆。东长霸县,西咸宁县。有祖山,山有太祖天皇帝庙,御靴尚存。又有龙门、黎谷、液山、液泉、白马、独石、天梯之山。水则南沙河、西液泉。太祖陵凿山为殿,曰明殿。殿南岭有膳堂,以备时祭。门曰黑龙。东偏有圣踪殿,立碑述太祖游猎之事。殿东有楼,立碑以纪太祖创业之功。皆在州西

五里。天显中太宗建,隶弘义宫。统县二、城一:

长霸县,本龙州长平县民迁于此,户二千。

咸宁县,本长宁县,破辽阳迁其民置,户一千。

越王城,太祖伯父于越王述鲁西伐党项、吐浑,俘其民放牧于此,因建城,在州东南二十里,户一千。

怀州,奉陵军。上,节度。本唐归诚州。太宗行帐放牧于此。天赞中,从太祖破扶余城,下龙泉府,俘其人,筑寨居之。会同中,掠燕、蓟所俘亦置此。太宗崩,葬西山,曰怀陵。大同元年,世宗置州以奉焉。是年,有骑十余,猎于祖州西五十里大山中,见太宗乘白马独追白狐,射之,一发而毙。忽不见,但获狐与矢。是日,太宗崩于栾城。后于其地建庙,又于州之凤凰门绘太宗驰骑贯狐之像。穆宗被害,葬怀陵侧,建凤凰殿以奉焉。有清凉殿,为行幸避暑之所。皆在州西二十里。隶永兴宫。统县二:

扶余县。本龙泉府。太祖迁渤海扶余县降户于此,世宗置县。户一千五百。

显理县。本显理府人,太祖伐渤海,俘其王大諲譔,迁民于此,世宗置县。户一千。

庆州,玄宁军。上,节度。本大保山黑河之地,岩谷险峻。穆宗建城,号黑河州,每岁来幸,射虎障鹰,军国之事多委大臣,后遇弑于此。以地苦寒,统和八年,州废。圣宗秋畋,爱其奇秀,建号庆州。辽国五代祖勃突,貌异常,有武略,力敌百人,众推为王。生于勃突山,因以名。没,葬山下。在州二百里。庆云山,本黑岭也。圣宗驻跸,爱羡曰:“吾万岁后,当葬此。”兴宗遵遗命,建永庆陵。有望仙殿、御容殿。置蕃、汉守陵三千户,并隶大内都总管司。在州西二十里。有黑山、赤山、太保山、老翁岭、馒头山、兴国湖、辖失泺、黑河。景福元年复置,更隶兴圣宫。统县三:

玄德县,本黑山黑河之地,景福元年,括落帐人户,从便居之。

户六千。

孝安县。

富义县，本义州，太宗迁渤海义州民于此。重熙元年降为义丰县，后更名。隶弘义宫。

泰州，德昌军。节度。本契丹二十部族放牧之地。因黑鼠族累犯通化州，民不能御，遂移东南六百里来，建城居之，以近本族。黑鼠穴居，肤黑，吻锐，类鼠，故以名。州隶延庆宫，兵事属东北统军司。统县二：

乐康县，倚郭。

兴国县，本山前之民因罪配递至此，兴宗置县。户七百。

长春州，韶阳军。下，节度。本鸭子河春猎之地。兴宗重熙八年置。隶延庆宫，兵事隶东北统军司。统县一：

长春县。本混同江地，燕、蓟犯罪者流配于此。户二千。

乌州，静安军。刺史。本乌丸之地，东胡之种也。辽北大王拨剌占为牧，建城，后官收。隶兴圣宫。有辽河、夜河、乌丸川、乌丸山。统县一：

爱民县，拨剌王从军南征，俘汉民置于此。户一千。

永州，永昌军。观察。承天皇太后所建。太祖于此置南楼。乾亨三年，置州于皇子韩八墓侧。东潢河，南土河，二水合流，故号永州。冬月牙帐多驻此，谓之冬捺钵。有木叶山，上建契丹始祖庙。奇首可汗在南庙，可敦在北庙，绘塑二圣并八子神像。相传有神人乘白马，自马盂山浮土河而东，有天女驾青牛车由平地松林泛潢河而下。至木叶山，二水合流，相遇为配偶，生八子。其后族属渐盛，分为八部。每行军及春秋时祭，必用白马青牛，示不忘本云。兴王寺有白衣观音像。太宗援石晋主中国，自潞州回，入幽州，幸大悲阁，指此像曰："我梦神人令送石郎为中国帝,即此也。"因移木叶山,建庙,春秋告赛,尊为家神。兴军必告之,乃合符传前于诸部。又有高淀山、柳林淀,亦曰白马淀。隶彰愍宫。统县三:

长宁县,本显德府县名。太祖平渤海,迁其民于此。户四千五百。

义丰县,本铁利府义州。辽兵破之,迁其民于南楼之西北,仍名义州。重熙元年,废州,改今县。在州西北一百里。又尝改富义县,属泰州。始末不可具考,今两存之。户一千五百。

慈仁县。太宗以皇子只撒古亡,置慈州坟西。重熙元年,州废,改今县。户四百。

仪坤州,启圣军。节度。本契丹右大部地。应天皇后建州。回鹘糯思居之,至四世孙容我梅里,生应天皇后述律氏,适太祖。太祖开拓四方,平渤海,后有力焉。俘掠有技艺者多归帐下,谓之属珊。以所生之地置州。州建启圣院,中为仪宁殿,太祖天皇帝、应天地皇后银像在焉。隶长宁宫。统县一:

广义县,本回鹘部牧地。应天皇后以四征所俘居之,因建州县。统和八年,以诸宫提辖司户置来远县,十三年并入。户二千五百。

龙化州,兴国军。下,节度。本汉北安平县地。契丹始祖奇首可汗居此,称龙庭。太祖于此建东楼。唐天复二年,太祖为迭烈部夷离堇,破代北,迁其民,建城居之。明年,伐女直,俘数百户实焉。天祐元年,增修东城,制度颇壮丽。十三年,太祖于城东金铃冈受尊号曰大圣大明天皇帝,建元神册。天显元年,崩于东楼。太宗升节度。隶彰愍宫,兵事属北路女直兵马司。刺史州一,未详。统县一:

龙化县,太祖东伐女直,南掠燕、蓟,所俘建城置邑。户一千。

降圣州,开国军。下,刺史。本大部落东楼之地。太祖春月行帐多驻此。应天皇后梦神人金冠素服,执兵仗,貌甚丰美,异兽十二随之。中有黑兔跃入后怀，因而有娠，遂生太宗。时黑云覆帐，火光照室，有声如雷，诸部异之。穆宗建州。四面各三十里，禁樵采放牧。先属延昌宫，后隶彰愍宫。统县一：

永安县。本龙原府庆州县名。太祖平渤海，破怀州之永安，迁其人置寨于此，建县。户八百。

饶州，匡义军。中，节度。本唐饶乐府地。贞观中置松漠府。太祖完葺故垒。有潢河、长水泺、没打河、青山、大福山、松山。隶延庆宫。统县三：

长乐县，本辽城县名。太祖伐渤海，迁其民，建县居之。户四千，内一千户纳铁。

临河县，本丰永县人，太宗分兵伐渤海，迁于潢水之曲。户一千。

安民县，太宗以渤海诸邑所俘杂置。户一千。

头下军州，皆诸王、外戚、大臣及诸部从征俘掠，或置生口，各团集建州县以居之。横帐诸王、国舅、公主许创立州城，自余不得建城郭。朝廷赐州县额。其节度使朝廷命之，刺史以下皆以本主部曲充焉。官位九品之下及井邑商贾之家，征税各归头下；唯酒税课纳上京盐铁司。

徽州，宣德军。节度。景宗女秦晋大长公主所建。媵臣万户，在宜州之北二百里，因建州城。北至上京七百里。节度使以下，皆公主府署。户一万。

成州，长庆军。节度。圣宗女晋国长公主以上赐媵臣户置。在宜州北然百六十里，因建州城。北至上京七百四十里。户四千。

懿州，广顺军。节度。圣宗女燕国长公主以上赐媵臣户置。在显州东北二百里，因建州城。西北至上京八百里。户四千。

渭州，高阳军。节度。驸马都尉萧昌裔建。尚秦国王隆庆女韩国长公主，以所赐媵臣建州城。显州东北二百五十里。辽制，皇子嫡生者,其女与帝女同。户一千。

壕州,国舅宰相南征,俘掠汉民,居辽东西安平县故地。在显州东北二百二十里,西北至上京七百二十里。户六千。

原州,本辽东北安平县地。显州东北三百里。国舅金德俘掠汉民建城。西北至上京八百里。户五百。　　　：

福州,国舅萧宁建。南征俘掠汉民,居北安平县故地。在原州北二十里,西北至上京七百八十里。户三百。

横州,国舅萧克忠建。部下牧人居汉故辽阳县地,因置州城。在辽州西北九十里,西北至上京七百二十里。有横山。户二百。

凤州,橐离国故地,渤海之安宁郡境,南王府五帐分地。在韩州北二百里,西北至上京九百里。户四千。

遂州,本高州地,南王府五帐放牧于此。在檀州西二百里,西北至上京一千里。户五百。

丰州,本辽泽大部落,遥辇氏僧隐牧地。北至上京三百五十里。户五百。

顺州,本辽队县地。横帐南王府俘掠燕、蓟、顺州之民,建城居之。在显州东北一百二十里,西北至上京九百里。户一千。

闾州,罗古王牧地,近医巫闾山。在辽州西一百三十里,西北至上京九百五十里。户一千。

松山州。本辽泽大部落,横帐普古王牧地。有松山。北至上京一百七十里。户五百。

豫州,横帐陈王牧地。南至上京三百里。户五百。

宁州,本大贺氏勒得山,横帐管宁王放牧地。在豫州东八十里,西南至上京三百五十里。户三百。

辽国西北界防边城,因屯戍而立,务据刑胜,不资丁赋。具列如左:

静州,观察。本泰州之金山。天庆六年升。

镇州,建安军。节度。本古可敦城。统和二十二年皇太妃奏置。

选诸部族二万余骑充屯军,专捍御室韦、羽厥等国,凡有征讨,不得抽移。渤海、女直、汉人配流之家七百余户,分居镇防、维二州。东南至上京三千余里。

维州,刺史。

防州,刺史。

河董城,本回鹘可敦城,语讹为河董城。久废,辽人完之以防边患。高州界女直常为盗,劫掠行旅,迁其族于此。东南至上京一千七百里。

静边城,本契丹二十部族水草地。北邻羽厥,每入为盗,建城,置兵千余骑防之。东南至上京一千五百里。

皮被河城。地控北边,置兵五百于此防托。皮被河出回纥北,东南经羽厥,入胪朐河,沿河董城北,东流合沱瀇河,入于海。南至上京一千五百里。

招州,绥远军。刺史。开泰三年以女直户置。隶西北路招讨司。

塔懒主城,大康九年置。在胪朐河。

辽史卷三八
志第八

地理二

东京道

　　东京辽阳府。本朝鲜之地。周武王释箕子囚,去之朝鲜,因以封之。作八条之教,尚礼义,富农桑,外户不闭,人不为盗。传四十余世。燕属真番、朝鲜,始置吏、筑障。秦属辽东外徼。汉初,燕人满王故空地。武帝元封三年,定朝鲜为真番、临屯、乐浪、玄菟四郡。后汉出入青、幽二州,辽东、玄菟二郡,沿革不常。汉末为公孙度所据,传子康,孙渊,自称燕王,建元绍汉,魏灭之。晋陷高丽,后归慕容垂。子宝,以勾丽王安为平州牧居之。元魏太武遣使至其所居平壤,城辽东京本此。唐高宗平高丽,于此置安东都护府,后为渤海大氏所有。大氏始保挹娄之东牟山。武后万岁通天中,为契丹尽忠所逼,有乞乞仲象者,度辽水自固,武后封为震国公。传子祚荣,建都邑,自称震王,并吞海北,地方五千里,兵数十万。中宗赐所都曰忽汗州,封渤海郡王。十有二世至彝震,僭号改元,拟建宫阙,有五京、十五府、六十二州,为辽东盛国。忽汗州即故平壤城也,号中京显德府。太祖建国,攻渤海,拔忽汗城,俘其王大諲譔,以为东丹王国,立太子图欲为人皇王以主之。神册四年,葺辽阳故城,以渤海、汉户建东平郡,为防御州。天显三年,迁东丹国民居之,升为南京。

　　城名天福,高三丈,有楼橹,幅员三十里。八门:东曰迎阳,东南曰韶阳，南曰龙原，西南曰显德，西曰大顺，西北曰大辽，北曰怀远，东北曰安远。宫城在东北隅，高三丈，具敌楼，南为三门，壮以楼观，四隅有角楼，相去各二里。宫墙北有让国皇帝御容殿。大内建二殿，不置宫嫔，唯以内省使副、判官守之。大东丹国新建南京碑铭，在宫门之南。外城谓之汉城，分南北市，中为看楼。晨集南市，夕集北市。街西有金德寺，大悲寺，附马寺，铁幡竿在焉。赵头陀寺，留守衙，户部司，军巡院，归化营军千余人，河朔亡命，皆籍于此。东至北乌鲁虎克四百里，南至海边铁山八百六十里，西至望平县海口三百六十里，北至挹娄、范河二百七十里。东、西、南三面抱海。辽河出东北山口为范河，西南流为大口，入于海。东梁河自东山西流，与浑河合为小口，会辽河入于海，又名太子河，亦曰大梁水。浑河在东梁、范河之间；沙河出东南山西北流，径盖州入于海。有蒲河，清河，浿水，亦曰泥河，又曰蒇芋泺，水多蒇芋之草。驻跸山，唐太宗征高丽，驻跸其巅数日，勒石纪功焉，俗称手山。山巅平石之上有掌指之状，泉出其中，取之不竭。又有明王山、白石山，亦曰横山。天显十三年，改南京为东京，府曰辽阳。户四万六百四。辖州、府、军、城八十七。统县九：

辽阳县，本渤海国金德县地。汉浿水县，高丽改为勾丽县，渤海为常乐县。户一千五百。

仙乡县，本汉辽队县，渤海为永丰县。《神仙传》云："仙人白仲理能炼神丹，点黄金，以救百姓。"户一千五百。

鹤野县，本汉居就县地，渤海为鸡山县。昔丁令威家此，去家千年，化鹤来归，集于华表柱，以味画表云："有鸟有鸟丁令威，去家千年今来归。城郭虽是人民非，何不学仙冢累累"。"户一千二百。

析木县，本汉望平县地，渤海为花山县。户一千。

紫蒙县，本汉镂芳县地。后拂涅国置东平府，领蒙州紫蒙县。后徒辽城，并入黄岭县，渤海复为紫蒙县。户一千。

兴辽县，本汉平郭县地，渤海改为长宁县。唐元和中，渤海王大仁秀南定新罗，北略诸部，开置郡邑，遂定令民。户一千。

肃慎县,以渤海户置。

归仁县。

顺化县。

开州,镇国军。节度。本涉貊地,高丽为庆州,渤海为东京龙原府。有宫殿。都督庆、盐、穆、贺四州事。故县六:曰龙原、永安、乌山、壁谷、熊山、白杨,皆废。叠石为城,周围二十里。唐薛仁贵征高丽,与其大将温沙门战熊山,擒善射者于石城,即此。太祖平渤海,徙其民于大部落,城遂废。圣宗伐新罗还,周览城基,复加完葺。开泰三年,迁双、韩二州千余户实之,号开封府开远军,节度,更名镇国军。隶东京留守,兵事属东京统军司。统州三、县一。

开远县。本栅城地,高丽为龙原县,渤海因之,辽初废。圣宗东讨,复置以军额。民户一千。

盐州。本渤海龙河郡,故县四:海阳、接海、格川、龙河,皆废。户三百。隶开州。相去一百四十里。

穆州,保和军,刺史。本渤海会农郡,故县四:会农、永歧、顺化、美县,皆废。户三百。隶开州。东北至开州一百二十里。统县一:

会农县。

贺州,刺史。本渤海吉理郡,故县四:洪贺、送诚、吉理、石山,皆废。户三百。隶开州。

定州,保宁军。高丽置州,故县一,曰定东。圣宗统和十三年升军,迁辽西民实之。隶东京留守司。统县一:

定东县,高丽所置,辽徙辽西民居之。户八百。

保州,宣义军。节度。高丽置州,故县一,曰来远。圣宗以高丽王询擅立,问罪不服。开泰三年取其保、定二州,统和末,高丽降,于此置榷场。隶东京统军司。统州、军二,县一:

来远县,初徙辽西诸县民实之,又徙奚、汉兵七百防戍焉。户一千。

宣州，定远军，刺史。开泰三年徙汉户置。隶保州。

怀化军，下，刺史。开泰三年置。隶保州。

辰州，奉国军。节度。本高丽盖牟城。唐太宗会李世勣攻破盖牟城，即此。渤海改为盖州，又改辰州，以辰韩得名。井邑骈列，最为冲会。辽徙其民于祖州，初曰长平军。户二千。隶东京留守司。统县一：

建安县。

卢州，玄德军。刺史。本渤海杉卢郡，故县五：山阳、杉卢、汉阳、白岩、霜岩，皆废。户三百。在京东一百三十里。兵事属南女直汤河司。统县一：

熊岳县，西至海一十五里，傍海有熊岳山。

来远城，本熟女直地。统和中伐高丽，以燕军骁猛，置两指挥，建城防戍。兵事属东京统军司。

铁州，建武军。刺史。本汉安市县，高丽为安市城。唐太宗攻之不下，薛仁贵白衣登城，即此。渤海置州，故县四：位城、河端、苍山、龙珍，皆废。户一千。在京西南六十里。统县一：

汤池县。

兴州，中兴军。节度。本汉海冥县地。渤海置州，故县三：盛吉、蒜山、铁山，皆废。户二百。在京西南三百里。

汤州，本汉襄平县地。故县五：灵峰、常丰、白石、均谷、嘉利，皆废。户五百。在京西北一百里。

崇州，隆安军。刺史。本汉长岑县地。渤海置州，故县三：崇山、沩水、绿城，皆废。户五百。在京东北一百五十里。统县一：

崇信县。

海州，南海军。节度。本沃沮国地。高丽为沙卑城，唐李世勣尝攻焉。渤海号南京南海府。叠石为城，幅员九里，都督沃、晴、椒三州。故县六：沃沮、鹫岩、龙山、滨海、升平、灵泉，皆废。太平中，大延琳叛，南海城坚守，经岁不下，别部酋长皆被擒，乃降。因尽徒其人于上京，置迁辽县，移泽州民来实之。户一千五百。统州二、县一：

临溟县。

耀州。刺史。本渤海椒州，故县五，椒山、貂岭、漸泉、尖山、岩渊，皆废。户七百。隶海州。东北至海州二百里。统县一：

岩渊县，东界新罗，故平壤城在县西南。东北至海州一百二十里。

嫔州，柔远军。刺史。本渤海晴州，故县五：天晴、神阳、莲池、狼山、仙岩，皆废。户五百。隶海州。东南至海州一百二十里。

渌州，鸭渌军。节度。本高丽故国，渤海号西京鸭渌府。城高三丈，广轮二十里，都督神、桓、丰、正四州事。故县三：神鹿、神化、剑门，皆废。大延琳叛，迁余党于上京，置易俗县居之。在者户二千。隶东京留守司。统州四、县二：

弘闻县。

神乡县。

桓州，高丽中都城，故县三：桓都、神乡、淇水，皆废。于高丽王于此创立宫阙，国人谓之新国。五世孙钊，晋康帝建元初为慕容皝所败，宫室焚荡。户七百。隶渌州。在西南二百里。

丰州，渤海置盘安郡，故县四：安丰、渤恪、隰壤、硖石，皆废。户三百。隶渌州。在东北二百一十里。

正州，本沸流王故地，国为公孙康所并。渤海置沸流郡。有沸流水。户五百。隶渌州。在西北三百八十里。统县一：

东那县，本汉东耐县地。在州西七十里。

慕州，本渤海安远府地，故县二：慕化、崇平，久废。户二百。隶渌州。在西之二百里。

显州，奉先军。上，节度。本渤海显德府地。世宗置，以奉显陵。显陵者，东丹人皇王墓也。人皇王性好读书，不喜射猎，购书数万卷，置医巫闾山绝顶，筑堂曰望海。山南去海一百三十里。大同元年，世宗亲护人皇王灵驾归自汴京。以人皇王爱医巫闾山水奇秀，因葬焉。山形掩抱六重，于其中作影殿，制度宏丽。州在山东南，迁东京三百余户以实之。应历元年，穆宗葬世宗于显陵西山，仍禁樵采。有十三山，有沙河。隶长宁、积庆二宫，兵事属东京都部署司。统州三、县三：

奉先县，本汉无虑县，即医巫闾，幽州镇山。世宗析辽东长乐县民以为陵户，隶长宁宫。

山东县，本汉望平县。穆宗割渤海永丰县民为陵户，隶积庆宫。

归义县，初置显州，渤海民自来助役，世宗嘉悯，因籍其人户置县，隶长宁宫。

嘉州，嘉平军，下，刺史。隶显州。

辽西州，阜城军，中，刺史。本汉辽西郡地，世宗置州，隶长宁宫，属显州。统县一：

长庆县，统和八年，以诸宫提辖司人户置。

康州，下，刺史。世宗迁渤海率宾府人户置，属显州。初隶长宁宫，后属积庆宫。统县一：

率宾县。本渤海率宾府地。

宗州，下，刺史。在辽东石熊山，耶律隆运以所俘汉民置。圣宗立为州，隶文忠王府。王薨，属提辖司。统县一：

熊山县。本渤海县地。

乾州,广德军。上,节度。本汉无虑县地。圣宗统和三年置,以奉景宗乾陵。有凝神殿。隶崇德宫,兵事属东京都部署司。统州一、县四:

奉陵县,本汉无虑县地。括诸落帐户,助营山陵。

延昌县,析延昌宫户置。

灵山县,本渤海灵峰县地。

司农县,本渤海麓郡县,并麓波、云川二县入焉。

海北州,广化军,中,刺史。世宗以所俘汉户置。地在闾山之西,南海之北。初隶宣州,后属乾州。统县一:

开义县。

贵德州,宁远军。下,节度。本汉襄平县地,汉公孙度所据。太宗时察割以所俘汉民置。后以弑逆诛,没入焉。圣宗外贵德军,后更名。有陀河、大宝山。隶崇德宫,兵事属东京都部署司。统县二:

贵德县,本汉襄平县,渤海为崇山县。

奉德县。本渤海绿城县地,常置奉德州。

沈州,昭德军,中,节度。本挹娄国地。渤海建沈州,故县九,皆废。太宗置兴辽军,后更名。初隶永兴,后属敦睦宫,兵事隶东京都部署司。统州一、县二:

乐郊县,太祖俘苏州三河民,建三河县,后更名。

灵源县,太祖俘苏州吏民,建渔阳县,后更名。

岩州,白岩军。下,刺史。本渤海白岩城,太宗拨属沈州。初隶长宁宫,后属敦睦宫。统县一:

白岩县。渤海置。

集州,怀众军。下,刺史。古陴离郡地,汉属险渎县,高丽为霜

岩县,渤海置州。统县一:

奉集县,渤海置。

广州。防御。汉属襄平县,高丽为当山县,渤海为铁利郡。太祖迁渤海人居之,建铁利州。统和八年省。开泰七年以汉户置。统县一:

昌义县。

辽州,始平军。下,节度。本拂涅国城,渤海为东平府。唐太宗亲征高丽,李世勣拔辽城;高宗诏程振、苏定方讨高丽,至新城,大破之;皆此地也。太祖伐渤海,先破东平府,迁民实之。故东平府都督伊、蒙、陀、黑、北五州,共领县十八,皆废。太祖改为州,军曰东平,太宗更为始平军。有辽河、羊肠河、锥子河、蛇山、狼山、黑山、巾子山。隶长宁宫,兵事属北女直兵司马。统州一、县二:

辽滨县。

安定县。

祺州,祐圣军,下,刺史。本渤海蒙州地。太祖以檀州俘于此建檀州,后更名。隶弘义宫,兵事属北女直兵马司。统县一:

庆云县,太祖俘密云民,于此建密云县,后更名。

遂州,刺史。本渤海美州地,采访使耶律颇德以部下汉民置。穆宗时,颇德嗣绝,没入焉。隶延昌宫。统县一:

山河县。本渤海县,并黑川、麓川二县置。

通州,安远军。节度。本扶余国王城,渤海号扶余城。太祖改龙州,圣宗更今名。保宁七年,以黄龙府叛人燕颇余党千余户置,升节度。统县四:

通远县,本渤海扶余县,并布多县置。

安远县,本渤海显义县,并鹊川县置。

归仁县,本渤海强帅县,并新安县置。

渔谷县,本渤海县。

韩州,东平军。下,刺史。本槀离国旧治柳河县。高丽置鄚颉府,都督鄚、颉二州。渤海因之。今废。太宗置三河、榆河二州。圣宗并二州置。隶延昌宫,兵事属北女直兵马司。统县一:

柳河县。本渤海粤喜县地,并万安县置。

双州,保安军。下,节度。本挹娄故地。渤海置安定郡,久废。沤里僧王从太宗南征,以俘镇、定二州之民建城置州。察割弑逆诛,没入焉。初隶延昌宫,后属崇德宫,兵事隶北女直兵马司。统县一:

双城县,本渤海安夷县地。

银州,富国军。下,刺史。本渤海富州,太祖以银冶更名。隶弘义宫,兵事属北女直兵司马。统县三:

延津县,本渤海富寿县,境有延津故城,更名。

新兴县,本故越喜国地,渤海置银冶,尝置银州。

永平县,本渤海优富县地,太祖以俘户置。旧有永平寨。

同州,镇安军。下,节度。本汉襄平县地,渤海为东平寨。太祖置州,军曰镇东,后更名。隶彰愍宫,兵事属北女直兵马司。统州一,未详;县二:

东平县。本汉襄平县地。产铁,拨户三百采炼,随征赋输。

永昌县。本高丽永宁县地。

咸州,安东军。下,节度。本高丽铜山县地,渤海置铜山郡。地在汉候城县北,渤海龙泉府南。地多山险,寇盗以为渊薮,乃招平、营等州客户数百,建城居之。初号郝里太保城,开泰八年置州。兵事属北女直兵马司。统县一:

咸平县,唐安东都护,天宝中治营、平二州间,即此。太祖灭渤海,复置安东军。开泰中置隶。

信州,彰圣军。下,节度。本越喜故城。渤海置怀远府,今废。圣宗以地邻高丽,开泰初置州,以所俘汉民实之。兵事属黄龙府都部署司。统州三,未详;县二:

武昌县,本渤海怀福县地,析平州提辖司及豹山县一千户隶之。

定武县,本渤海豹山县地,析平州提辖司并乳水县人户置。初名定功县。

宾州,怀化军。节度。本渤海城。统和十七年,迁兀惹户,置刺史于鸭子、混同二水之间,后升。兵事隶黄龙府都部署事。

龙州,黄龙府。本渤海扶余府。太祖平渤海还,至此崩,有黄龙见,更名。保宁七年,军将燕颇叛,府废。开泰九年,迁城于东北,以宗州、檀州汉户一千复置。统州五、县三:

黄龙县,本渤海长平县,并富利、佐慕、肃慎置。

迁民县,本渤海永宁县,并丰水、扶罗置。

永平县,渤海置。

益州,观察。属黄龙府。统县一:

静远县。

安远州,怀义军,刺史。属黄龙府。

威州,武宁军,刺史。属黄龙府。

清州,建宁军,刺史。属黄龙府。

雍州,刺史。属黄龙府。

湖州,兴利军,刺史。渤海置。兵事隶东京统军司。统县一:

长庆县。

渤州,清化军,刺史。**渤海置**。兵事隶东京统军司。统县一:
贡珍县,渤海置。

郢州,彰圣军。刺史。**渤海置**。兵事隶北女直兵马司。统县一:
延庆县。

铜州,广利军。刺史。**渤海置**。兵事隶北兵马司。统县一:
析木县,本汉望平县地,渤海为花山县。初隶东京,后来属。

涑州。刺史。**渤海置**。兵事隶南兵马司。

率宾府。刺史。故率宾国地。

定理府。刺史。故挹娄国地。

铁利府。刺史。故铁利国地。

安定府。

长岭府。

镇海府。防御。兵事隶南女直汤河司。统县一:
平南县。

冀州。防御。圣宗建,升永安军。

东州。以渤海户置。

尚州。以渤海户置。

吉州，福昌军。刺史。

麓州。下，刺史。渤海置。

荆州。刺史。

懿州，宁昌军。节度。太平三年越国公主以媵臣户置。初曰庆懿军，更曰广顺军，隶上京。清宁七年，宣懿皇后进入，改今名。统县二。
宁昌县，本平阳县。
顺安县。

媵州，昌永军。刺史。

顺化城，向义军。下，刺史。开泰三年以汉户置。兵事隶东京统军司。

宁州。观察。统和二十九年伐高丽，以渤海降户置。兵事隶东京统军司。统县一：
新安县。

衍州，安广军。防御。以汉户置。初刺史，后升军。兵事属东京统军司。统县一：
宜丰县。

连州，德昌军。刺史。以汉户置。兵事属东京统军司。统县一：
安民县。

归州。观察。太祖平渤海,以降户置,后废。统和二十九年,伐高丽,以所俘渤海户复置。兵事属南女直汤河司。统县一:

归胜县。

苏州,安复军。节度。本高丽南苏,兴宗置州。兵事属南女直汤河司。统县二:

来苏县。

怀化县。

复州,怀德军。节度。兴宗置。兵事属南女直汤河司。统县二:

永宁县。

德胜县。

肃州,信陵军。刺史。重熙十年,州民亡入女直,取之复置。兵事隶北女直兵马司。统县一:

清安县。

安州。刺史。兵事隶北女直兵马司。

荣州。

率州。

荷州。

源州。

渤海州。

　　宁江州,混同军。观察。清宁中置。初防御,后升。兵事属东北统军司。统县一:

　　混同县。

　　河州,德化军。置军器坊。

　　祥州,瑞圣军。节度。兴宗以铁骊户置。兵事隶黄龙府都部署司。统县一:

　　怀德县。

辽史卷三九
志第九

地理三

中京道

　　中京大定府。虞为营州,夏属冀州,周在幽州之分。秦郡天下,
是为辽西。汉为新安平县,汉末步奚居之。幅员千里,多大山深谷,
阻险足以自固。魏武北征,纵兵大战,降者二十余万,去之松漠。其
后拓拔氏乘辽建牙于此,当饶乐河水之南,温渝河水之北。唐太宗
伐高丽,驻跸于此。部帅苏支从征有功。奚长可度率众内附,为置
饶乐都督府。咸通以后,契丹始大,奚族不敢复抗。太祖建国,举族
臣属。圣宗尝过七金山土河之滨,南望云气,有郛郭楼阙之状,因议
建都。择良工于燕、蓟,董役二岁,郛郭、宫掖、楼阁、府库、市肆、廊
庑,拟神都之制。统和二十四年,五帐院进故奚王牙帐地。二十五
年,城之,实以汉户,号曰中京,府曰大定。皇城中有祖庙,景宗、承
天皇后御容殿。城池湫湿,多凿井泄之,人以为便。大同驿以待宋
使,朝天馆待新罗使,来宾馆待夏使。有七金山、马盂山、双山、松
山、土河。统州十、县九:
　　大定县,白霫故地,以诸国俘户居之。
　　长安县,本汉宾从县,以诸部人居之。
　　富庶县,本汉新安平地,开泰二年析京民置。
　　劝农县,本汉宾从县地,开泰二年析京民置。

文定县,开泰二年析京民置。

升平县,开泰二年析京民置。

归化县,本汉柳城县地。

神水县,本汉徒河县地,开泰二年置。

金源县,本唐青山县境,开泰二年析京民置。

恩州,怀德军,下,刺史。本汉新安平县地。太宗建州。开泰中,以渤海户实之。初隶永兴宫,后属中京。统县一:

恩化县,开泰中渤海人户置。

惠州,惠和军,中,刺史。本唐归义州地。太祖俘汉民数百户兔麞山下,创城居之,置州。属中京。统县一:

惠和县,圣宗迁上京惠州民,括诸宫院落帐户置。

高州,观察。唐信州之地。万岁通天元年,以契丹室活部置。开泰中,圣宗伐高丽,以俘户置高州。有半顶山、乐河。属中京。统县一:

三韩县,辰韩为扶余,弁韩为新罗,马韩为高丽。开泰中,圣宗伐高丽,俘三国之遗人置县。户五千。

武安州,观察。唐沃州地。太祖俘汉民居木叶山下,因建城以迁之,号杏埚新城。复以辽西户益之,更曰新州。统和八年改今名。初刺史,后升。有黄柏岭、袅罗水、个没里水。属中京。统县一:

沃野县。

利州,中,观察。本中京阜俗县。统和二十六年置刺史州,开泰元年升。属中京。统县一:

阜俗县,唐末,契丹渐炽,役使奚人,迁居琵琶川。统和四年置县。初隶彰愍宫,更隶中京。后置州,仍属中京。

榆州,高平军,下,刺史。本汉临渝县地,后隶右北平骊城县。唐载初二年,析镇州置黎州,处靺鞨部落,后为奚人所据。太宗南征,横帐解里以所俘镇州民置州。开泰中没入。属中京。统县二:

和众县,本新黎县地。

永和县,本汉昌城县地,统和二十二年置。

泽州,广济军,下,刺史。本汉土垠县地。太祖俘蔚州民,立寨居之,采炼陷河银冶。隶中京留守司。开泰中置泽州。有松亭关、神山、九宫岭、石子岭、滦河、撒河。属中京。统县二:

神山县,神山在西南。

滦河县,本汉徐无县地,属永兴宫。

北安州,兴化军,上,刺史。本汉女祁县地,属上谷郡。晋为冯跋所据。唐为奚王府西省地。圣宗以汉户置北安州。属中京。统县一:

利民县,本汉且居县地。

潭州,广润军,下,刺史。本中京之龙山县,开泰中置州,仍属中京。统县一:

龙山县,本汉交黎县地,开泰二年以习家寨置。

松江州,胜安军,下,刺史。开泰中置。统和八年省,复置。属中京。统县一:

松江县,本汉文成县地。边松漠,商贾会冲。开泰二年置县。有松山川。

宋王曾《上契丹事》曰:出燕京北门,至望京馆。五十里至顺州。七十里至檀州,渐入山。五十里至金沟馆。将至馆,川原平旷,谓之金沟淀。自此入山,诘曲登陟,无复里堠,但以马行记日,约其里数。九十里至古北口,两傍峻崖,仅容车轨。又度德胜岭,盘道数层,俗名思乡岭,八十里至新馆。过雕窠岭、偏枪岭,四十里至卧如来馆。过乌滦河,东有滦州,又过黑斗岭、渡云岭、芹菜岭,七十里至柳河馆。松亭岭甚险峻,七十里至打造部落馆。东南行五十里至牛山馆。八十里至鹿儿峡馆。过虾蟆岭,九十里至铁浆馆。过石子岭,自此渐出山。七十里至富谷馆。八十里至通天馆。二十里至中京大定府。城垣卑小,方圆绕四里许。门但重屋,无筑阇之制。南门曰朱夏,门内通步郎,多坊门。又有市楼四:曰天方、大衢、通阓、望阙。次至大同馆。其门正北曰阳德、阗阓。城西内西南隅冈上有寺。城南有园圃,宴射之所。自过北口,居人草庵板屋,耕种,但无桑柘,所种

皆从垅上，虞吹沙所壅。山中长松郁然，深谷中时见畜牧牛马橐驼，
多青盐黄豕。

成州，兴府军。节度。晋国长公主以媵户置，军曰长庆，隶上京。
复改军名。统县一：

同昌县。

兴中府。本霸州彰武军，节度。古孤竹国。汉柳城县地。慕容
既以柳城之北，龙山之南，福德之地，乃筑龙城，构宫庙，改柳城为
龙城县，遂迁都，号曰和龙宫。慕容垂复居焉，后为冯跋所灭。元魏
取为辽西郡。随平高保宁，置营州。炀帝废州置柳城郡。唐武德初，
改营州总管府，寻为都督府。万岁通天中，陷李万荣。神龙初，移府
幽州。开元四年复治柳城。八年，西徙渔阳。十年，还柳城。后为
奚所据。太祖平奚及俘燕民，将建城，命韩知方择其处。乃完葺柳
城，号霸州彰武军，节度。统和中，制置建、霸、宜、锦、白川等五州。
寻落制置，隶积庆宫，后属兴圣宫。重熙十年升兴中府。有大华山、
小华山、香高山、麝香崖（天授皇帝刻石在焉）、驻龙峪、神射泉、小
灵河。统州二、县四：

兴中县，本汉柳城县地。太祖掠汉民居此，建霸城县。重熙中
置府，更名。

营丘县，析霸城置。

象雷县，开泰二年以麦务川置。初隶中京，后属。

闾山县，本汉且虑县，开泰二年以罗家军置。隶中京，后属。

安德州，化平军，下，刺史。以霸州安德县置，来属。统县一：

安德县。统和八年析霸城东南龙山徒河境户置。初隶乾州，更
属霸州，置州来属。

黔州，阜昌军，下，刺史。本汉辽西郡地。太祖平渤海，以所俘
户居之，隶黑水河提辖司。安帝置州，析宜、霸二州汉户益之。初隶
永兴宫，更隶中京，后置府，来属。统县一：

盛吉县，太祖平渤海，俘兴州盛吉县民来居，因置县。

宜州，崇义军。上，节度。本辽西棘县地。东丹王每秋畋于此。兴宗以定州俘户建州。有坟山，松柏连亘百余里，禁樵采；凌河，累石为堤。隶积庆宫。统县二：

弘政县，世宗以定州俘户置。民工织纴，多技巧。

闻义县，世宗置。初隶海北州，后来属。

锦州，临海军，中，节度。本汉辽东无虑县，慕容皝置西乐县。太祖以汉俘建州。有大胡僧山、小胡僧山、大查牙山、小查牙山、淘河岛。隶弘义宫。统州一、县二：

永乐县。

安昌县。

岩州，保肃军，下，刺史。本汉海阳县地。太祖平渤海，迁汉户杂居兴州境，圣宗于此建城焉。隶弘义宫，来属。统县一：

兴城县。

川州，长宁军，中，节度。本唐青山州地。太祖弟明王安端置。会同三年，诏为白川州。安端子察割以大逆诛，没入，省曰川州。初隶崇德宫，统和中属文忠王府。统县三：

弘理县，统和八年以诸宫提辖司户置。

咸康县。

宜民县，统和中置。

建州，保静军，上，节度。唐武德中，置昌乐县。太祖完葺故垒，置州。汉乾祐元年，故石晋太后诣世宗，求于汉城侧耕垦自赡。许于建州南四十里给地五十顷，营构房室，创立宗庙。州在灵河之南，屡遭水害，圣宗迁于河北康崇州故城。初属武宁军，隶永兴宫，后属敦睦宫。统县二：

永霸县。

永康县，本唐昌黎县地。

来州，归德军，下，节度。圣宗以女直五部岁饥来归，置州居之。初刺史，后升。隶永兴宫。有三州山、六州山、五脂山。统州二、县一：

来宾县，本唐来远县地。

隰州，平海军，下，刺史。慕容皝置集宁县。圣宗括帐户迁信州，大雪，不能进，建城于此，置焉。隶与圣宫，来属。统县一：

海阳县，本汉县。濒海，地多碱卤，置盐场于此。

迁州，兴善军，下，刺史。本汉阳乐县地。圣宗平大延琳，迁归州民置，来属。有箭笴山。统县一：

迁民县。

润州，海阳军，下，刺史。圣宗平大延琳，迁宁州之民居此，置州。统县一：

海滨县，本汉阳乐县地，迁润州，本东京城内渤海民户，因叛移于此。

辽史卷四〇
志第一〇

地理四

南京道

　　南京析津府。本古冀州之地。高阳氏谓之幽陵，陶唐曰幽都，有虞析为幽州。商并幽于冀，周分并为幽。《职方》：东北幽州，山镇医巫闾，泽薮貕养，川河、泲，浸菑、时。其利鱼、盐，其畜马、牛、豕，其谷黍、稷、稻。武王封太保奭于燕。秦以其地为渔阳、上谷、右北平、辽西、辽东五郡。汉为燕国，历封臧荼、卢绾、刘建、刘泽、刘旦，尝置涿郡广阳国。后汉为广平国广阳郡，或合于上谷，复置幽州。后周置燕及范阳郡，隋为幽州总管。唐置大都督府，改范阳节度使。安禄山、史思明、李怀仙、朱滔、刘怦、刘济相继割据，刘总归唐。至张仲武、张允仲，以正得民。刘仁恭父子僭争，遂入五代。自唐而晋，高祖以辽有援立之劳，割幽州等十六州以献，太宗升为南京，又曰燕京。城方三十六里，崇三丈，衡广一丈五尺，敌楼、战橹具。八门：东曰安东、迎春，南曰开阳、丹凤，西曰显西、清晋，北曰通天、拱辰。大内在西南隅。皇城内有景宗、圣宗御容殿二：东曰宣和，南曰大内。内门曰宣教，改元和。外三门曰南端、左掖、右掖。左掖改万春，右掖改千秋。门有楼阁，球场在其南，东为永平馆。皇城西门曰显西，设而不开；北曰子北。西城颠有凉殿，东北隅有燕角楼。坊市、廨舍、寺观，盖不胜书。其外，有居庸、松亭、榆林之关，古北之口，桑乾河、高梁河、石子河、大安山、燕山（中有瑶屿）。府曰幽都，军号卢龙。开泰元年落军额。统州六、县十一：

析津县，本晋蓟县，改蓟北县，开泰元年更今名。以燕分野旅寅为析木之津，故名。户二万。

宛平县，本晋幽都县，开泰元年改今名。户二万二千。

昌平县，本汉军都县，后汉属广阳郡，晋属燕国，元魏置东燕郡及昌平县。郡废，县隶幽州。在京北九十里。户七千。

良乡县，燕为中都县，汉改良乡县。旧属涿郡，北齐天保七年省入蓟县，武平六年复置。唐圣历元年改固节镇，神龙元年复为良乡县，刘守光徙治此。在京南六十里。户七千。

潞县，本汉旧县，属渔阳郡。唐武德二年置元州，贞观元年州废，复为县。有潞水。在京东六十里。户六千。

安次县，本汉旧县，属渔阳郡。唐武德四年徙置东南五十里石梁城，贞观八年又徙今县西五里常道城，开元二十三年又徙耿就桥行市南。在京南一百二十里。户一万二千。

永清县，本汉益昌县，隋置通泽县，唐置武隆县，改会昌，天宝初为永清县。在京南一百五十里。户五千。

武清县，前汉雍奴县，属渔阳郡。《水经》：雍奴者，薮泽之名，四面有水曰雍，不流曰奴。唐天宝初改武清。在京东南一百五十里。户一万。

香河县，本武清孙村。辽于新仓置榷盐院，居民聚集，因分武清、香河、潞三县户置。在京东南一百二十里。户七千。

玉河县，本泉山地。刘仁恭于大安山创宫观，师炼丹羽化之术于方士王若讷，因割蓟县分置，以供给之。在京西四十里。户一千。

潞阴县，本汉泉山之霍村镇。辽每季春，弋猎于延芳淀，居民成邑，就城故潞阴镇，后改为县。在京东南九十里。延芳淀方数百里，春时鹅鹜所聚，夏秋多菱芡。国主春猎，卫士皆衣墨绿，各持连锤、鹰食、刺鹅锥，列水次，相去五七步。上风击鼓，惊鹅稍离水面。国主亲放海东青鹘擒之。鹅坠，恐鹘力不胜，在列者以佩锥刺鹅，急取其脑饲鹘。得头鹅者,例赏银绢。国主、皇族、郡臣各有分地。户五千。

宋王曾《上契丹事》曰:自雄州白沟驿渡河,四十里至新城县,古督亢亭之地。又七十里至涿州。北渡范水、刘李河,六十里至良乡县。渡卢沟河,六十里至幽州,号燕京。子城就罗郭西南为之。正南曰启夏门,内有元和殿,东门曰宣和。城中坊闬皆有楼。有悯忠寺,本唐太宗为征辽阵亡将士所造。又有开泰寺,魏王耶律汉宁造。皆遣朝使游观。南门外有于越王廨,为宴集之所。门外水平馆,旧名碣石馆,清和后易之。南即桑乾河。

顺州,归化军,中,刺史。秦上谷,汉范阳,北齐归德郡境。隋开皇中,粟末靺鞨与高丽战不胜,厥稽部长突地稽率八部胜兵数千人,自扶余城西北举落内附,置顺州以处书。唐武德初改燕州,会昌中改归顺州,唐末仍为顺州。有温渝河,白遂河,曹王山(曹操尝驻军于此),黍谷山(邹衍吹律之地),南有齐长城。城东北有华林、天柱二庄,辽建凉殿,春赏花,夏纳凉。初军曰归宁,后更名。统县一:

怀柔县,唐贞观六年置,治五柳城,改顺义县。开元四年置松漠府弹汗州。天宝元年改归化县。乾元元年复今名。户五千。

檀州,武威军,下,刺史。本燕渔阳郡地,汉为白檀县。《魏书》:曹公历白檀,破乌丸于柳城。《续汉书》:白檀在古北平。元魏创密云郡,兼置安州。后周改为元州。隋开皇十八年,割燕乐、密云二县置檀州。唐天宝元年改密云郡,乾元元年复为檀州。辽加今军号。有桑溪、鲍丘山、桃花山、螺山。统县二:

密云县,本汉白檀县,后汉以居犀奚。元魏置密云郡,领白檀、要阳、密云三县。高齐废郡及二县,来属。户五十。

行唐县,本定州行唐县。太祖掠定州,破行唐,尽驱其民,北至檀州,择旷土居之,凡置十寨,仍名行唐县。隶彰愍宫。户三千。

涿州,永泰军,上,刺史。汉高祖六年分燕置涿郡,魏文帝改范阳郡,晋为范阳国,元魏复为郡。隋开皇二年罢郡,属幽州,大业三年以幽州为涿郡。唐武德元年郡废,为涿县,七年改范阳县,大历四年置涿州。石晋以归太祖。有大房山、六聘山、涿水、楼桑河、横沟河、礼逊河、祁沟河。统县四：

范阳县，本汉涿县。唐武德中改范阳县。有涿水、范水。户一万。

固安县，本汉方城县，先属广阳国。隋开皇九年，自易州涞水县移置，属幽州，取汉故安县名。唐武德四年属北义州，徒治章信堡。贞观二年义州废，移今治，复属幽州。在州东南九十里。户一万。

新城县，本汉新昌县。唐大历四年析固安县置，后省。后唐天成四年复析范阳县置。在州南六十里。户一万。

归义县，本汉易县地，齐并入郧县。唐武德五年置北义州，州废，复置县，来属。民居在巨马河南，侨治新城。户四千。

易州，高阳军，上，刺史。汉为易、安故二县地。隋置易州，隋末为上谷郡。唐武德四年复易州。天宝元年仍上谷郡。乾元元年又改易州。五代隶定州节度使。会同九年，孙方简以其地来附。应历九年，为周世宗所取，后属宋。统和七年，攻克之，升高阳军。有易水、涞水、狼山、太宁山、白马山。统县三：

易县，本汉县，故城在今县东南六十里。齐天保七年省。隋开皇十六年，于故安城西北隅置县，即今县治也。户二万五千。

涞水县，本汉道县，今县北一里故道城是也。元魏移于故城南，即今县置。周大象十八年，改涞水县，在州东四十里，有涞水。户二万七千。

容城县，本汉县，先属涿郡，故城在雄州西南。唐武德五年属北义州。贞观元年还本属。圣历二年改全忠县。天宝元年复名容城县。在州东八十里。户民皆居巨马河南，侨治涿州新城县。户五千。

蓟州，尚武军，上，刺史。秦渔阳、右北平二部地。隋开皇中，徒治玄州总管府，炀帝改渔阳郡。唐武德元年废入幽州，开元十八年分立蓟州。统县三：

渔阳县，本汉县，属渔阳郡。晋省，复置。元魏省。唐属幽州，开元十八年置蓟州。有鲍丘水。户四千。

三河县,本汉临朐县地,唐开元四年析潞州置。户三千。

玉田县,本春秋无终子国。汉置无终县,属右北平郡。元魏属渔阳郡治,省。唐武德二年复置。贞观初省,乾封中复置。万岁通天元年更名玉田,属营州。开元四年,还属幽州。八年,属营州。十一年,又属幽州。十八年来属。《搜神记》:"雍伯,洛阳人,性孝,父母没,葬无终山。山高八十里,上无水,雍伯置饮。人有就饮者,与石一斗,种生玉,因名玉田。"户三千。

景州,清安军,下,刺史。本蓟州遵化县,重熙中置。户三千。遵化县,本唐平州买马监,为县来属。

平州,辽兴军,上,节度。商为孤竹国,春秋山戎国。秦为辽西、右北平二郡地,汉因之。汉末,公孙度据有,传子康、孙渊,入魏。隋开皇中改平州,大业初复为郡。唐武德初改州,天宝元年仍北平郡。后唐复为平州。太祖天赞二年取之,以定州俘户错置其地。统州二、县三:

卢龙县,本肥如国。春秋晋灭肥,肥子奔燕,受封于此。汉、晋属辽西郡。元魏为郡治,兼立平州。北齐属北平郡。隋开皇中省肥如,入新昌。十八年改新昌曰卢龙。唐为平州,后因之。户七千。

安喜县,本汉令支县地,久废。太祖以定州安喜县俘户置。在平东北六十里。户五千。

望都县,本汉海阳县,久废。太祖以定州望都县俘户置。有海阳山。县在州南三十里。户三千。

滦州,永安军,中,刺史。本古黄洛城。滦河环绕,在卢龙山南。齐桓公伐山戎,见山神俞鬼,即此。秦为右北平,汉为石城县。后名海阳县。汉末为公孙度所有。晋以后属辽西。石晋割地,在平州之境。太祖以俘户置。滦州负山带河,为朔汉形胜之地。有扶苏泉,甚甘美,秦太子扶苏北筑长城常驻此。临榆山,峰峦崛起,高千余仞,下临渝河。统县三:

义丰县,本黄洛故城。黄洛水北出卢龙山,南流入于濡水。汉属辽西郡,久废。唐季入契丹,世宗置县。户四千。

马城县,本卢龙县地。唐开元二十八年析置县,以通水运。东北有千金冶,东有茂乡镇。辽割隶滦州。在州西南四十里。户三千。

石城县,汉置,属右北平郡,久废。唐贞观中于此置临渝县,万岁通天元年改右城县,在滦州南三十里,唐仪凤石刻在焉。今县又在其南五十里,辽徙置以就盐官。户三千。

营州,邻海军,下,刺史。本商孤竹国,秦属辽西郡。汉为昌黎郡。前燕慕容皝徙都于此。元魏立营州,领昌黎、建德、辽东、乐浪、冀阳、营丘六郡。后周为高宝宁所据。隋开皇置州,大业改辽西郡。唐武德元年改营州,万岁通天元年始入契丹,圣历二年侨治渔阳,开元五年还治柳城,天宝元年改曰柳城郡。后唐复为营州。太祖以居定州俘户。统县一:

广宁县,汉柳城县,属辽西郡。东北与奚、契丹接境。万岁通天元年,入契丹李万营,神龙元年移幽州界,开元四年复旧地。辽改今名。户三千。

辽史卷四一
志第一一

地理五

西京道

　　西京大同府。陶唐冀州之域,虞分并州,夏复属冀州。周《职方》,正北曰并州。战国属赵,武灵王始置云中郡。秦属代王国,后为平城县。魏属新兴郡。晋仍属雁门。刘琨表封猗卢为代王,都平城。元魏道武于此遂建都邑。孝文帝改为司州牧,置代尹,迁都洛邑,改万年,又置恒州。高齐文宣帝废州为恒安镇,今谓之东城,寻复恒州。周复恒安镇,改朔州。隋仍为镇。唐武德四年置北恒州,七年废。贞观十四年移云中定襄县于此。永淳元年默啜为民患,移民朔州。开元十八年置云中州,天宝元年改云中郡。乾元元年曰云州。乾符三年,大同军节度使李国昌子克用为云中守捉使,杀防御使,据州以闻。僖宗赦克用,以国昌为大同军防御使,不受命。广明元年,李琢攻国昌,国昌兵败,与克用奔北地。黄巢入京师,诏发代北军,寻赦国昌,使讨贼。克用率三万五千骑而南,收京师,功第一,国昌封陇西郡王。国昌卒,克用取云南。既而所向失利,乃卑词厚礼,与太祖会于云州之东城,谋大举兵攻梁,不果。克用子存勗灭梁,是为唐庄宗。同光三年,复以云州为大同军节度使。晋高祖代唐,以契丹有援立功,割山前、代北地为赂,大同来属,因建西京。敌楼、棚橹具。广袤二十里。门,东曰迎春,南曰朝阳,西曰定西,北拱极。元魏宫垣占城之北面,双阙尚在。辽既建都,用为重地,非亲王不得主之。清宁八年建华严寺,奉安诸帝石像、铜像。又有天王寺、留守司衙,南曰西省。北门之东曰大同府,北门之西曰大同驿。初为大同军节度,重熙十三年升为西京,府曰大同。统州二、县七:

大同县,本大同州地。重熙十七年西夏犯边,析云中县置。户一万。

云中县,赵置。沿革与京府同。户一万。

天成县,本极塞之地。魏道武帝置广牧县,唐武德五年置定襄县,辽析云中置。在京北一百八十里。户五千。

长青县,本白登台地。冒顿单于纵精骑三十余万围汉高帝于白登七日,即此。辽始置县。有青陂。梁元帝《横吹曲》云:"朝跋青陂,暮上白登。"在京东北一百一十里。户四千。

奉义县,本汉陶林县地。后唐武皇与太祖会此。辽析云中置。户三千。

怀仁县,本汉沙南县。元魏葛荣乱,县废。隋开皇二年移云内于此。大业二年置大利县,属云州,改属定襄郡。隋末陷突厥。李克用败赫连铎,驻兵于此。辽改怀仁。在京南六十里。户三千。

怀安县,本汉夷舆县地。历魏至隋,为突厥所据。唐克颉利,县遂废为怀荒镇。高勋镇燕,奏分归化州文德县置。初隶奉圣州,后来属。在州西北二百八十里。户三千。

弘州,博宁军,下,刺史。东魏静帝置北灵丘县。唐初地陷突厥,开元中置横野军安边县,天宝乱废,后为襄阴村。统和中,以寰州近边,为宋将潘美所破,废之。乃于此置弘州,初军曰永宁。有桑乾河、白道泉、白登山,亦曰火烧山,有火井。统县二:

永宁县,户一万。

顺圣县,本魏安塞军,五代兵废。高勋镇幽州,奏景宗分永兴县置。初隶奉圣州。在州西北二百八十里。户三千。

德州,下,刺史。唐会昌中以西德店置德州。开泰八年以汉户复置。有步落泉、金河山、野孤岭、白道坂。县一:

宣德县,本汉桐过县地,属云中郡,后隶定襄郡,汉末废。高齐置紫阿镇。唐会昌中置县。户三千。

丰州,天德军。节度使。秦为上郡北境,汉属五原郡。地碛卤,少田畴。自晋永嘉之乱,属赫连勃勃。后周置永丰镇。隋开皇中升永丰县,改丰州。大业七年为五原郡。义宁元年太守张逊奏改归顺郡。唐武德元年为丰州总管府,六年省,迁民于白马县,遂废。贞观四年分灵州境,置丰州都督府,领蕃户。天宝初改九原郡。乾元元年复丰州,后入回鹘。会昌中克之,后唐改天德军。太祖神册五年攻下,更名应天军,复为州。有大盐泺、九十九泉、没越泺、古碛口、青冢,即王昭君墓。兵事属西南面招讨司。统县二:

富民县,本汉临戎县,辽改今名。户一千二百。

振武县,本汉定襄郡盛乐县。背负阴山,前带黄河。元魏尝都盛乐,即此。唐武德四年克突厥,建云中都督府。麟德三年改单于大都督府,圣历元年又改安北都督。开元七年割隶东受降城。八年置振武军节度使。会昌五年为安北都护府。后唐庄宗以兄嗣本为振武节度使。太祖神册元年,伐吐浑还,攻之,尽俘其民以东,唯存乡兵三百人防戍。后更为县。

云内州,开远军,下,节度。本中受降城地。辽初置代北云朔招讨司,改云内州。清宁初升。有威塞军、古可敦城、大同州、天安军、永济栅、安乐戍、拂云堆。兵事属西南面招讨司。统县二:

柔服县。

宁人县。

天德军。本中受降城。唐开元中废横塞军,置天安军于大同川。乾元中改天德军,移永济栅,今治是也。太祖平党项,遂破天德,尽掠吏民以东。后置招讨司,渐成井邑,乃以国族为天德军节度使。有黄河、黑山峪、庐城、威塞军、秦长城、唐长城,又有牟那山,钳耳觜城在其北。

宁边州,镇西军,下,刺史。本唐隆镇,辽置。兵事属西南面招讨司。

奉圣州,武定军,上,节度。本唐新州。后唐置团练使,总山后八军,庄宗以弟存矩为之。军乱,杀存矩于祁州,拥大将卢文进亡归。太祖克新州,庄宗遣李嗣源复取之。同光二年升威塞军。石晋高祖割献,太宗改升。有两河会、温泉、龙门山、涿鹿山。东南至南京三百里,西北至西京四百四十里。兵事属西京都部署司。统州三、县四:

永兴县,本汉涿鹿县地。黄帝与蚩尤战于此。户八十。

矾山县,本汉军都县,山出白绿矾故名。有矾山、桑乾河。在州南六十里。户三千。

龙门县,有龙门山,石壁对峙,高数百尺,望之若门。徼外诸河及沙漠潦水,皆于此趣海。雨则俄顷水逾十仞,晴则清浅可涉,实塞北控扼之冲要也。在州东北二百八十里。户四千。

望云县,本望云川地。景宗于此建潜邸,因而成井肆。穆宗崩,景宗入绍国统,号御庄。后置望云县,直隶彰愍宫,附庸于此。在州东北二百六十里。户一千。

归化州,雄武军,上,刺史。本汉下洛县。元魏改文德县。唐升武州,僖宗改毅州。后唐太祖复武州,明宗又为毅州,潞王仍为武州。晋高祖割献于辽,改今名。有桑乾河、会河川、爱阳川;炭山,又谓之陉头,有凉殿,承天皇后纳凉于此,山东北三十里有新凉殿,景宗纳凉于此,唯松棚数陉而已;断云岭,极高峻,故名。州西北至西京四百五十里。统县一:

文德县,本汉女祁县地,元魏置。户一万。

可汗州,清平军,下,刺史。本汉潘县,元魏废。北齐置北燕郡,改怀戎县。隋废郡,属涿郡。唐武德中复置北燕州,县仍旧。贞观八年改妫州。五代时,奚王去诸以数千帐欲妫州,自别为西奚,号可汗州,太祖因之。有妫泉在城中,相传舜嫔二女于此。又有温泉、版泉、磨笄山、鸡鸣山、乔山、历山。统县一:

怀来县,本怀戎县,太祖改。户三千。

儒州,缙阳军,中,刺史。唐置。后唐同光二年隶新州。太宗改奉圣州,仍属。有南溪河、沽河、宋王峪、桃峪口。统县一:

缙山县,本县广宁县地。唐天宝中割妫川县置。户五千。

蔚州,忠顺军,上,节度。周《职方》:并州川曰沤夷,在州境飞狐县。赵襄子灭代;武灵王置代郡;项羽徙赵歇为代王;歇还赵,立陈余王代;汉韩信斩余,复置代郡;文帝初封代,皆此地。周宣帝始置蔚州,隋开皇中废,唐武德四年复置。至德二年改兴唐县。乾元元年仍旧。大中后,朱邪执宜为刺史,有功,赐姓名李国昌。子克用乞为留后,僖宗不许。广明初,攻败国昌,代北无备,太祖来攻,克之,俘掠居民而去。石晋献地,升忠顺军,后更武安军。统和四年入宋,寻复之,降刺史,隶奉圣州,升观察,复忠顺军节度。兵事属西京都部署司。统县五:

灵仙县,唐置兴唐县,梁改隆化县,后唐同光初复置,晋改今名。户二万。

定安县,本汉东安阳县地,久废。后唐太祖伐刘仁恭,次蔚州,晨雾晦冥,占,不利深入,会雷电大作,燕军解去,即此。辽置安定县。西北至州六十里。户一万。

飞狐县,后周大象二年置广昌县于五龙城,即此。隋仁寿元年改名飞狐。相传有狐于紫荆岭食五粒松子成飞仙,故云。西北至州一百四十里。户五千。

灵丘县,汉置。后汉省。东魏复置,属灵丘郡。隋开皇中罢郡来属,大业初改隶代州,唐武德六年仍旧。东北至州一百八十里。户三千。

广陵县,本汉延陵县。隋唐为镇州。后唐同光初分兴唐县置。

石晋割属辽。东南至州四十里。户三千。

应州，彰国军，上，节度。唐武德中置金城县，后改应州。后唐明宗，州人也。天成元年升彰国军节度，兴唐军、寰州隶焉。辽因之。北龙首山，南雁门。兵事属西京都部署司。统县三：

金城县，本汉阴馆县地，汉末废为阴馆城。大业末陷突厥。唐始置金城县，辽因之。户八千。

浑源县，唐置。有浑源川。在州东南一百五十里。户五千。

河阴县，本汉阴馆县地。初隶朔州，清宁中来属。户三千。

朔州，顺义军，下，节度。本汉马邑县地。元魏孝文帝始置朔州，在今州北三百八十里定襄故城。葛荣乱，废。高齐天保六年复置，在今州南四十七里新城。八年徙马邑，即今城。武成帝置北道行台。周武帝置朔州总管府。隋大业三年改马邑郡。唐武德四年复朔州。辽升顺义军节度。兵事属西京都部署司。统州一、县三：

鄯阳县，本汉定襄县地。建安中置新兴郡。元魏置桑乾郡。高齐置招远县，郡仍旧。隋开皇三年罢郡，隶朔州。大业元年初名鄯阳县，辽因之。户四千。

宁远县，齐天保六年，于朔州西置招远县。唐乾元元年改今名，辽因之。有宁远镇。东至朔州八十里。户二千。

马邑县，汉置，属雁门郡。唐开元五年，析鄯阳县东三十里置大同军，倚郭置马邑县。南至朔州四十里。户三千。

武州，宣威军，下，刺史。赵惠王置武川塞。魏置神武县。唐末置武州。唐改毅州。重熙九年复武州，号宣威军。统县一：

神武县，魏置。晋改新城。后唐太祖生神武川之新城，即此。初隶朔州，后置州，并宁远为一县来属。户五千。

东胜州，武兴军，下，刺史。隋开皇七年置胜州，大业五年改榆林郡。唐贞观五年于南河地置决胜州，故谓此为东胜州。天宝七年又为榆林郡。乾元元年复为胜州。太祖神册元年破振武军,胜州之民皆趋河东,州废。晋割代北来献,复置。兵事属西南面招讨司。统县二:

榆林县。

河滨县。

金肃州。重熙十二年伐西夏置。割燕民三百户,防秋军一千实之。属西南面招讨司。

河清军。西夏归辽,开直路以趋上京。重熙十二年建城,号河清军。徒民五百户,防秋兵一千人实之。属西南面招讨司。

辽史卷四二
志第一二

历象上

历

　　辽以幽、营立国，礼乐制度规模日完，授历颁朔二百余年。今奉诏修辽史，体与宋、金似，其《大明历》不可少也。历书法禁不可得，求《大明》历元，得祖冲之法于外史。冲之之法，辽历之所从出也软？国朝亦尝因之。以冲之法算，而至于辽更历之年，以起元数，是盖辽《大明历》。辽历因是固可补，然弗之补，史贵阙文也。外史纪其法，司天存其职，《辽史》志是足矣。作《历象志》。

　　大同元年，太宗皇帝自晋汴京收百司僚属技术、历象，迁于中京，辽始有历。

　　先是，梁、唐仍用唐景福《崇玄历》。晋天福四年，司天监马重绩奏上《乙未元历》，号《调元历》，太宗所收于汴是也。穆宗应历十一年，司天王白、李正等进历，盖《乙未元历》也。圣宗统和十二年，可汗州刺史贾俊进新历，则《大明历》是也。高丽所志《大辽古今录》称，统和十二年始颁正朔改历，验矣。《大明历》本宋祖冲之法，具见沈约《宋书》。具如左。

　　宋武帝大明六年，祖冲之上《甲子元历》法，未及施用，因名《大明历》。

上元甲子至宋大明七年癸卯,五万一千九百三十九年算外。

元法:五十九万二千三百六十五。

纪法:三万九千四百九十一。

章岁:三百九十一。

章月:四千八百三十六。

章闰:一百四十四。

闰法:十二。

月法:十一万六千三百二十一。

日法:三千九百三十九。

余数:二十万七千四十四。

岁余:九千五百八十九。

没分:三百六十万五千九百五十一。

没法:五万一千七百六十一。

周天:一千四百四十二万四千六百六十四。

虚分:万四百四十九。

行分法:二十三。

小分法:一千七百一十七。

通周:七十二万六千八百一十。

会周:七十一万七千七百七十七。

通法:二万六千三百七十七。

差率:三十九。

推朔术:

置入上元年数算外,以章月乘之。满章岁为积月,不尽为闰余。闰余二百四十七以上,其年有闰。以月法乘积月,满日法为积月,不尽为小余。六旬去积日,不尽为大余。大余命以甲子,算外,所求年天正十一月朔也。小余千八百四十九以上,其月大。

求次月:

加大余二十九,小余二千九十。余满日法从大余,大余满六旬去之,命如前,次月朔也。

求弦望：

加朔大余七，小余千五百七，小分一。小分满四从小余，小余满日法从大余，命如前，上弦日也。又加得望，又加得下弦，又加得后月朔也。

推闰术：

以闰余减章岁，余满闰法得一月，命以天正，算外，闰所在也。闰有进退，以无中气为正。

推二十四气：

置入上元年数算外，以余数乘之，满纪法为积日，不尽为小余。六旬去积日，不尽为大余。大余命以甲子，算外，天正十一月冬至日也。

求次气：

加大余十五，小余八千六百二十六，小分五。小分满六从小余，满纪法从大余，命如前，次气日也。

求土王用事：

加冬至大余二十七，小余万五千五百二十八，季月土用事日也。又加大余九十一，小余万二千二百七十，次土用事日也。

推没术：

以九十乘冬至小余，以减没分，满没法为日，不尽为日余，命日以冬至，算外，没日也。

求次没：

加日六十九，日余三万四千四百四十二，余满没法从日，次没日也。日余尽为灭。

推日所在度术：

以纪法乘朔积日为度实，周天去之，余满纪法为积度，不尽为度余。命以虚一，次宿除之，算外，天正十一月朔夜半日所在度也。

求次月：

大月加度三十，小月加度二十九，入虚去度分。

求行分：

以小分法除度余,所得为行分,不尽为小分,小分满法从行分,行分满法从度。

求次日:

加一度。入虚去行分六,小分百四十七。

推月所在度术:

以朔小余乘百二十四为度余,又以朔小余乘八百六十为微分,微分满月法从度,度余满纪法为度。以减朔夜半日所在,则月所在度。

求次月:

大月加度三十五,度余三万一千八百三十四,微分七万七千九百六十七,小月加度二十二,度余万七千二百六十一,微分六万三千七百三十六,入虚去度也。

迟疾历:

月　行　度	损　益　率	盈缩积分	差　　法
一日 十四行分十三	益七十	盈初	五千三百四
二日 十四十一	益六十五	盈百八十四万二千三百一十六	五千二百七十
三日 十四八	益五十七	盈三百五十五万七百六	五千二百一十九
四日 十四四	益四十七	盈五百五万八千三百八	五千一百五十一
五日 十三二十一	益三十四	盈六百二十九万七千八百五十七	五千六十六
六日 十三十七	益二十二	盈七百二十万二千六百九十一	四千九百八十一

七日 十三十一	益六	盈七百七十七万 二千七百一十一	四千八百七十九
八日 十三五	损九	盈七百九十四万 九千五百二	四千七百七十七
九日 十二二十二	损二十四	盈七百七十万七 千四百一十五	四千六百七十五
十日 十二十六	损三十九	盈七百七万 二千一百	四千五百七十三
十一日 十二十一	损五十二	盈六百三万五 千七	四千四百八十八
十二日 十二八	损六十	盈四百六十六 万三千一百	四千四百三十七
十三日 十二六	损六十五	盈三百九万三 百三	四千四百三
十四日 十二四	损七十	盈百三十八万三 千五百八十	四千三百六十九
十五日 十二五	益六十七	缩四十五万七 千六十九	四千三百八十六
十六日 十二七	益六十二	缩二百二十三万 七百五十五	四千四百二十
十七日 十二十	益五十五	缩三百八十七 万五十四	四千四百七十一
十八日 十二十四	益四十四	缩五百三十一万 九千三百八十五	四千五百二十九
十九日 十二十九	益三十二	缩六百四十八 万四百四	四千六百二十四
二十日 十三	益十九	缩七百三十一 万六千六百八	

二十一日 十三七	益四	缩七百八十一万 七千九百九十六	四千八百一十一
二十二日 十二十二	损十一	缩七百九十一 万七千六百七	四千九百一十三
二十三日 十三十九	损三十七	缩七百六十一万 五千四百四十	五千一十五
二十四日 十四一	损三十九	缩六百九十万一 千四百九十五	五千一百
二十五日 十四十六	损五十二	缩五百八十七万 一千七百三十五	五千一百八十五
二十六日 十四十	损六十二	缩四百四十九万 九千一百五十九	五千二百五十三
二十七日 十四十二	损六十七	缩二百八十五万 七千七百三十二	五千二百八十七
二十八日 十四十	损七十四	缩百八万二千 三百七十九	五千三百三十一

推入迟疾历术：

以通法乘朔积日为通实，通周去之。余满通法为日，不尽为日余。命日算外，天正十一月朔夜半入历日也。

求次月：

大月加二日，小月加一日，日余皆万一千七百四十六。历满二十七日，日余万四千六百三十一，则去之。

求次日：

加一日。求日所在定度：

以夜半入历日余乘损益率，以损益盈缩积分，如差率而一，所得满纪法为度，不尽为度余，以盈加缩减平行度及余为定度。益之或满法，损之或不足，以纪法进退。求度行分如上法。求次日，如所入迟疾加之。虚去分，如上法。

阴阳历：

	损　益　率	兼　　数
一日	益十六	初
二日	益十五	十六
三日	益十四	三十一
四日	益十二	四十五
五日	益九	五十七
六日	益五	六十六
七日	益一	七十一
八日	损二	七十二
九日	损六	七十
十日	损十	六十四
十一日	损十三	五十四
十二日	损十五	四十一
十三日	损十六	二十六
十四日	损十六	十

推入阴阳历术：

　　置通实以会周去之,不满交数二十五万八千八百八十八半为朔入阳历分,各去之,为朔入阴历分,各满通法得一日,不尽为日余。命日算外,天正十一月朔夜半入历日也。

　　求次月：

大月加二日,小月加一日,日余皆二万七百七十九。历满十三日,日余万五千九百八十七半,则去之。阳竟入阴,阴竟入阳。

求次日:

加一日。

求朔望差:以二千二十九乘朔小余,满三百三为日余,不尽倍之为小分,则朔差数也。加一十四日,日余二万一百八十六,小分百二十五。小分满六百六从日余,日余满通法为日,即望差数也。又加之,后月朔也。

求合朔月食:

置朔望夜半入阴阳历及余,有半者去之,置小分三百三,以差数加之。小分满六百六从日余,日余满通法从日,日满一历去之。命日算外,则朔望加时入历也。朔望加时入历一日,日余四千一百九十八,小分四百二十八以下,十二日,日余万一千七百八十八,小分四百八十一以上,朔则交会,望则月食。

求合朔月食定大小余:

合差数日余加夜半入迟疾历余,日余满通法从日,则朔望加时入历也。以入历余乘损益率,以损益盈缩积分,如差法而一,以盈减缩加本朔望小余为定小余。益之或满法,损之或不足,以日法进退日。

求合朔月食加时:

以十二乘定小余,满日法得一辰,命以子,算外,加时所在辰也。有余者四之,满日法得一为少,二为半,三为太。又有余者三之,满日法得一为强,以强并少为少强,并半为半强,并太为太强。得二者为少弱,以并太为一辰弱,以前辰名之。

求月去日道度:

置入阴阳历余乘损益率,如通法而一,以损益兼数为定。定数十二而一为度。不尽三而一,为少、半、太。又不尽者,一为强,二为少弱,则月去日道数也。阳历在表,阴历在里。

测景漏刻中星数:

二十四气	日中景	昼漏刻	夜漏刻	昏中星度	明中星度
冬至	一丈三尺	四十五	五十五	八十二 行分二十一	二百八十二 行分八
小寒	一丈二尺 四寸三分	四十五 六	五十四 四	八十四	二百八十二 六
大寒	一丈一尺 二寸	四十六 七	五十三 二	八十六 一	二百八十六
立春	九尺 八寸	四十八 四	五十一 六	八十九 三	二百七十七 三
雨水	八尺 一寸七分	五十 五	四十九 五	九十三	二百七十三 七
惊蛰	六尺 六寸七分	五十二 九	四十七	九十一	二百六十八 十二
春分	五尺 三寸七分	五十五 五	四十四 五	百二 三	二百六十四 三
清明	四尺 二寸五分	五十八 一	四十一 九	百六 二十一	二百五十九 八
谷雨	二尺 二寸六分	六十 四	三十九 六	百一十一 三	二百五十四 四
立夏	二尺 五寸三分	六十二 四	三十七 六	百一十四 十八	二百五十一 七
小满	一尺 九寸九分	六十三 九	二十六 一	百一十七 十二	二百四十八 十七
芒种	一尺 六寸九分	六十四 八	二十五 二	百一十九 四	二百四十七 二

夏至	一尺五寸	六十五	三十五	百一十九十二	二百四十六十七
小暑	一尺六寸九分	六十四八分	三十五一	百一十九四	二百四十七一
大暑	一尺九寸九分	六十三九	三十六一	百一十七十二	二百四十八十七
立秋	二尺五寸三分	六十二四	三十七六	百一十四十八	二百五十一十一
处暑	三尺二寸六分	六十四	三十九六	百一十一二	二百五十四四
白露	四尺二寸五分	五十八一	四十一九	百六二十一	二百五十九八
秋分	五尺三寸七分	五十五五	四十四五	百二三	二百六十四三
寒露	六尺六寸七分	五十二九	四十七一	九十七九	二百六十八二十
霜降	八尺一寸七分	五十五	四十九五	九十三	二百七十三七
立冬	九尺八寸	四十八四	五十一六	八十九三	二百七十七三
小雪	一丈一尺二寸	四十六七	五十三三	八十六一	二百八十六
大雪	一丈二尺四寸三分	四十五六	五十四四	八十四	二百八十二六

求昏明中星：

　　各以度数如夜半日所在，则中星度。

推五星术：

木率，千五百七十五万三千八十二。

火率，三千八十万四千一百九十六。

土率，千四百九十三万三百五十四。

金率，二千三百六万一十四。

水率，四百五十七万六千二百四。

推五星术：

置度实各以率去之，余以减率，其余，如纪法而一，为入岁日，不尽为日余，命以天正朔，算外，星合日。

求星合度：

以入岁日及余从天正朔日积度及余，满纪法从度，满三百六十余度分则去之，命以虚一，算外，星合所在度也。

求星见日：

以术伏日及余加星合日及余，余满纪法从日，命如前，见日也。

求星见度：

以术伏度及余加星合度及余，余满纪法从度，入虚去度分，命如前，星见度也。

行五星法：

以小分法除度余，所得为行分，不尽为小分，及日加所行分，满法从度，留者因前，逆则减之，伏不尽度。从行入虚，去行分六，小分百四十七，逆行出虚，则加之。

木星：

初与日合，伏，十六日，日余万七千八百三十二，行二度，度余三万七千五百四，晨见东方。从，日行四分，百一十二日行十九度十一分。留，二十八日。逆，日行三分，八十六日退十一度五分。又留，一十八日。从，日行四分，百一十五日，夕伏西方，日度余如初。一终三百九十八日，日余五万五千六百六十四，行三十三度，度余二万五千二百一十五。

火星：

初与日合，伏，二十七日，日余六百八，行五十五度，度余二万八千八百六十五,晨见东方。从,疾,日行十七分,九十二日行六十八度。小迟,日行十四分,九十二日行五十六度。大迟,日行九分,九十二日行三十六度。留,十日。逆,日行六分,六十四日退十六度十六分。又留,十日。从,迟,日行九分,九十二日。小疾,日行十四分,九十二日。大疾,日行十七分,九十二日。夕伏西方,日度余如初。一终七百八十日,日余千二百一十六,行四百一十四度,度余三万二百五十八,除一周,定行四十九度,度余万九千八百九。

土星:

初与日合,伏,十七日,日余千三百七十八,行一度,度余万九千三百三十三,晨见东方,行顺,日行二分,八十四日行七度七分。留,三十三日。行逆,日行一分,百一十日退四度十八分。又留,三十三日。从,日行二分,八十四日,夕伏西方,日度余如初。一终三百七十八日,日余二千七百五十六,行十二度,度余三万一千七百九十八。

金星:

初与日合,伏,三十九日,日余三万八千一百二十六,行四十九度,度余三万八千一百二十六,夕见西方。从,疾,日行一度五分,九十二日行百十二度。小迟,日行一度四分,九十二日行百八度。大迟,日行十七分,四十五日行二十三度六分。留,九日。迟,日行十六分,九日退六度六分,夕伏西方。伏五日,退五度,而与日合。又五日,退五度,而晨见东方。逆,日行十六分,九日。留,九日。从,日迟,日行十七分,四十五日。小疾,日行一度四分,九十二日。大疾,日行一度五分,九十二日。晨伏东方,日度余如初。一终五百八十三日,日余三万六千七百六十一,行星如之。除一周,定行二百十八度,度余二万六千三百一十三。合二百九十一日,日余三万八千一百二十六,行星亦如之。

水星:

初与日合,伏,十四日,日余三万七千一百一十五,行三十度,度余三万七千一百一十五,夕见西方。从,疾,日行一度六分,二十三日行二十九度。迟，日行二十分，八日行六度二十一分。留，二日。
迟，日行十一分，二日退二十一分，夕伏西方。伏八日，退八度，而与
日合。又八日退八度，晨见东方。逆，日行十一分，二日。留，二日。
从，迟，日行二十分，八日。疾，日行一度六分，二十三日。晨伏东方，
日度余如初。一终百一十五日，日余三万四千七百三十九，行星如
之。一合五十七日，日余三万七千一百一十五，行星亦如之。

　　上元之岁，岁在甲子，天正甲子朔夜半冬至，日月五星聚于虚
度之初，阴阳迟疾并自此始。

　　梁武帝天监三年，冲之子暅上疏，论何承天历乖谬不可用。九
年正月，诏用祖冲之所造《甲子元历》颁朔。陈氏因梁，亦用祖冲之
历。至辽圣宗以贾俊所进新历，因宋《大明》旧号行之，金曰《重修大
明历》。传至皇元，亦曰《重修大明历》。及改《授时历》，别立司天监
存肄之，每岁甲子冬至重修其法。书在太史院，禁莫得闻。

辽史卷四三
志第一三

历象中

闰　考

　　月度不足,是生朔虚;天行有余,是为气盈。盈虚相悬,岁月乃
牉。积牉而差,寒暑互易,百谷不成,庶政不明。圣人验以斗柄,准
以岁星,爰立闰法,信治百官。是故闰正而月正,月正而岁正。岁月
既正,颁令考绩,无有不时。国史正岁年以叙事,莫重于此。

　　辽始徵历梁、唐。入晋之后,奄有帝制,《乙未》、《大明》历法再
变。穆宗应历六年,周用显德《钦天历》;十年,宋用建隆《应天历》;
景宗乾亨四年,宋用《乾元历》;圣宗统和十九年,宋用《仪天历》;太
平元年,宋用《崇天历》;道宗清宁十年,宋用《明天历》;大康元年,
宋用《奉元历》;大安七年,宋用《观天历》;天祚皇帝乾统六年,宋用
《纪元历》。五代历三变,宋凡八变,辽终始再变。历法不齐,故定朔
置闰,时有不同,览者惑焉。作《闰考》。

年首缺五闰	正	二	三	四	五	六	七	八	九	十	十一	十二
太祖神册五年						闰 耶律俨 陈大任						
天赞年			梁闰									
太宗缺一闰天显三年								闰 俨				
六年				闰 俨 唐								

九年	闰俨大任唐									
十一年										闰俨大任唐
会同二年				闰俨大任晋						
缺一闰七年										闰俨大任
大同九年				闰俨大任高丽十年七月						

穆宗 缺再闰 应历 三 年									
五 年						闰 俨 大任			
八 年					闰 俨 大任				
十 一 年		闰 俨 大任 宋							
十 三 年									宋闰

十六年						闰 俨任 大宋				
十九年				宋闰						
景宗 保宁 四年	闰 俨任 大宋									
六年								宋闰		
九年					宋闰					

年										
乾亨二年		闰 俨大任宋								
四年										宋闰
圣宗统和三年						宋闰				
六年			闰 俨大任							
九年	闰 俨大任宋									

十一年		丽 高 误， 当 在 九 年							宋闰 高丽	
十四年					闰 大任 宋				
十七年		宋闰							
十九年							闰 俨 大任	宋闰 异	
二十二年							闰 大任 宋		

二十五年			宋闰							
二十八年	宋闰									
开泰元年							宋闰			
四年				宋闰						
七年		宋闰								

九年		闰仸										宋闰异
太平三年									闰仸宋			
六年				宋闰								
九年		宋闰										
十一年									闰仸大任宋高丽			

年											
兴宗重熙三年					宋闰						
六年				闰伲宋							
八年											闰伲宋高丽
十一年								闰伲宋			
十四年					闰伲宋						

十七年	闰俨宋高丽									
十九年										闰俨宋高丽
二十二年						闰俨宋				
清宁二年		闰俨宋								
四年										闰俨宋

七年						宋闰				
十年					宋闰					
咸雍三年				宋闰						
五年										闰 大任 宋
八年						闰 俨宋				

大康元年				闰侚大任宋							
三年 宋闰来年正月,异											闰侚
六年							宋闰				
九年				闰侚大任宋							
大安四年											闰侚大任宋高丽

七年						宋闰					
十年			闰 大任 宋									
寿昌三年		宋闰										
五年								闰 俨 大任 宋				
天祚乾统二年					闰 俨 大任 宋							

五年	宋闰										
七年									宋闰		
十年						闰伣大任	宋闰异				
天庆三年				闰伣大任宋							
六年	闰伣大任宋										

								闰 俨 大 任 宋			
八 年											
保 大 元 年					宋闰						
四 年		宋闰 俨 大 任									

辽史卷四四
志第一四

历象下

朔考　象　刻漏　官星

　　古者太史掌正岁年以叙事,国史以事系日,以日、月、时系年。时月不正,则叙事不一。故二史合为一官,颁历授时,必大一统。辽、汉、周、宋,俱行夏时,各自为历。国史闰朔,颇有异同。辽初用《乙未元历》,本何承天《元嘉历》法;后用《大明历》,本祖冲之《甲子元历》法。承天日食晦朏,一章必七闰;冲之日必食朔,或四年一闰。用《乙未历》,汉、周多同;用《大明历》,则间与宋异。国史叙事,甲子不殊,闰朔多异,以此故也。耶律俨《纪》以大明法追正《乙未》月朔,又与陈大任《纪》时或抵牾。稽古君子,往往惑之。用《五代·职方考》志契丹州军例,作《朔考》。法殊曰"异",传讹曰"误",辽史不书国,俨、大任偏见并见各名,他史以国冠朔,并见注于后。

年	孟月朔	仲月朔	季月朔
太祖元年	丁未耶律俨	梁丁丑	
二年			梁壬申
	乙亥俨		
四年	梁壬辰		
	戊子俨		
五年	戊戌俨		
		梁甲申	
	壬午俨		梁辛巳
六年	丙戌俨		

七年		甲戌俨	
八年			
	甲子俨		
九年	甲辰俨	甲戌俨	甲辰俨
	癸酉俨	壬寅俨	壬申俨　梁庚寅，误
	辛丑俨	庚午俨	庚子俨
	己巳俨		戊辰俨
十年	戊戌俨		
	丁卯俨		
	丙申俨		
	甲子俨		
十一年	壬辰俨		
			庚寅俨
	庚申俨		
	戊子俨		

神册元年	丙辰俨	戊戌俨	乙卯俨
	乙酉俨		甲申俨
	甲寅俨	癸未俨	
	癸未俨	壬子俨	壬戌俨
二年	辛亥俨	庚辰俨	庚戌俨
	己卯俨		戊寅俨
	戊申俨	戊寅俨	
	丁丑俨		
三年	乙亥俨	甲辰俨	甲戌
	癸卯俨	癸酉俨	
	壬申俨		
	辛丑俨		庚子
四年	庚午俨	己亥俨	
	戊戌俨	丁卯俨	
	丙寅俨	乙未俨	
	乙未俨		
闰六月 庚申 俨 大任 五年	甲子俨		癸亥 俨 误,当作癸巳。梁
	癸巳俨	壬戌俨 误,当作壬辰	辛亥俨 误,当作辛酉
	庚寅俨	己未俨 梁乙未,误	己丑俨 大任
	己未俨	戊午俨 误,当作戊子	

	戊子俨	戊午俨	丁亥 俨误当作丁巳
六年	丁卯俨 误,作丁亥	丙戌 俨 误,当作丙辰 大任	巳卯俨 大任
	甲申俨		
	癸丑俨 大任	壬午俨	
天赞元年			
二年			
	辛未俨 大任 梁		庚午俨 唐
		唐己巳	
三年			
			丙申俨
	丙寅俨	乙未俨	

四年	唐癸亥		
天显元年	丁亥僵　大任		
		唐乙酉	
二年	唐癸丑	唐壬午	唐壬子
		己卯僵　唐	
三年 闰八月 癸卯 僵	戊申僵	丁丑僵　唐	丁未僵　唐
	丙子僵	乙巳僵	甲戌僵
	甲辰僵	癸酉僵	癸酉僵
	壬寅僵 大任癸卯，异	壬申僵	壬寅僵
四年	壬申僵　大任	辛丑僵	辛未僵
	庚子僵	己巳僵　唐	戊戌僵
	戊辰僵	丁丑僵	丁卯僵　大任
	丙申僵	丙寅僵	丙申僵
	丙寅僵	乙未僵	乙丑僵

五年	甲午 俨	甲子 俨	癸巳 俨 唐
	壬戌 俨	壬辰 俨	辛酉 俨
闰五月 戊子 俨 唐 六年	辛卯 俨	庚申 俨 唐	庚寅 俨
	庚申 俨	己丑 俨	己未 俨
	己丑 俨	戊午 俨	丁巳 俨
	丙戌 俨	丙辰 俨	乙酉 俨
	乙卯 俨	甲申 俨 唐	甲寅 俨 唐
七年	癸未 俨	癸丑 俨	癸未 俨
	癸丑 俨	壬午 俨 大任	壬子 俨
	辛巳 俨 大任	庚戌 俨	庚辰 俨
	己酉 俨	己卯 俨	戊申 俨
八年	戊寅 俨	丁未 俨	丁丑 俨
	丁未 俨	丙子 俨	丙午 俨
	乙亥 俨		
	甲辰 俨	癸酉 俨	癸卯 俨 大任己巳,异
闰正月 壬寅 唐 九年	壬申 俨 唐	辛未 俨	辛丑 俨
	庚午 俨	庚子 俨	庚午 俨
	己亥 俨	己巳 俨	戊戌 俨
	戊辰 俨	丁酉 俨	丁卯 俨

	丙申<i>俨</i>	丙寅<i>俨</i>	乙未<i>俨</i>
十年	乙丑<i>俨</i>	甲午<i>俨</i>　大任	甲子<i>俨</i>
	癸巳<i>俨</i>		癸巳<i>俨</i>
	壬戌<i>俨</i>	壬辰<i>俨</i>	壬戌<i>俨</i>
十一年 闰十一月 丙辰 <i>俨</i>唐 大任	辛卯<i>俨</i>	庚申<i>俨</i>	庚寅<i>俨</i>　大任
	己未<i>俨</i>	己丑<i>俨</i>	
	丁亥<i>俨</i>	丁巳<i>俨</i>	丁亥<i>俨</i>
	丙辰<i>俨</i>	丙戌<i>俨</i>	乙酉<i>俨</i>
十二年	甲寅<i>俨</i> 大任乙卯 晋二日乙卯,同	甲申<i>俨</i>	甲寅<i>俨</i>
	癸未<i>俨</i>	壬子<i>俨</i>	壬午<i>俨</i>
	辛亥<i>俨</i>	辛巳<i>俨</i>	庚戌<i>俨</i>
	庚辰<i>俨</i>	庚戌<i>俨</i>	己卯<i>俨</i>
会同元年	戊申<i>俨</i>　大任 己酉,异　晋同	戊寅<i>俨</i>	戊申<i>俨</i>
	戊寅<i>俨</i>　大任	丁未<i>俨</i>	丙子<i>俨</i>　大任
	丙午<i>俨</i>	乙亥<i>俨</i>	乙巳<i>俨</i>
	甲戌<i>俨</i>	甲辰<i>俨</i>	甲戌<i>俨</i>

二年 闰七月 俨 大任 晋	癸卯俨	癸酉俨	癸卯俨
	壬申俨 晋	壬寅俨	辛未俨
	庚子俨	己亥俨	己巳俨
	戊戌俨	戊辰俨	丁酉俨
三年	丁卯俨	丁酉俨	丁卯俨
	丙申俨	丙寅俨	乙未俨
	甲子俨	甲午俨	癸亥俨
	癸巳俨	壬戌俨	壬辰俨
四年	辛酉俨	辛卯俨	辛酉俨
	庚寅俨	庚申俨	庚寅俨
	己未俨	戊子俨	戊午俨
	丁亥俨	丁巳俨	丙戌俨
闰三月 甲申 五年	丙辰俨	乙酉俨	乙卯俨
	甲寅俨 大任 晋	甲申俨	癸丑俨 大任
	癸未俨	壬子俨	壬午俨
	辛亥俨	辛巳俨	庚戌俨
六年	庚辰俨	己酉俨	己卯俨 大任
	戊申俨	戊寅俨	丁未俨
	丁丑俨	丁未俨 陈	丙子俨
	丙午俨	乙亥俨	乙巳俨

七年 闰十二月 己巳 俨晋 大任	甲戌俨	甲辰俨 大任	癸酉俨 大任
	癸卯俨	壬申俨	辛丑俨
	辛未俨	辛丑俨	庚午俨 晋
	庚子俨	庚午俨	己卯俨 误,当作己亥
八年	戊戌俨	戊辰俨	丁酉俨
	丙寅俨	丙申俨	乙丑俨
	乙未俨	甲子俨 晋	甲午俨
	甲子俨	甲午俨	癸亥俨
九年	癸巳俨	壬戌俨 晋	壬辰俨
	辛酉俨 大任	庚寅俨	庚申俨
	己丑俨	己未俨	戊子俨
	戊午俨	戊子俨 大任	丁巳俨
大同元年 九月改 天禄元年	丁亥俨 大任	丁巳俨 大任	丙戌俨 大任
	丙辰俨 大任		甲寅俨 大任
		壬午俨 大任	壬子俨 大任
世宗 天禄二年			
	庚辰俨 大任		汉戊寅
	汉戊申		

	汉乙巳		
三年			
	汉癸酉		辛丑*俨*　大任
四年			戊戌*俨*　大任
			乙丑*俨*　大任
		汉甲子	
	癸亥*俨*　大任		
五年 九月改元 应历		壬戌*俨*　大任	辛卯*俨*　大任
	辛酉*俨*　大任	丙辰 *俨* 误,当作庚寅	庚申*俨*　大任
穆宗应历 二 年	戊午*俨*　大任		周丁巳
	丙戌*俨*　大任	丙辰*俨*　大任	周乙酉
			甲寅*俨*　大任
	甲申*俨*　大任	癸丑*俨*　大任	癸未*俨*　大任
三年	壬午*俨*　大任 周	辛亥*俨*　大任	庚申*俨*　大任

	周丙子	丙午伣 大任	
四年			
五年 闰九月 伣　大任	辛未伣 大任	庚子 伣　大任　周	
		乙未伣 大任	乙丑伣 大任
六年			
			己未伣 大任
七年	戊午伣 大任		丙辰伣 大任
八年 闰七月 庚戌 伣　大任		周辛巳	周壬午

九年		乙巳俨 大任　周	乙亥俨　大任
		甲戌俨　大任	
十年	宋辛丑	宋辛未	宋庚子
	宋庚午	宋己亥	宋己巳
	己亥俨　宋	戊辰俨 大任　宋	宋戊戌
	宋丁亥	宋丁酉	宋丙寅
闰三月 甲子 宋　大任 十一年	宋丙申	宋乙丑	宋乙未
	癸巳俨 大任　宋	宋癸亥	宋癸巳
	宋壬戌	宋壬辰	宋壬戌
	宋辛卯	宋辛酉	宋庚寅
十二年	宋庚申	己丑俨 大任　宋	宋戊午
	宋戊子	丁巳俨 宋戊午,异	宋丁亥
	宋丙辰	宋丙戌	宋丙辰
	宋乙酉	宋乙卯	宋乙酉

十三年 宋 闰 十二月 己酉	宋甲寅	宋甲申	癸丑*俨* 大任 宋
	宋壬午	宋壬子	宋辛巳
	辛亥*俨* 大任 宋	宋庚辰	庚戌*俨* 大任 宋
	宋己卯	宋己酉	宋己卯
十四年	戊寅*俨* 大任 宋	宋戊申	宋丁丑
	宋丁未	宋丙子	丙午*俨* 大任 宋乙巳,异
	宋甲戌	宋甲辰	宋甲戌
	宋癸卯	宋癸酉	宋癸卯
十五年	宋癸酉	壬寅*俨* 大任 宋	宋壬申
	宋辛丑	宋辛未	宋庚子
	宋己巳	宋戊戌	宋戊辰
	宋丁酉	宋丁卯	宋丁酉
十六年 闰八月 壬戌 宋 大任	丁卯*俨* 大任 宋	宋丙申	宋丙寅
	宋丙申	宋乙丑	宋甲午
	宋甲子	宋癸巳	宋壬辰
	宋辛酉	宋辛卯	宋辛酉

十七年	庚寅俨 大任　宋	宋庚申	宋庚寅
	宋己未	宋己丑	宋戊午
	宋戊子	宋丁巳	丙戌大任　宋
	宋丙辰	宋乙酉	宋乙卯
十八年	乙酉俨 大任　宋	宋甲寅	甲申俨　大任 宋乙酉异
	癸丑大任　宋	宋癸未	宋癸丑
	宋壬午	宋壬子	宋辛巳
	辛亥俨　大任 宋庚戌,异	宋庚辰	宋己酉
宋闰五月丁未 十九年	己卯俨 大任　宋	己酉俨　大任 宋戊申,异	宋戊寅
	戊申俨 大任　宋	宋丁丑	丙子俨 大任　宋
	宋丙午	宋丙子	宋乙巳
	宋乙亥	甲辰俨 大任　宋	宋甲戌
景宗保宁二年	宋癸卯	宋壬申	宋壬寅
	宋辛未	宋辛丑	宋庚午
	宋庚子	宋庚午	宋己亥
	宋己巳	宋己亥	宋己巳

三年	宋戊戌	宋丁卯	宋丙申
	宋丙寅	宋乙未	宋乙丑
	宋甲午	甲子俨 大任　宋	宋甲午
	宋癸亥	宋癸巳	癸亥俨 大任　宋
宋闰 二月辛卯 四年	宋壬辰	宋壬戌	庚申俨 大任　宋
	庚寅俨 大任　宋	宋己未	宋戊子
	宋戊午	宋戊子	宋丁巳
	丁亥俨 大任　宋	宋丁巳	宋丙戌
五年	宋丙辰	宋丙戌	乙卯俨 大任　宋
	宋甲申	宋癸丑	宋癸未
	宋壬子	宋壬午	宋壬子
	宋辛巳	辛亥俨 大任　宋	宋辛巳

六年 宋闰 十月己巳	宋庚戌	宋庚辰	宋庚戌
	宋己卯	宋戊申	宋戊寅
	丁未俨 大任　宋	宋丙子	宋丙午
	乙亥俨 大任　宋	宋乙亥	宋甲辰
七年	甲戌俨 大任　宋	宋甲辰	宋癸酉
	宋癸卯	宋壬申	宋壬寅
	宋辛未	宋庚子	宋庚午
	宋己亥	宋己巳	宋己亥
八年	宋戊辰	宋戊戌	宋戊辰
	宋丁卯	宋丁酉	宋丙申
	宋乙未	宋乙丑	甲子 俨　大任　宋
	宋癸亥	宋癸巳	宋癸亥
九年 宋闰七月 庚寅	宋壬戌	宋壬辰	宋壬戌
	宋辛卯	宋辛酉	宋辛卯
	庚申俨　宋	宋己未	宋己丑
	宋戊午	丁亥 俨　大任　宋	宋丁巳

	宋丙戌	宋丙辰	宋乙酉
	宋乙卯	宋乙酉	宋甲寅
十年	宋甲申	癸丑 俨 大 任 宋	宋癸未
	癸丑 俨 大 任 宋	宋癸未	宋壬子
	宋辛巳	宋辛亥	宋庚辰
乾亨 元年	宋己酉	己卯 俨 大 任 宋	宋己酉
	宋戊寅	宋戊申	宋丁丑
	宋丁未	宋丁丑	宋丙午
	丙子 俨 大 任 宋	宋乙巳	宋甲戌
宋 闰 三月甲辰 二年	宋甲戌	宋癸卯	宋癸酉
	宋癸卯	宋壬申	宋壬寅
	辛未 俨 大 任 宋	庚子 俨 大 任 宋	庚午 俨 大 任 宋
	宋庚子	宋己巳	
三年	宋戊辰	宋丁酉	
	宋丙申	宋乙丑	宋乙未
	宋乙丑	宋乙未	宋甲子

四年 宋闰 十二月 戊子	宋甲午		
	宋壬戌		
		宋庚申	宋己丑
	己未 俨　大任　宋	宋己丑	戊午 俨　大任　宋
五年 是岁改 统和元年	戊午 俨　宋	戊子俨　宋 大任丁亥异	宋丁巳
	丙戌 俨　大任　宋	丙辰 俨　宋	乙酉 俨　大任　宋
	甲寅俨　宋 大任乙卯,异	甲申 俨　大任	癸丑 俨　大任　宋
	癸未 俨　大任	壬子 俨　宋　大任	壬午 俨　大任　宋
圣宗 统和 二年	壬子 俨　宋	壬午 俨	辛亥俨　宋 大任庚戌,异
	辛巳 俨	庚戌 俨	庚辰俨　宋 大任己卯,异
	己酉 俨	戊寅 俨	戊申 俨　大任　宋
	丁丑 俨　宋戊寅,异	丁未 俨　宋	

丙午伊　宋 大任甲戌,异	丙子 伊　宋乙亥,异	乙巳 伊　宋
乙亥伊　宋 大任甲戌,异	乙巳伊 宋甲辰,异	甲戌伊　宋 大任癸酉,异
甲辰 伊　宋	癸酉 伊　大任　宋	壬寅
辛丑	辛未	庚子伊　宋
庚午 伊　宋	己亥 伊　宋庚子,异	己巳 伊　大任　宋
己亥宋　大任	戊辰伊·宋	戊戌伊　宋
宋戊辰	丁酉伊　宋 大任丙申,异	丙寅 伊　宋
丙申 伊　大任　宋	乙丑伊　宋· 大任丙寅,异	丁酉伊　误 宋乙未,异
甲子 伊　宋	甲午 伊　宋	癸亥 伊　大任　宋
癸巳 伊　大任　宋	壬戌 伊　宋癸亥,异	壬辰 伊　宋
壬戌	宋辛卯	宋辛酉
宋庚寅	宋庚申	宋庚寅

（左栏：三年　宋闰九月壬申、四年、五年）

闰五月 丙戌 宋大任 六年	己未 俨 宋	戌子俨 宋己丑,异	戊午 俨 宋
	丁亥	丁巳俨 宋丙辰,异	丙辰 俨 宋
	乙酉	乙卯	乙酉俨宋
	宋甲寅	甲申俨宋	甲寅俨宋
七年	癸未 俨 大任 宋	壬子 俨 宋	壬午 俨 大任 宋
	辛亥俨 宋	庚辰大任 宋	庚戌
	宋己卯	宋己酉	宋己卯
	宋己酉	宋戊寅	宋戊申
八年	宋戊寅	丁未俨 宋	宋丙子
	丙午俨 宋	宋乙亥	宋甲辰
	宋甲戌	宋癸卯	宋癸酉
	宋癸卯	宋壬申	宋壬寅
闰二月 辛未 俨宋 九年	宋壬申	宋辛丑	庚子俨 宋
	宋庚午	宋己亥	宋己巳
	宋戊戌	宋丁卯	宋丁酉
	宋丙寅	宋丙申	宋丙寅

	宋丙申	乙丑俨　宋	宋乙未
	宋甲子	甲午俨	宋癸亥
十年	宋壬辰	宋壬戌	宋壬辰
	庚申俨　误 宋辛酉	宋辛卯	宋庚申
	宋庚寅	宋己未	宋己丑
十一年 宋闰十月 甲申	宋己未	宋戊子	宋戊午
	宋丁亥	宋丙辰	宋丙戌
	甲申俨　误 宋乙卯	宋甲寅	宋甲申
	癸丑俨　大任 宋甲寅,异	宋癸未	宋癸丑
十二年	宋壬午	宋壬子	辛巳俨 宋壬午,异
	辛亥 俨　大任　宋	庚辰 俨　大任　宋	宋庚戌
	宋己卯	戊申 俨　大任　宋	戊寅 俨　大任　宋

	宋戊申	丁丑 儼　大任　宋	宋丁未
十三年	宋丙子	宋丙午	丙子 儼　大任　宋
	己巳 儼　大任　宋	宋乙亥	宋甲辰
	宋甲戌	宋癸卯高丽	宋癸酉
十四年 闰七月 己巳 儼大任宋	宋壬寅	宋壬申	宋辛丑
	宋辛未	宋辛丑	宋庚午
	宋己亥	宋己亥	宋戊辰
	宋戊戌	宋丁卯	宋丁酉
十五年	宋丙寅	丙申 儼　大任　宋	乙丑 儼　大任　宋
	乙未 儼　大任　宋	甲子 儼　大任　宋	宋癸巳
	宋癸亥	宋癸巳	宋癸亥
	壬辰 儼　大任　宋	壬戌 儼　大任　宋	宋壬辰
十六年	宋辛酉	宋庚寅	宋庚申
	宋己丑	宋戊午	戊子 儼　大任　宋
	丁巳 儼　大任　宋	丁亥 儼　大任　宋	丁巳 儼　大任　宋
	宋丙戌	宋丙辰	丙戌 儼　大任　宋

	乙卯俨 大任 宋丙辰,异	宋乙酉	宋甲寅
宋闰三月 甲申 十七年	宋癸丑	宋壬午	宋壬子
	宋辛丑	宋辛亥	庚辰 俨 宋 大任
	宋庚戌	宋庚辰	宋庚戌
	宋己卯	宋己酉	宋戊寅
	宋戊申	宋丁丑	宋丙午
十八年	宋丙子	宋乙巳	乙亥 俨 大任 宋
	宋甲辰	甲戌 俨 大任 宋	宋甲辰
	宋甲戌	宋癸卯	宋壬申
十九年 宋闰十二 月戊辰	宋壬寅	宋壬申	宋辛丑
	庚午 俨 大任 宋	宋庚子	己巳 俨 大任 宋
	宋己亥	宋戊辰	宋戊戌
	宋丁酉	宋丁卯	宋丁酉
	丙寅 俨 大任 宋	宋丙申	宋乙丑
二十年	甲午 俨 大任 宋	甲子 俨 大任 宋	癸巳 俨 大任 宋
	·癸亥 俨 大任 宋	宋壬辰	宋壬戌

	宋辛卯	宋辛酉	宋辛卯
二十一年	宋庚申	庚寅 俨 大任 宋	宋己未
	宋己丑	宋戊午	宋戊子
	丁巳 俨 大任 宋	丁亥 俨 大任 宋	宋丙辰
二十二年 闰九月 壬子 俨 宋 大任	宋丙戌	乙卯 俨 大任 宋	宋乙酉
	宋甲寅	宋甲申	宋甲寅
	宋癸未	宋癸丑	宋壬午
	宋辛巳	宋辛亥	庚辰 俨 大任 宋
二十三年	宋庚戌	宋己卯	宋己酉
	宋戊寅	戊申 俨 大任 宋	宋丁丑
	宋丁未	宋丁丑	宋丙午
	丙子 俨 大任 宋	乙巳	宋乙亥
二十四年	宋甲辰	宋甲戌	宋癸卯
	宋壬申	壬寅 俨 大任 宋	宋辛未
	辛丑 俨 大任 宋	宋辛未	宋庚子
	庚午 俨 宋	宋庚子	宋己巳

宋己亥	宋戊辰	宋戊戌
宋丁卯	宋丙申	宋乙未
宋乙丑	宋甲午	宋甲子
宋甲午	宋甲子	宋癸巳
宋癸亥	宋壬辰	宋壬戌
辛卯 俨 大任 宋	庚申 俨 宋	宋庚寅
宋己未	宋己丑	宋戊午
戊子俨 宋	宋戊午	·宋丁亥
宋丁巳	宋丁亥	宋丙辰
丙戌 俨 大任 宋	宋乙卯	宋甲申
甲申俨 误 宋 大任甲寅	宋癸未	宋壬子
宋壬午	壬子 俨 大任 宋	宋辛巳
辛亥 俨 大任 宋	宋辛巳	宋庚辰
宋庚戌	己卯俨 大任 宋乙卯,误	宋戊申
宋戊寅	宋丁未	宋丙子
丙午 俨 大任 宋	宋丙子	宋乙巳

行标签（左侧纵列）：

宋闰五月
丙寅
二十五年

二十六年

二十七年

宋闰二月
辛亥
二十八年

	乙亥 俨　大任　宋	宋乙巳	宋甲戌
二十九年	宋甲辰	甲戌 俨　大任　宋	宋癸卯
	宋壬申	宋壬寅	宋辛未
	宋庚子	庚午 大任　宋	宋庚子
开泰元年 宋闰十月 己丑	宋己巳	宋己亥	宋戊辰
	宋戊戌	戊辰 俨　大任　宋	宋丁酉
	宋丁卯	宋丙申	宋丙寅
	宋乙未	甲午 大任　宋	宋甲子
二年	宋癸巳	宋癸亥	壬辰 俨　大任　宋
	壬戌	辛卯 俨　大任　宋	辛酉 俨　大任　宋
	辛卯	宋庚申	宋庚寅
	己未 俨　大任　宋	宋己丑	宋戊午
三年	宋戊子	宋丁巳	宋丙戌
	宋丙辰	丙戌俨　大任 宋乙酉,异	宋乙卯
	乙酉 俨　大任　宋	甲寅 俨　大任　宋	宋甲申
	甲寅 俨　大任　宋	宋癸未	宋癸丑

宋闰六月己卯四年	宋壬午	**壬子** 俨　大任　宋	宋辛巳
	庚戌 俨　大任　宋	宋庚辰	宋己酉
	宋戊申	宋戊寅	宋戊申
	宋戊寅	宋丁未	宋丁丑
五年	宋丙午	宋丙子	**乙巳** 俨　大任　宋
	宋甲戌	宋甲辰	宋甲戌
	宋癸卯	宋壬申	宋壬寅
	宋壬申	宋辛丑	宋辛未
六年	宋辛丑	宋庚午	宋庚子
	宋己巳	**戊戌** 俨　大任　宋	**戊辰** 大任　宋
	宋丁酉	宋丙寅	宋丙申
	宋丙寅	宋乙未	宋乙丑
宋闰四月癸巳七年	宋乙未	**乙丑** 俨　大任　宋	宋乙未
	宋甲子	宋壬戌	宋壬辰
	宋辛酉	宋庚寅	宋庚申
	宋庚寅	宋己未	·宋己丑

	宋己未	宋己丑	宋戊午
八年	戊子 俨 大任 宋	宋丁巳	宋丙戌
	宋丙辰	宋乙酉	宋甲寅
	宋甲申	宋癸丑	宋癸未
闰二月 壬子俨 俨 九年	宋癸丑	宋癸未	宋壬子 以下宋朔同月,异
	宋壬午俨 三月以下用此推之	宋辛亥	宋辛巳
	庚戌 俨 大任 宋	宋庚辰	宋己酉
	宋戊寅	宋戊申	宋丁丑 宋闰丁未,异
太平 元年	宋丁丑	宋丙午	宋丙子
	宋丙午	宋乙亥	宋乙巳
	甲戌 俨 大任 宋	宋甲辰	宋甲戌
	宋癸卯	壬申俨 宋癸酉异	宋壬寅
二年	宋辛未	辛丑俨 大任 宋庚子,异	宋庚午
	宋庚子	宋己巳	宋己亥
	宋戊辰	宋戊戌	宋戊辰
	宋丁酉	宋丁卯	宋丙申

三年闰九月壬辰俨宋	宋丙寅高丽	宋乙未	宋甲子
	宋甲午	宋癸亥	宋癸巳
	宋壬戌	宋壬辰	宋壬戌
	宋辛酉	宋辛卯	宋庚申
四年	宋庚寅	宋己未	戊子俨宋
	宋戊午	宋丁亥	宋丁巳
	宋丙戌	宋丙辰	宋丙戌
	宋乙卯	宋乙酉	宋乙卯
五年	宋甲申	宋甲寅	宋癸未
	宋壬子	宋壬午	宋辛亥
	宋庚辰	宋庚戌	宋庚辰
	宋己酉	宋己卯	宋己酉
闰五月丙午宋六年	宋己卯	宋戊申	宋戊寅
	丁未俨宋	宋丁丑	宋乙亥
	宋甲辰	宋甲戌	宋甲辰
	宋甲戌	宋癸卯	宋壬申
七年	宋壬寅	宋壬申	宋壬寅
	宋辛未	宋庚子	宋庚午
	宋己亥	宋戊辰	宋戊戌
	宋丁卯	宋丁酉	宋丁卯

八年	宋丁酉	宋丙寅	宋丙申
	宋丙寅	宋乙未	宋甲子
	宋甲午	宋癸亥	宋壬辰
	宋壬戌	宋辛卯	宋辛酉
闰七月庚寅宋九年	宋辛卯	宋庚申	宋庚申
	宋己丑	宋己未	宋戊子
	戊午 俨　大任　宋	丁卯俨　误 宋丁亥	宋丙辰
	丙戌 俨　大任　宋	乙卯 俨　大任　宋	宋乙酉
十年	宋乙卯	宋甲申	宋甲寅
	宋癸未	宋癸丑	宋癸未
	宋壬子	宋壬午	宋辛亥
	宋辛巳	宋庚戌	宋己卯
十一年闰十月乙巳俨　宋	宋己酉	宋戊寅	宋戊申
	宋丁丑	宋丁未	丁丑 俨　大任　宋
	宋丙午	宋庚子 误,当作丙子	宋丙午
	宋乙亥	宋甲戌	宋癸卯

兴宗 重熙 元年	宋壬申	宋壬寅	壬申偭 宋
	宋辛丑	宋辛未	宋庚子
	宋庚午	宋庚子	宋己巳
	宋己亥	宋己巳	宋戊戌
二年	宋戊辰	宋丁酉	宋丙寅
	宋丙申	宋乙丑	宋甲午
	宋甲子	宋甲午	宋癸亥
	宋癸巳	宋癸亥	宋癸巳
闰六月 戊午 宋 三年	宋壬戌	壬辰偭 宋	宋辛酉
	宋庚寅	庚申偭 宋	宋己丑
	戊子偭 宋	宋戊午	宋丁亥
	宋丁巳	宋丁亥	宋丁巳
四年	宋丙戌	宋丙辰	乙酉偭 宋
	甲寅偭 宋	宋甲申	癸酉偭 误 宋癸丑
	壬午偭 宋	宋壬子	宋辛巳
	宋辛亥	宋辛巳	宋辛亥
五年	宋庚辰	宋庚戌	宋庚辰
	宋己酉	宋戊寅	宋戊申
	宋丁丑	丙午偭 宋	丙子
	宋乙巳	宋乙亥	宋乙巳

闰四月癸酉宋六年	宋甲戌	宋甲辰	宋甲戌
	宋甲辰	宋壬寅	宋壬申
	辛丑俨 宋	宋庚午	宋庚子
	宋己巳	宋己亥	己亥俨 误 宋戊辰
七年	宋戊戌	宋戊辰	戊戌
	宋丁卯	宋丁酉	宋丙寅
	宋丙申	宋乙丑	宋甲午
	甲子俨 宋	宋癸巳	宋癸亥
八年闰十二月丁亥宋	宋壬辰	宋壬戌	宋壬辰
	宋辛酉	宋辛卯	宋庚申
	宋庚寅	宋庚申	宋己丑
	宋己未	宋戊子	宋丁巳
九年	丙辰俨 宋	宋丙戌	宋乙卯
	宋乙酉	乙卯 俨 宋甲寅,异	宋甲申
	宋甲寅	宋癸未	宋癸丑
	癸未俨 宋	宋壬子	宋壬午
十年	宋辛亥	庚辰俨 宋	宋庚戌
	宋己卯	宋己酉	宋戊寅
	宋戊申	宋丁丑	宋丁未
	宋丁丑	宋丁未	宋丙子

十一年 闰九月 辛未 宋	宋丙午	宋乙亥	甲辰 俨 宋
	甲戌 俨 宋	宋癸卯	宋癸酉
	壬寅 俨 宋	宋壬申	宋辛丑
	宋辛丑	宋庚午	宋庚子
十二年	宋庚午	宋己亥	宋戊辰
	宋戊戌	宋丁卯	宋丙申
	丙寅 俨 宋	乙未 俨 宋 高丽	壬申 误 宋乙丑
	宋乙未	宋乙丑	宋甲午
十三年	甲子 俨 宋	宋甲午	宋癸亥
	宋壬辰	壬戌 俨 宋	宋辛卯
	宋辛酉	宋庚寅	宋己未
	宋己丑	宋戊午	宋戊子
闰五月 丙戌 宋 十四年	宋戊午	宋戊子	宋丁巳
	宋丁亥	宋丙辰	宋乙卯
	甲申 俨 宋	宋甲寅	宋癸未
	宋癸丑	壬午 俨 宋	宋壬子
十五年	宋壬午	宋壬子	宋辛巳
	辛亥 俨 宋	宋庚辰	宋庚戌
	宋己卯	宋戊申	宋戊寅
	宋丁未	宋丁丑	宋丙午

	宋丙子	宋丙午	宋乙亥
十六年	乙巳^{俨 宋}	宋乙亥	宋甲辰
	宋甲戌	宋癸卯	宋壬申
	宋壬寅	宋辛未	辛丑^{俨 宋}
闰正月庚子宋十七年	宋庚午	宋己巳	宋己亥
	宋己巳	宋戊戌	宋戊辰
	宋丁酉	宋丁卯	宋丙申
	宋丙寅	乙未^{俨 宋}	宋乙丑
十八年	甲午^{俨 宋 高丽}	宋甲子	宋癸巳
	宋癸亥	宋壬辰	宋壬戌
	宋壬辰	宋辛酉	宋辛卯
	宋庚申	宋庚寅	宋庚申
十九年闰十一年甲寅宋	宋己丑	宋戊午	宋戊子
	宋丁巳	宋丁亥	丙辰^{俨 宋}
	丙戌	宋乙卯	宋乙酉
	宋乙卯	宋甲申	宋甲申
二十年	宋癸丑	宋壬午	壬子^{俨 宋}
	宋辛巳	宋庚戌	宋庚辰
	宋己酉	宋己卯	宋己酉
	己卯^{俨 宋}	宋戊申	宋戊寅

二十一年	宋戊申	宋丁丑	宋丙午
	宋丙子	宋乙巳	宋甲戌
	甲辰俨 宋	癸酉俨 宋	宋癸卯
	宋癸酉	宋壬寅	宋壬申
二十二年 闰七月 戊辰	宋壬寅	宋壬申	宋辛丑
	宋庚午	宋庚子	宋己巳
	宋戊戌	宋丁酉	宋丁卯
	丙申俨 宋	宋丙寅	丙申俨 宋
二十三年	宋丙寅	宋乙未	宋乙丑
	宋甲午	宋甲子	宋癸巳
	宋壬戌	宋壬辰	宋辛酉
	宋辛卯	宋庚申	宋庚寅
二十四年	宋庚申	宋己丑	宋己未高丽
	宋己丑	宋戊午	宋戊子
	宋丁巳	宋丙戌	宋丙辰
	宋乙酉	宋乙卯	宋甲申
道宗 清宁 二年 宋闰三月 癸未	宋甲寅	宋癸未	宋癸丑
	宋壬子	宋壬午	宋辛亥
	宋辛巳	宋庚戌	宋庚辰
	宋己酉	宋己卯	戊申俨 宋

三年	宋戊寅高丽	宋丁未	宋丁丑
	宋丙午	宋丙子	宋丙午
	宋乙亥	宋乙巳	宋甲戌
	宋甲辰	宋癸酉	宋癸卯
四年 宋闰十二月丁卯	壬申俨 宋	宋壬寅	宋辛未
	宋辛丑	庚午俨 宋	宋庚子
	宋己巳	宋己亥	宋己巳
	戊戌俨 宋	宋戊辰	宋丁酉
五年	宋丙申	宋丙寅	宋乙未
	甲子俨 宋乙丑异	宋甲午	宋癸亥
	宋癸巳	宋癸亥	宋癸巳
	壬子 误 宋壬戌	宋壬辰	宋壬戌
六年	宋辛卯	宋庚申	宋庚寅
	宋己未	戊子俨 宋	戊午俨 宋
	宋丁亥	宋丁巳	宋丁亥
	宋丙辰	宋丙戌	宋丙辰
七年 闰八月辛巳宋	宋乙酉	宋乙卯	宋甲申
	宋甲寅	宋癸未	壬午俨 误 宋壬子
	宋壬午	宋辛亥	宋庚戌
	宋庚辰	宋庚戌	宋庚辰

	宋己酉	宋己卯	戊申 俨 宋
八年	宋戊寅	宋丁未	甲子 俨 误，宋丙子
	宋丙午	宋乙亥	宋乙巳
	甲戌 俨 宋	宋甲辰	宋甲戌
九年	宋癸卯	宋癸酉	宋癸卯
	宋壬申	宋壬寅	宋辛未
	宋庚子	庚午 俨 宋	宋己亥
	戊辰 俨 宋	宋戊戌	宋戊辰
闰五月 丙寅 宋 十年	宋丁酉	宋丁卯	宋丁酉
	宋丁卯	宋丙申	宋乙未
	宋甲子	宋甲午	宋癸亥
	壬辰 俨 宋癸巳，异	宋壬戌	宋壬辰
咸雍 元年	辛酉 俨 大任 宋 高丽	宋辛卯	宋辛酉
	宋庚寅	宋庚申	宋己丑
	宋己未	宋戊子	宋戊午
	丁亥 俨 大任 宋	宋丁巳	宋丙戌

二年	宋丙辰	宋乙酉	宋乙卯
	宋甲申	宋甲寅	宋甲申
	癸丑 俨 大 任 宋	宋癸未	壬子 俨 大 任 宋
	宋壬午	宋辛亥	宋辛巳
闰二月己卯宋三年	宋庚戌	宋庚辰	宋己酉
	宋戊申	宋戊寅	宋丁未
	宋丁丑	宋丁未	宋丙子
	宋丙午	宋乙亥	宋乙巳
四年	甲戌 俨 大 任 宋	甲辰 俨 大 任 宋	宋癸酉
	宋壬寅	宋壬申	宋辛丑
	宋辛未	宋辛丑	宋庚午
	宋庚子	宋庚午	宋已亥
五年闰十一月甲午宋	宋己巳	宋戊戌	宋戊辰
	宋丁酉	宋丙寅	宋丙申
	乙丑 俨 大 任 宋	宋乙未	宋甲子
	宋甲午	宋甲子	宋癸亥
六年	宋癸巳	宋癸亥	宋壬辰
	宋辛酉	宋庚寅	宋庚申
	宋己丑	宋戊午	宋戊子
	宋戊午	宋戊子	宋丁巳

七年	宋丁亥	宋丁巳	宋丙戌
	宋丙辰	宋乙酉	宋甲寅
	甲申 俨　大任　宋	宋癸丑	宋壬午
	宋壬子	宋壬午	宋辛亥
八年 闰七月 戊申 宋	宋辛巳	宋辛亥	宋辛巳
	宋庚戌	宋庚辰	宋己酉
	宋戊寅	宋丁丑	宋丙午
	宋丙子	宋丙午	宋乙亥
九年	宋乙巳	宋乙亥	宋甲辰
	宋甲戌	宋癸卯	宋癸酉
	宋壬寅	宋壬申	宋辛丑
	宋庚午	宋庚子	宋庚午
十年	宋己亥	宋己巳	宋戊戌
	宋戊辰	宋戊戌	宋丁卯
	宋丁酉	宋丙寅	宋丙申
	宋乙丑	宋乙未	宋甲子
闰四月 壬辰 宋 大康 元年	宋甲午	宋癸亥	宋癸巳
	宋壬戌	宋辛酉	宋辛卯
	辛酉 宋	庚寅 俨　大任　宋	宋庚申
	宋己丑	宋己未	宋己丑

二年	宋戊午	宋丁亥	宋丙辰
	宋丙戌	宋丙辰	乙酉 俨 大 任 宋
	宋乙卯	宋甲申	宋甲寅
	宋甲申	宋癸丑	宋癸未
三年	宋壬子	壬午 俨 大 任 宋	宋辛亥
	宋庚辰	宋庚戌	己卯
	宋己酉	宋戊寅	宋戊申
	宋戊寅	宋戊申	宋丁丑
闰五月 丙子 宋 四年	宋丁未	宋丙午	宋乙亥
	宋甲辰	宋甲戌	宋癸卯
	宋癸酉	宋壬寅	宋壬申
	宋壬寅	宋辛未	宋辛丑
五年	宋辛未	宋庚子	宋庚午
	宋己亥	宋戊辰	宋戊戌
	宋丁卯	宋丙申	宋丙寅
	宋丙申	宋乙丑	宋乙未
六年 闰九月 庚寅 宋	宋乙丑	宋乙未	宋甲子
	宋甲午	癸亥大任	宋壬辰
	宋壬戌	宋辛卯	宋庚申
	己未 俨 大 任 宋	己丑 俨 大 任 宋	宋己未

七年	宋己丑	宋戊午	宋戊子
	宋戊午	宋丁亥	宋丙辰
	宋丙戌	宋乙卯	宋甲申
	宋甲寅	宋癸未	宋癸丑
八年	宋癸未	宋癸丑	宋壬午
	宋壬子	宋辛巳	辛亥 俨 大 任 宋
	宋庚辰	宋庚戌	宋己卯
	宋戊申	宋戊寅	宋丁未
闰六月乙亥宋九年	宋丁丑	宋丁未	宋丙子
	丙午 俨 大 任 宋	宋丙子	宋乙巳
	宋甲辰	宋甲戌	癸卯 俨 大 任
	宋癸酉	宋壬寅	宋辛未
十年	辛丑 俨 大 任 宋 高丽	庚午 俨 宋	宋庚子
	宋庚午	宋己亥	宋己巳
	宋戊戌	宋戊辰	宋戊戌
	宋丁卯	宋丁酉	宋丙寅
大安元年 缺一闰	宋丙申	宋乙丑	宋甲午
	宋甲子	宋癸巳	宋癸亥
	宋癸巳	宋壬戌	宋壬辰
	宋壬戌	辛卯 高丽 宋	辛酉

	宋庚寅	庚申	宋戊午
二年	宋戊子	丁巳 俨　大任　宋	丁亥俨 大任丙午, 误　宋
	宋丙辰	宋丙戌	宋丙辰
	己酉俨误 宋乙酉	宋庚午 误　当作乙卯	宋乙酉
三年	宋甲寅	宋甲申	宋癸丑
	宋壬午	宋壬子	宋辛巳
	宋庚戌	宋庚辰	宋庚戌
	宋己卯	宋己酉	宋己卯
四年 闰十二月 癸卯 宋	宋己酉	宋戊寅	宋戊申
	宋丁丑	宋丙午	宋丙子
	宋乙巳	宋甲戌	宋甲辰
	宋癸酉	宋癸卯	癸卯俨　误 大任　宋癸酉
五年	宋壬申	宋壬寅	宋壬申
	宋辛丑	宋庚午	宋庚子
	宋己巳	宋戊戌	宋戊辰
	宋丁酉	丁卯 俨　大任　宋	宋丁酉

	宋丁卯	宋丙申	宋丙寅
六年	宋丙申	宋乙丑	宋甲午
	宋甲子	宋癸巳	宋壬戌
	宋壬辰	宋辛酉	宋辛卯
	宋辛酉	宋庚寅	宋庚申
七年 闰八月 丁巳 宋	宋庚寅	己未 俨 大任 宋	宋己丑
	戊午 俨 大任 宋	宋戊子	宋丙戌
	宋丙辰	宋乙酉	宋乙卯
	宋甲申	襟甲寅	宋甲申
八年	宋癸丑	宋癸未	宋癸丑
	宋壬午	宋壬子	宋辛巳
	庚戌 俨 大任 宋	宋庚辰	宋己酉
	宋己卯	宋戊申	宋戊寅
九年	宋丁未	宋丁丑	丁未 俨 大任 宋
	宋丙子	宋丙午	宋丙子
	宋乙巳	宋乙亥	宋甲辰

	宋癸酉	宋癸卯	壬申 俨 宋
闰四月辛未宋十年	壬寅 俨 大任 宋	宋辛丑	宋庚午
	庚子 大任 宋	宋庚午	宋己亥
	宋己巳	宋己亥	宋戊辰
寿隆元年	戊戌 俨 大任 宋	宋丁卯	宋丙申
	宋丙寅	乙未 俨 大任 宋	宋乙丑
	宋甲午	宋甲子	宋癸巳
	宋癸亥	宋癸巳	宋癸亥
二年	宋壬辰	宋壬戌	宋辛卯
	宋庚申	宋庚寅	宋己未
	宋戊子	宋戊午	宋丁亥
	宋丁巳	宋丁亥	宋丁巳
闰二月丙戌宋三年	宋丙戌	丙辰 俨 大任 宋	宋乙卯
	宋甲申	宋甲寅	宋癸未
	壬子 大任	宋壬午	宋辛亥
	宋辛巳	宋辛亥	宋辛巳

	宋庚戌	宋庚辰	宋庚戌
四年	宋己卯	宋戊申	戊寅 俨 大任 宋
	宋丁未	宋丙子	宋丙午
	乙亥 俨 大任 宋	乙巳 俨 大任 宋	宋乙亥
五年 闰九月 庚午 宋	宋甲辰	宋甲戌	宋甲辰
	宋癸酉	宋癸卯	宋壬申
	壬寅 俨 大任 宋	宋辛未	宋庚子
	己亥 俨 大任 宋	己巳 俨	宋戊戌
六年	宋戊辰	宋戊戌	宋戊辰
	丁酉 俨 大任 宋	宋丁卯	宋丙申
	宋丙寅	宋丁卯	丙申子
	宋甲午	宋癸亥	宋癸巳
七年	壬戌 俨 大任 宋	壬辰 俨 大任 宋	宋壬戌
	宋辛卯	宋辛酉	宋庚寅
	宋庚申	宋庚寅	宋己未
	宋戊子	宋戊午	宋丁亥

天祚 闰六月 甲寅　宋 乾统 二年	宋丁巳	宋丙戌	宋丙辰
	宋乙酉	宋乙卯	宋乙酉
	宋甲申	宋癸丑	宋癸未
	宋壬子	宋壬午	宋辛亥
三年	宋辛巳	宋庚戌	宋庚辰
	宋己酉	宋己卯	宋戊申
	宋戊寅	宋丁未	宋丁丑
	宋丁未	宋丁丑	宋丙午
四年	宋丙子	宋乙巳	宋甲戌
	宋甲辰	宋癸酉	宋壬寅
	宋壬申	宋壬寅	宋辛未
	宋辛丑	宋辛未	宋庚子
闰二月 己巳 宋 五年	宋庚午	宋庚子	宋戊戌
	宋戊辰	宋丁酉	宋丙寅
	宋丙申	宋乙丑	宋乙未
	宋乙丑	宋乙未	宋甲子
六年	宋甲午	宋甲子	宋癸巳
	宋壬戌	宋壬辰	宋辛酉
	宋庚寅	宋庚申	宋己丑
	宋己未	宋戊子	宋戊午

七年 闰十月 癸未 宋	宋戊子	宋戊午	宋丁亥
	宋丁巳	宋丙戌	宋丙辰
	宋乙酉	宋甲寅	宋甲申
	宋癸丑	宋壬子	宋壬午
八年	宋壬子	宋壬午	宋辛亥高丽
	宋辛巳	宋庚戌	宋庚辰
	宋己酉	宋戊寅	宋戊申
	宋丁丑	宋丁未	宋丙子
九年	丙午大任　宋	宋丙子	宋乙巳
	宋乙亥	宋乙巳	宋甲戌
	宋甲辰	宋癸酉	宋壬寅
	宋壬申	宋辛丑	宋辛未
十年 闰八月 丁酉 宋	宋庚子	宋庚午	宋己亥
	宋己巳	宋己亥	宋戊辰
	宋戊戌	宋丁卯	宋丙寅
	宋丙申	宋乙丑	宋乙未
天庆 元年	宋甲子	宋甲午	宋癸亥
	宋癸巳	宋壬戌	宋壬辰
	宋壬戌	宋辛卯	宋辛酉
	宋庚寅	宋庚申	宋己丑

	己未 <small>儼　大任　宋</small>	宋戊子	宋戊午
二年	丁亥 <small>儼　大任　宋</small>	宋丁巳	宋丙戌
	宋丙辰	宋乙酉	宋乙卯
	宋乙酉	宋甲寅	宋甲申
闰四月 辛亥 宋 三年	宋甲寅	宋癸未	宋壬子
	宋壬午	宋庚辰	宋庚戌
	宋己卯	宋己酉	宋己卯
	宋戊申	宋戊寅	宋戊申
	宋戊寅	宋丁未	宋丙子
	宋丙午	宋乙亥	宋甲辰
四年	宋甲戌	宋癸卯	宋癸酉
	壬寅 <small>儼　大任　宋</small>	宋壬申	宋壬寅
	宋壬申	宋辛丑	宋辛未
五年	宋庚子	宋庚午	己亥 <small>儼　大任　宋</small>
	宋戊辰	宋戊戌	丁卯 <small>儼　大任　宋</small>
	宋丁酉	宋丙寅	宋丙申

闰正月 丙申 宋 六年	宋丙寅	宋乙丑	宋乙未
	宋甲子	宋甲午	宋癸亥
	宋壬辰	宋壬戌	宋辛卯
	宋辛酉	宋庚寅	宋庚申
七年	宋庚寅	宋己未	宋己丑
	宋己未	宋戊子	宋戊午
	宋丁亥	宋丙辰	宋丙戌
	乙卯 俨 大任 宋	宋乙酉	宋甲寅
八年 闰五月 庚戌 宋	宋甲申	宋癸丑	宋癸未
	宋癸丑	壬午俨 宋	宋壬子
	宋辛巳	宋辛亥	宋庚辰
	宋己卯	宋己酉	宋戊寅
九年	宋戊申	宋丁丑	丁未 俨 大任 宋
	宋丙子	宋丙午	宋丙子
	宋乙巳	宋乙亥	宋甲辰
	甲戌大任 宋	宋癸卯	宋癸酉
十年	宋壬寅	宋壬申	宋辛丑
	宋辛未	宋庚子	宋庚午
	宋己亥	宋己巳	宋己亥
	宋戊辰	宋戊戌	宋丁卯

闰五月甲子宋保大元年	丁酉 俨　大任　宋	宋丙寅	宋丙申
	宋乙丑	宋甲午	宋癸巳
	宋癸亥	宋癸巳	宋壬戌
	宋壬辰	宋壬戌	宋辛卯
二年	宋辛酉	庚寅 俨　大任　宋	宋庚申
	宋己丑	宋戊午	宋戊子
	丁巳 俨　大任　宋	宋丁亥	宋丁巳
	宋丙戌	宋丙辰	宋丙戌
三年	宋乙卯	乙酉俨　宋	宋甲寅
	甲申 俨　大任　宋	癸丑 大任　宋	宋壬午
	宋壬子	宋辛巳	宋辛亥
	宋庚辰	宋庚戌	宋庚辰
闰三月戊寅宋四年	宋庚戌	宋己卯	宋己酉
	宋戊申	宋丁丑	宋丙午
	宋丙子	宋乙巳	宋甲戌
	宋甲辰	宋甲戌	宋甲辰

	宋癸酉	宋癸卯	宋癸酉
五年	宋壬寅	宋壬申	宋辛丑
	宋庚午	宋庚子	宋己巳
	宋戊戌	宋戊辰	宋戊戌

宋元丰元年十二月，诏司天监考辽及高丽、日本国历与《奉元历》同异。辽已未岁气朔与《宣明历》合，日本戊午岁与辽历相近，高丽戊午年朔与《奉元历》合，气有不同。戊午，辽太康四年；己未，五年也。当辽宋之世，二国司天固相参考矣。高丽所进《大辽事迹》载，诸王册文，颇见月朔，因附入。

孟子有言："天之高也，星辰之远也。苟求其故，千岁之日至可坐而致。"甚哉！圣人之用心，可谓广大精微，至矣尽矣。日有暑景，月有明魄，斗有建除，星有昏旦。观天之变，而制器以候之，八尺之表，六尺之筒，百刻之漏，日月星辰示诸掌上。运行既察，度分既审，于是像天圜以显运行，置地柜以验出入，浑象是作。天道之常，寻尺之中可以俯窥，陶唐之象是矣。设三仪以明度分，管一衡以正辰极，浑仪是作。天文之变，六合之表可以仰观，有虞之玑是矣。体莫固于金，用莫利于水。范金走水，不出户而知天道，此圣人之所以为圣也。历代仪象表漏，各具于志。太宗大同元年，得晋历象、刻漏、浑象。后唐清泰二年已称损折不可施用，其至中京者概可知矣。古之炼铜，黑黄白青之气尽，然后用之，故可施于久远。唐沙门一行铸浑天仪，时称精妙，未几铜铁渐涩，不能自转，置不复用。金质不精，水性不行，况移之沍寒之地乎！

晋天福三年造。《周官》挈壶氏悬壶必爨之以火。地虽沍寒，盖可施也。

古者官星万余名，遭秦焚灭图籍，世秘不传。汉收散亡，得甘德、石申、巫咸三家图经。经纬合千余官，仅存什一。分为三垣、四宫、二十八宿，枢以二极，建以北斗，纬以五星，日月代明，贵而太一，贱逮屎糠。占决之用，亦云备矣。司马迁《天官书》既以具录，后世保章守候，无出三家官星之外者。天象昭垂，历代不易，而汉、晋、随、唐之书累志天文，近于衍矣。且天象机祥，律格有禁，书于胜国之史，讹误学者，不宜书。其日食、星变、风云、震雪之祥，具载《帝纪》，不复书。

辽史卷四五
志第一五

百官一

北面御帐官　　北面著帐官
北面皇族帐官　　北面诸帐官
北面宫官

官生于职，职沿于事，而名加之。后世沿名，不究其实。吏部一太宰也，为大司徒，为尚书，为中书，为门下。兵部一司马也，为大司马，为太尉，为枢密使。沿古官名，分今之职事以配之。于是先王统理天下之法，如治丝而棼，名实淆矣。

契丹旧俗，事简职专，官制朴实，不以名乱之，其兴也勃焉。太祖神册六年，诏正班爵。至于太宗，兼制中国，官分南、北。以国制治契丹，以汉制待汉人。国制简朴，汉制则沿名之风固存也。辽国官制，分北、南院。北面治宫帐、部族、属国之政，南面治汉人州县、租赋、军马之事。因俗而治，得其宜矣。

初，太祖分迭剌夷离堇为北南二大王，谓之北、南院。宰相、枢密、宣徽、林牙，下至郎君、护卫，皆分北、南，其实所治皆北面之事，语辽官制者不可不辨。

凡辽朝官，北枢密视兵部、南枢密视吏部，北南二王视户部，夷离毕视刑部，宣徽视工部，敌烈麻都视礼部，北、南府宰相总之。惕隐治宗族,林牙修文告,于越坐而论议以象公师。朝廷之上,事简职专,此辽所以兴也。

契丹北枢密院。掌兵机、武铨、群牧之政,凡契丹军马皆属焉。以其牙居大内帐殿帐之北,故名北院。元好问所谓"北卫不理民"是也。

北院枢密使。

知北院枢密使事。

知枢密院事。

北院枢密副使。

知北院枢密副使事。

同知北院枢密使事。

　　签书北枢密院事。

　　北院都承旨。

　　北院副承旨。

　　北院林牙。

　　知北院贴黄。

　　给事北院知圣旨头子事。

　　掌北院头子。

　　北枢密院敞史。

　　北院郎君。

　　北枢密院通事。

　　北院掾史。

北枢密院中丞司。

　　北南枢密院点检中丞司事。

　　总知中丞司事。

　　北院左中丞。

　　北院右中丞。

　　同知中丞司事。

　　北院侍御。

契丹南枢密院。掌文铨、部族、丁赋之政,凡契丹人民皆属焉。以其牙帐居大内之南,故名南院。元好问所谓"南衙不主兵"是也。

南院枢密使。

知南院枢密使事。

知南院枢密事。

南院枢密副使。

知南院枢密副使事。

同知南院枢密使事。

签书南枢密院事。

　　南院都承旨。

　　南院副承旨。

　　南院林牙。

　　知南院贴黄。

　　给事南院知圣旨头子事。

　　掌南院头子。

　　南枢密院敞史。

　　南院郎君。

　　南枢密院通事。

　　南院掾史。

南枢密院中丞司。

　　北南枢密院点检中丞司事。

　　总知中丞司事。

　　南院左中丞。

　　南院右中丞。

　　同知中丞司事。

　　南院侍御。

北宰相府。掌佐理军国之大政,皇族四帐世预其选。

　　北府左宰相。

　　北府右宰相。

　　总知军国事。

　　知国事。

南宰相府。掌佐理军国之大政，国舅五帐世预其选。

　　南府左宰相。

　　南府右宰相。

　　总知军国事。

　　知国事。

北大王院。分掌部族军民之政。

　　北院大王。初名迭剌部夷离堇，太祖分北、南院，太宗会同元年改夷离堇为大王。

　　知北院大王事。

　　北院太师。

　　北院太保。

　　北院司徒。

　　北院司空。

　　　　北院郎君。

北院都统军司。掌北院从军之政令。

　　北院统军使。

　　北院副统军使。

　　北院统军都监。

北院详稳司。掌北院部族军马之政令。

　　北院详稳。

　　北院都监。

　　北院将军。

北院小将军。

北院都部署司。掌北院部族军民之事。

　　北院都部署。

　　北院副部署。

南大王院。分掌部族军民之政。

　　南院大王。

　　知南院大王事。

　　南院大师。

　　南院太保。天庆八年，省南院太保。

　　南院司徒。

　　南院司空。

　　　　南院郎君。

南院都统军司。掌南院从军之政令。

　　南院统军使。

　　南院副统军使。

　　南院统军都监。

南院详稳司。掌南院部族军马之政令。

　　南院详稳。

　　南院都监。

　　南院将军。

　　南院小将军。

南院都部署司。掌南院部族军民之事。

　　南院都部署。

　　南院副部署。

宣徽北院。太宗会同元年置，掌北院御前祗应之事。

　　北院宣徽使。

　　知北院宣徽事。

北院宣徽副使。

同知北院宣徽事。

宣徽南院。会同元年置,掌南院御前祗应之事。

南院宣徽使。

知南院宣徽事。

南院宣徽副使。

同知南院宣徽事。

大于越府。无职掌,班百僚之上,非有大功德者不授,辽国尊官,犹南面之有三公。太祖以遥辇氏于越受禅,终辽之世,以于越得重名者三人:耶律曷鲁、屋质、仁先,谓之三于越。

大于越。

大惕隐司。太祖置,掌皇族之政教。兴宗重熙二十二年,耶律义先拜惕隐,戒族人曰:“国家三父房最为贵族,凡天下风化之所自出,不孝不义,虽小不可为。”其妻晋国长公主之女,每见中表,必具礼服。义先以身率先,国族化之。辽国设官之实,于此可见。太祖有国,首设此官,其后百官择人,必先宗姓。

惕隐,亦曰梯里已。

知惕隐司事。

惕隐都监。

夷离毕院。掌刑狱。

夷离毕。

左夷离毕。

右夷离毕。

知左夷离毕事。

知右夷离毕事。

敞史。

选底。掌狱。

大林牙院。掌文翰之事。

　　北面都林牙。

　　北面林牙承旨。

　　北面林牙。

　　左林牙。

　　右林牙。

敌烈麻都司。掌礼仪。

　　敌烈麻都。

　　总知朝廷礼仪。

　　总礼仪事。

文班司。所掌未详。

　　文班太保。

　　文班林牙。

　　文班牙署。

　　文班吏。

阿札割只。所掌未详。遥辇故官,后并枢密院。

　　阿札割只。

三皇,圣人也,当淳朴之世,重门击柝,犹严于待暴客。辽之先世,未有城郭、沟池、宫室之固,毡车为营,硬寨为宫,御帐之官不得不谨。出于贵戚为侍卫,著帐为近侍,北南部族为护卫,武臣为宿卫,亲军为禁卫,百官番宿为宿直。奉宸以司供御,三班以肃会朝,硬寨以严晨夜。法制可谓严密矣。考其凡如左。

侍卫司。掌御帐亲卫之事。

　　侍卫太师。

　　侍卫太保。

侍卫司徒。

侍卫司空。

　　侍卫。

近侍局。

近侍直长。

近侍。

近侍小底。

近侍详稳司。

近侍详稳。

近侍都监。

近侍将军。

近侍小将军。

北护卫府。掌北院护卫之事。皇太后宫有左右护卫。

北护卫太师。

北护卫太保。

北护卫司徒。

总领左右护卫司。

总领左右护卫。

左护卫司。

左护卫太保。

左护卫。

左护卫司。

右护卫太保。

右护卫。

南护卫府。掌南院护卫之事。

南护卫太师。

南护卫太保。

南护卫司徒。

总领左右护卫司。

　　总领左右护卫。

左护卫司。

　　左护卫太保。

　　左护卫。

右护卫司。

　　右护卫太保。

　　右护卫。

奉宸司。掌供奉宸御之事。

　　官名未详。

　　奉宸。

三班院。掌左、右、寄班之事。

　　左班都知。

　　右班都知。

　　寄班都知。

　　　　三班院祗候。

宿卫司。专掌宿卫之事。

　　总宿卫事，亦曰典宿卫事。

　　总知宿卫事。

　　同掌宿卫事。

　　　　宿卫官。

禁卫局。

　　总禁卫事。

　　禁卫长。

宿直司。掌轮直官员宿直之事。皇太后宫有宿直官。

　　宿直详稳。

　　宿直都监。

　　宿直将军。

　　宿直小将军。

　　　　　　宿直官。

　　　　　　宿直护卫。

　　　硬寨司。掌禁围枪寨、下铺、传铃之事。

　　　　　　硬寨太保。

　　　皇太子惕隐司。掌皇太子宫帐之事。

　　　　　　皇太子惕隐。

　　古者刑人不在君侧。叛逆家属没为著帐，执事禁卫，可为寒心。此辽世所以多变起肘掖欤？

　　著帐郎君院。遥辇痕德堇可汗以蒲古只等三族害于越室鲁，家属没入瓦里。应天皇太后知国政，析出之以为著帐郎君、娘子，每加矜恤。世宗悉免之。其后内族、外戚及世官之家罪犯者，皆没入瓦里。人户益众，因复故名。皇太后、皇太妃帐，皆有著帐诸局。

　　　　　　著帐郎君节度使。

　　　　　　著帐郎君司徒。

　　　祗候郎君班详稳司。

　　　　　　祗候郎君班详稳。

　　　　　　祗候郎君直长。

　　　　　　祗候郎君闸撒狘。

　　　　　　　　祗候郎君。

　　　　　　祗候郎君拽剌。

　　　左祗候郎君班详稳司。

　　　　　　左祗候郎君班详稳。

　　　　　　左祗候郎君直长。

　　　　　　左祗候郎君闸撒狘。

　　　　　　　　左祗候郎君。

　　　　　　左祗候郎君拽剌。

　　　右祗候郎君班详稳司。

右祗候郎君班详稳。

右祗候郎君直长。

右祗候郎君闸撒狨。

　　右祗候郎君。

　　右祗郎君拽剌。

笔砚局。

笔砚祗候郎君。

笔砚吏。

牌印局。

牌印郎君。

裀褥局。

裀褥郎君。

灯烛局。

灯烛郎君。

床幔局。

床幔郎君。

殿幄局。

殿幄郎君。

车舆局。

车舆郎君。

御盏局。

御盏郎君。

本班局。

本班郎君。

皇太后祗应司。

领皇太后诸局事。

知皇太后宫诸司事。

皇太妃祗应司。

皇后祗应司。

近位祗应司。

皇太子祗应司。

亲王祗应司。

著帐户司。本诸斡鲁朵户析出，及诸色人犯罪没入。凡御帐、皇太后、皇太妃、皇太、皇太子、近位、亲王祗从、伶官，皆充其役。

著帐节度使。

著帐殿中。

承应小底局。

笔砚小底。

寝殿小底。

佛殿小底。

司藏小底。

习马小底。

鹰坊小底。

汤药小底。

尚饮小底。

盥漱小底。

尚膳小底。

尚衣小底。

裁造小底。

肃祖长子洽睿之族在五院司；叔子葛剌、季子洽礼及懿祖仲子帖剌、季子裹古直之族皆在六院司。此五房者，谓之二院皇族。玄祖伯子麻鲁无后，次子岩木之后曰孟父房；叔子释鲁曰仲父房；季子为德祖，德祖之元子是为太祖天皇帝，谓之横帐；次曰剌葛，曰迭剌，曰寅底石，曰安端，曰苏，皆曰季父房。此一帐三房，谓之四帐皇族。二院治之以北南二王，四帐治之以大内惕隐，皆统于大惕隐司。

大内惕隐司。掌皇族四帐之政教。

　　大内惕隐。

　　知大内惕隐事。

　　大内惕隐都监。

大横帐常衮司。掌太祖皇帝后九帐皇族之事。

　　横帐常衮,亦曰横帐敞稳。

　　横帐太师。

　　横帐太保。

　　横帐司空。

　　横帐郎君。

　　横帐知事。

孟父族帐常衮司。掌蜀国王岩木房族之事。

仲父族帐常衮司。掌隋国王释鲁房族之事。

季父族帐常衮司。掌德祖皇帝三房族之事。

四帐都详稳司。掌四帐军马之事。

　　都详稳。

　　都监。

　　将军本名敞史。

　　小将军。

　横帐详稳司。

　孟父帐详稳司。

　仲父帐详稳司。

　季父帐详稳司。

舍利司。掌皇族之军政。

　　舍利详稳。

　　舍利都监。

舍利将军。

舍利小将军。

　　舍利。

　　梅里。

亲王国。官制未详。

王府近侍。

王府祗候。

大东丹国中台省。太祖天显元年置,乾亨元年圣宗省。

左大相。

右大相。

左次相。

右次相。

王子院。掌王子各帐之事。

王子太师。

王子太保。

王子司徒。

王子司空。

　　王子班郎君。

驸马都尉府。掌公主帐宅之事。

驸马都尉。

辽太祖有帝王之度者三:代遥辇氏,尊九帐于御营之上,一
灭渤海国,存其族帐,亚于遥辇,二也;并奚王之众,抚其帐部,拟于
国族,三也。有英雄之智者三:任国舅以耦皇族,崇乙室以抗奚王,
列二院以制遥辇是已。观北面诸帐官,可以见之矣。

遥辇九帐大常衮司。掌遥辇洼可汗、阻午可汗、胡剌可汗、苏可汗、鲜质可汗、昭古可汗、耶澜可汗、巴剌可汗、痕德堇可汗九世宫分之事。太祖受位于遥辇，以九帐居皇族一帐之上，设常衮司以奉之，有司不与焉。凡辽十二宫、五京，皆太祖以来征讨所得，非受之于遥辇也。其待先世之厚，蔑以加矣。辽俗东向而尚左，御帐东向，遥辇九帐南向，皇族三父帐北向。东西为经，南北为纬，故谓御营为横帐云。

大常衮，亦曰敞稳。

遥辇太师。

遥辇太保。

遥辇太尉。

遥辇司徒。

遥辇司空。

遥辇侍中，一作世烛。太宗会同元年置。

　　敞史。

　　知事。

遥辇帐节度使司。

　　节度使。

　　节度副使。

遥辇糺详稳司。

　　遥辇糺详稳。

　　遥辇糺都监。

　　遥辇糺将军。

　　遥辇糺小将军。

遥辇克。官名未详。

大国舅司。掌国舅乙室已、拔里二帐之事。太宗天显十年，合皇太后二帐为国舅司。圣宗开泰三年，又并乙室已、拔里二司为一帐。

乙室已国舅大翁帐常衮，一作敞稳。

乙室已国舅小翁帐常衮。

拔里国舅大父帐常衮。

拔里国舅少父帐常衮。

国舅太师。

国舅太保。

国舅太尉。

国舅司徒。

国舅司空。

　　　敞史。太宗会同元年，改郎君为敞史。

　　　知事。

国舅乙室已大翁帐详稳司。

　　国舅详稳。

　　国舅都监。

　　国舅本族将军。

　　国舅本族小将军。兴宗重熙五年，枢密院奏，国舅乙室已小翁帐敞史，准大横帐洎国舅二父帐，改为将军。

国舅乙室已小翁帐详稳司。

国舅拔里大父帐详稳司。

国舅拔里少父帐详稳司。

国舅夷离毕司。

　　　　国舅夷离毕。

　　　　国舅左夷离毕。

　　　　国舅右夷离毕。

　　　　　敞史。

国舅帐克。

国舅别部。世宗置。

官制未详。

国舅别部敞史。圣宗太平八年,见国敞史萧塔葛。

渤海帐司。官制未详。

　　渤海宰相。

　　渤海太保。

　　渤海挞马。

　　渤海近侍详稳司。

奚王府。

乙室王府。并见《部族官》。

辽建诸宫斡鲁朵,部族、蕃户统以北面宫官。具如左。

诸行宫都部署院。总契丹汉人诸行宫之事。

　　诸行宫都部署。

　　知行宫诸部署司事。

　　诸行宫副部署。

　　诸行宫判官。

契丹行宫都部署司。总行在行军诸斡鲁朵之政令。

　　契丹行宫都部署。

　　知契丹行宫都部署事。

　　　契丹行宫副部署。

　　　契丹行宫判官。

行宫诸部署司。掌行在诸宫之政令。

　　行宫都部署。

　　行宫副部署。

　　行宫部署判官。

十二宫职名总目：

　　某宫。

　　　　　某宫使。

　　　　　某宫副使。

　　　　　某宫太师。

　　　　　某宫太保。

　　　　　某宫侍中。太宗会同元年置，亦曰世烛。

　　　　某宫都部署司。掌本宫契丹军民之事。

　　　　　某宫都部署。

　　　　　某宫副部署。

　　　　　某宫判官。

　　　　某宫提辖司。官制未详。

　　　　某宫马群司。

　　　　　侍中。

　　　　　敞史。

　　　　某石烈。石烈，县也。

　　　　夷离堇。本名弥里马特本，改辛衮。会同元年升。

　　　　　麻普。本名达剌干，会同元年改。

　　　　　　牙书。会同元年置。

　　　　某瓦里。内族、外戚、世官犯罪，没入瓦里。

　　　　　抹鹘。

　　　　　某抹里。

　　　　　闸撒狘。

　　　　某得里。官名未详。

太祖弘义宫。

太宗永兴宫。

世宗积庆宫。

应天皇太后长宁宫。

穆宗延昌宫。

景宗彰愍宫。

承天皇太后崇德宫。

圣宗兴圣宫。

兴宗延庆宫。

道宗太和宫。

天祚永昌宫。

孝文皇太弟敦睦宫。

文忠王府。

已上十二宫一府，部署、提辖、石烈、瓦里、抹里、得等，并见《营卫志》。

押行宫辎重夷离毕司。掌诸宫巡幸扈从辎重之事。

　　夷离毕。

　　　　敞史。

辽史卷四六
志第一六

百官二

北面部族官　　北面军官
北面边防官　　北面行军官
北面属国官

部族，详见《营卫志》。设官之制具如左。

部族职名总目：
大部族。
　　某部大王。本名夷离堇。
　　某部左宰相。
　　某部右宰相。
　　某部太师。
　　某部太保。
　　某部太尉。
　　某部司徒。本名惕隐。
　某部节度使司。
　　某部节度使。
　　某部节度副使。

某部节度判官。

某部族详稳司。

　某部族详稳。

　某部族都监。

　某部族将军。

　某部族小将军。

某石烈。

　某石烈夷离堇。

　某石烈麻普,亦曰马步,本名石烈达剌干。

　　　某石烈牙书。

某弥里。弥里,乡也。

　　　辛衮。本曰马特本。

小部族。

某部族司徒府。

　某部族司徒。

　某部族司空。

某部族节度使司。

某部族详稳司。

　某石烈。

　　令稳。

　　麻普。

　　牙书。

　　某弥里。

　　辛衮。

五院部。有知五院事,在朝曰北大王院。

六院部。有知六院事,在朝曰南大王院。

乙室部。在朝曰乙室王府。有乙室府迪骨里节度使司。

奚六部。在朝曰奚王府。有二常衮,有二宰相,又有吐里太尉,有奚六部汉军详稳,有奚挞剌详稳,有先离挞览官。

已上四大王府,为大部族。

品部。

楮特部。

乌隗部。

突吕不部。

突举部。

涅剌部。

遥里部。

伯德部。

堕瑰部。

楚里部。

奥里部。

南剋部。

北剋部。

突吕不室韦部。

涅剌孥古部。

迭剌迭达部。

乙室奥隗部。

楮特奥隗部。

品达鲁虢部。

乌古涅剌部。

图鲁部。

撒里葛部。

窈爪部。

耨盌爪部。

讹仆括部。

特里特勉部。

稍瓦部。

曷术部。

隗衍突厥部。

奥衍突厥部。

涅剌越兀部。

奥衍女直部。

乙典女直部。

斡突盌乌古部。

迭鲁敌烈部。

大黄室韦部。

小黄室韦部。二黄室韦达林,改为仆射。

术哲达鲁虢部。

梅古悉部。

颉的部。

匿讫唐古部。

北唐古部。

南唐古部。

鹤剌唐古部。

河西部。

北敌烈部。

薛特部。

伯斯鼻骨部。

达马鼻骨部。

五国部。

已上四十九节度,为小部族。

北面坊场局冶牧厩等官

辽始祖涅里究心农工之事,太祖尤拳拳焉,畜牧畋渔固俗尚也。坊场牧厩,设官如左。

　　诸坊职名总目:
　　　　某坊使。
　　　　某坊副使。
　　　某坊详稳司。
　　　　某坊详稳。
　　　　某坊都监。
　鹰坊。
　铁坊。
　五坊。未详。
　八坊。内有军器坊,余未详。
　已上坊官。

　　围场。
　　　　围场都太师。
　　　　围场都管。
　　　　围场使。
　　　　围场副使。
　已上场官。

　　局官职名总目:
　　　　某局使。
　　　　某局副使。
　客省局。
　器物局。
　太医局。
　医兽局。有四局都林牙。
　已上局官。

五冶。未详。
　　太师。
已上冶官。

群牧职名总目：
某路群牧使司。
　　某群太保。
　　某群侍中。
　　某群敞史。
总典群牧使司。
　　总典群牧部籍使。
　　群牧都林牙。
某群牧司。
　　群牧使。
　　群牧副使。
西路群牧使司。
倒塌岭西路群牧使司。
浑河北马群司。
漠南马群司。
漠北滑水马群司。
牛群司。
已上群牧官。

尚厩。
　　尚厩使，
　　尚厩副使。
飞龙院。
　　飞龙使。

飞龙副使。

总领内外厩马司。

总领内外厩马。

已上诸厩官。

监鸟兽详稳司职名总目：

监某鸟兽详稳。

监某鸟兽都监。

监某鸟。

监某兽。

监鹿详稳司。

监雉。

已上监养鸟兽官。

辽宫帐、部族、京州、属国，各自为军，体统相承，分数秩然。雄长二百余年，凡以此也。考其可知者如左。

天下兵马大元帅府。太子、亲王总军政。

天下兵马大元帅。

副元帅。

大元帅府。大臣总军马之政。

大元帅。

副元帅。

都元帅府。大将总军马之事。

兵马都元帅。

副元帅。

同知元帅府事。

便宜从事府。亦曰便宜行事。
便宜从事。

大详稳司。
大详稳。
都监。
将军。
小将军。
军校。
队帅。

东都省。分掌军马之政。
东都省太师。
西都省。分掌军马之政。
西都省太师。

大将军府。各统所治军之政令。
大将军。
上将军。
将军。
小将军。

护军司。
护军司徒。

卫军司。
卫军司徒。

诸路兵马统署司。

　　诸路兵马都统署。

　　诸路兵马副统署。

左皮室详稳司。

右皮室详稳司。

北皮室详稳司。

南皮室详稳司。太宗选天下精甲三十万为皮室军。初，太祖以行营为宫，选诸部豪健千余人，置为腹心部，耶律老古以功为右皮室详稳。则皮室军自太祖时已有，即腹心部是也。太宗增多至三十万耳。

黄皮室军详稳司。黄皮室，属国名。

属珊军详稳司。应天皇太后置，军二十万。选蕃汉精兵，珍美如珊瑚，故名。

舍利军详稳司。统皇族之从军者，横帐、三父房属焉。

北王府舍利军详稳司。五院皇族属焉。

南王府舍利军详稳司。六院皇族属焉。

禁军都详稳司。掌禁卫诸军之事。

各部族舍利司。掌各部族子弟之军政。

郎君军详稳司。掌著帐郎君之军事。

拽剌军详稳司。走卒谓之拽剌。

旗鼓拽剌详稳司。掌旗鼓之事。

千拽剌详稳司。

猛拽剌详稳司。

墨离军详稳司。

炮手军详稳司。掌飞炮之事。

弩手军详稳司。掌强弩之事。

铁林军详稳司。

大鹰军详稳司。

鹰军详稳司。

鹘军详稳司。大、小鹘军,即二室韦军号。

凤军详稳司。

龙军详稳司。

飞龙军详稳司。

虎军详稳司。

熊军详稳司。

左铁鹞子军详稳司。

右铁鹞子军详稳司。

龙卫军详稳司。

威胜军详稳司。

天云军详稳司。

特满军详稳司。

敌烈军详稳司。

敌烈皮室详稳司。

滑里奚军详稳司。

涅哥奚军详稳司。

渤海军详稳司。

女古烈详稳司。

奚王南克军详稳司。诸帐并有克官为长,余同详稳司。

奚王北克军详稳司。

国舅帐克军。

三克军。

频必克军。

九克军。

十二行糺军。诸糺并有司徒,余同详稳司。

各宫分糺军。

遥辇糺军。

各部族糺军。

群牧二糺军。

怨军八营都详稳司。天祚天庆六年，命秦晋王淳募辽东饥民，得二万余人，谓之怨军。及淳僭位，改号常胜军。

前宜营。八营皆以所募州名为号。

后宜营。

前锦营。

后锦营。

乾营。

显营。

乾显大营。

岩州营。

辽境东接高丽，南与梁、唐、晋、汉、周、宋六代为勍敌，北邻阻卜、术不姑，大国以十数；西制西夏、党项、吐浑、回鹘等，强国以百数。居四战之区，虎踞其间，莫敢与撄，制之有术故尔。观于边防之官，太祖、太宗之雄图见矣。

诸军都虞候司。

　　　都虞候。

奚王府。见《部族官》。

大惕隐司。见《帐官》。

大国舅司。

大常衮司。

五院司。见《部族官》。

六院司。

沓温司。未详。

已上上京路诸司控制诸奚。

诸部署职名总目：

　　某兵马都部署。

　　某兵马副部署。

　　某兵马都监。

　　某都部署判官。

诸指挥使职名总目：

　　某军都指挥使。

　　某军副指挥使。

　　某军都监。

诸统军使职名总目：

　　有都统军使、副使、都监等官。

东京兵马都部署司。

契丹、奚、汉、渤海四军都指挥使司。

　　契丹奚军都指挥使司。

　　奚军都指挥使司。

　　汉军都指挥使司。

　　渤海军都指挥使司。

东京都统军使司

东京都详稳司。

保州都统军司。

汤河详稳司，亦曰南女直汤河司。

杓窊司。未详。

金吾营。属南面。

铜州北兵马指挥使司。

涞州南兵马指挥使司。

已上辽阳路诸司，控扼高丽。

黄龙府兵马都部署司。一作都监署司。

黄龙府铁骊军详稳司。

咸州兵马详稳司。有知咸州路兵马事、同知咸州路兵马事、咸州紃将。

东北路都统军使司。有掌法官,道宗大安六年置。

已上长春路诸司,控制东北诸国。

南京都元帅府。本南京兵马都总管府,兴宗重熙四年改。有都元帅、大元帅。

南京兵马都总管府。属南面。有兵马都总管,有总领南面边事,有总领南面军务,有总领南面戍兵等官。

南京马步军都指挥使司。属南面。

待卫控鹤都指挥使司。属南面。

燕京禁军详稳司。

南京都统军司,又名燕京统军司。圣宗统和十二年复置南京统军都监。

牛栏都统领司。

　　都统领。

　　副统领。

距马河戍长司。圣宗开泰七年,沿距马河宋界东西七百余里,特置戍长一员巡察。

　　戍长。

监军寨统领司。

石门统领司。

南皮室军详稳司。

北皮室军详稳司。

猛拽剌详稳司。

管押平州甲马司。

　　管押平州甲马。

已上南京诸司，并隶元帅府，备御宋国。

西南面安抚使司。

　　西南面安抚使。

西南面都招讨司。太祖神册元年置。亦曰西南路招讨司。

　　西南面招讨使。

西南边大详稳司。

西南路详稳司。

西南面五押招讨司。

　　五押招讨大将军。

西南路巡察司。又有西南巡边官。

　　西南路巡察将军。

西南面巡检司。

　　西南面巡检。

　　西南面同巡检。

西南面拽剌详稳司。

山北路都部署司。又有知山北道边境事官。

金肃军都部署司。

南王府。见《北面朝官》。

北王府。

乙室王府。

山金司。一作山阴司。置在金山之北。

已上西京诸司，控制西夏。

西北路招讨使司。有知西路讨事，有监军。

西北路管押详稳司。

西北路总领司。有总领西北路军事官。

领西北路十二班军使司。

契丹军详稳司。

吐浑军详稳司。

述律军详稳司。

禁军详稳司。

奚王府舍利军详稳司。

大室韦军详稳司。

小室韦军详稳司。

北王府军详稳司。

特满军详稳司。

群牧军详稳司。

宫分军详稳司。

西北路金吾军。属南面。

西北路兵马都部署司。

西北路阻卜都部署司。

西北路统军司。

西北路戍长司。

西北路禁军都统司。

西北部镇抚司。兼掌西北诸部军民。有镇抚西北部事官。

西北路巡检司。

黑水河提辖司。在中京黔州置。

已上西北路诸司，控制诸国。

东北路兵马详稳司。亦曰东北面详稳司。

东北路监军马司。有东北路监军马使，有管押东北路军马事官。

东北路女直详稳司。

北女直兵马司。在东京辽州置。

已上东北路诸司。

东路兵马都总管府。有东路兵马都总管,有同知东路兵马事官。

东路都统军使司。

遥里等十军都详稳司。

遥里军诸详稳司。未详。

九水诸夷安抚使。

已上东路诸司。

西南面节制司。有节制西南诸军事。

西南面都统军司。

已上西南边诸司。

山西兵马都统军司。

西路招讨使司。

西边大详稳司。

四蕃都军所。圣宗统和四年置,授李继冲。

夏州管内蕃落使。圣宗统和四年置,授李继迁。

倒塌岭节度使司。

倒塌岭统军司。

塌西节度使司。

塌母城节度使司。

已上西路诸司。

辽行军官,枢密、都统、部署之司,上下相维,先锋、两翼严重,中军于远探侦候为尤谨,临阵委重于监战。司存有常,秩然整暇,所以为制胜之道也。

行枢密院。有左、右林牙,有参谋。

行军都统所。有监军,有行军诸部都监,有监战。

行军都统。

行军副都统。

行军都监。

行军都押司。有都押官、副押官。

行军都部署司。

先锋使司。

先锋都统所。

左翼军都统所。

右翼军都统所。

中军都统所。

御营都统所。

远探军。有小校,有拽剌。

候骑。有侦候,有候人,有拽剌。

东征行枢密院。

东征都统所。亦曰东面行军都统所,又曰东路行军都统所。

东征统军司。

东征先锋使司。

西征统军司。

南征都统所。亦曰南面行军都统所。

南征统军司。

南面行营总管府。

南面行营都部署司。

河南道行军都统所。

北道行军都统所。

东北面行军都统所。

西北面行军都统所。

西南面行军都统所。

辽制,属国、属部官,大者拟王封,小者准部使。命其酋长与契丹人区别而用,恩威兼制,得柔远之道。考其可知者具如左。

属国职名总目:

　　某国大王。

　　某国于越。

　　某国左相。

　　某国右相。

　　某国惕隐。亦曰司徒。

　　某国太师。

　　某国太保。

　　某国司空。本名闼林。

某国某部节度使司。

　　某国某部节度使。

　　某国某部节度副使。

某国详稳司。

　　某国详稳。

　　某国都监。

　　某国将军。

　　某国小将军。

大部职名:

　　并同属国。

诸部职名:

　　并同部族。

女直国顺化王府。景宗保宁九年,女直国来请宰相、夷离堇之职,以次授者二十一人。圣宗统和八年,封女直阿海为顺化王,亦作阿改。天祚天庆二年有顺国女直阿鹘产大王。

北女直国大王府。

南女直国大王府。

曷苏馆路女直国大王府。亦曰合苏衮部女直王,又曰合素女直王,又曰苏馆都大王。圣宗太平六年,曷苏馆诸部许建旗鼓。

长白山女直国大王府。圣宗统和三十年,长白山三十部女直乞授爵秩。

鸭渌江女直大王府。

濒海女直国大王府。

阻卜国大王府。

　　　阻卜扎剌部节度使司。

　　　阻卜诸部节度使司。圣宗统和二十九年置。

　　　阻卜别部节度使司。

西阻卜国大王府。

北阻卜国大王府。

西北阻卜国大王府。

乞粟河国大王府。

城屈里国大王府。

术不姑国大王府。亦曰述不姑。又有直不姑。

阿萨兰回鹘大王。亦曰阿思懒王府。

回鹘国单于府。兴宗重熙二十二年,诏回鹘部副使以契丹人充。

沙州回鹘敦煌郡王。

甘州回鹘大王府。

高昌国大王府。

党项国大王府。

西夏国西平王府。

高丽国王府。

新罗国王府。

日本国王府。

吐谷浑国王府。

吐浑国王府。

辖戛斯国王府。

室韦国王府。

黑车子室韦国王府。

铁骊国王府。

靺鞨国王府。

沙陀国王府。

涉貊国王府。

突厥国王府。

西突厥国王府。

斡朗改国王府。

迪烈德国王府。亦曰敌烈，亦曰迭烈德。

于厥国王府。

越离睹国王府。亦曰斡离都。

阿里国王府。

祆里国王府。

朱灰国王府。

乌孙国王府。

于阗国王府。

狮子国王府。

大食国王府。

西蕃国王府。

大蕃国王府。

小蕃国王府。

吐蕃国王府。

阿撒里国王府。

波剌国王府。

愒隐国王府。

仙门国王府。

铁不得国王府。

鼻国德国王府。

辖剌国只国王府。

赍烈国王府。

获里国王府。

怕里国王府。

噪温国王府。

阿钵颇得国王府。

阿钵押国王府。

纴没里国王府。

要里国王府。

徒睹古国王府。亦曰徒鲁古。

素撒国王府。

夷都衮国王府。

婆都鲁国王府。

霸斯黑国王府。

达离谏国王府。

达卢古国王府。

三河国王府。

核列哿国王府。

述律子国王府。

殊保国王府。

蒲昵国王府。

乌里国王府。

已上诸国。

蒲卢毛朵部大王府。

回跋部大王府。

岩母部大王府。

黄龙府女直部大王府。道宗太康八年,赐官及印。

吾秃婉部大王府。

乌隈于厥部大王府。

婆离八部大王府。

于厥里部族大王府。太宗会同三年,赐旗鼓。

已上大部。

生女直部。

直不姑部。

狐山部。

拔思母部。

茶扎剌部。

粘八葛部。

耶睹刮部。

耶迷只部。

挞术不姑部。

渤海部。

西北渤海部。

达里得部。亦曰达离底。

乌古部。

隈乌古部。

三河乌古部。

乌隈乌骨里部。

敌烈部。

迪离毕部。

涅剌部。

乌涉部。已上三部,隶夫人婆底里东北路管押司。

钮德部。

谛居部。亦曰谛举部。

涅剌奥隗部。

八石烈敌烈部。

迭剌葛部。

兀惹部。亦曰乌惹部。

党项部。

隗衍党项部。

山南党项部。

北大浓兀部。

南大浓兀部。

九石烈部。

喎娘改部。

鼻骨德部。

退欲德部。

涅古部

遥思拈部。

划离部。圣宗统和元年，划离部请今后详稳于当部人内选授，不许。

四部族部。

四蕃部。

三国部。

素昆那山东部。

胡母思山部。

卢不姑部。

照姑部。

白可久部。

俞鲁古部。

七火室韦部。

黄皮室韦部。

瑶稳部。

嘲稳部。

二女古部。

蔑思乃部。

麻达里别古部。

梅里急部。

斡鲁部。

榆里底乃部。

率类部。

五部蕃部。

蒲奴里部。

闸古胡里扒部。

已上诸部。

辽史卷四七
志第一七上

百官三

南面　　南面朝官　　南面宫官

　　契丹国自唐太宗置都督、刺史,武后加以王封,玄宗置经略使,始有唐官爵矣。其后习闻河北藩镇受唐官名,于是太师、太保、司徒、司空施于部族。太祖因之。大同元年,世宗始置北院枢密使。明年,世宗以高勋为南院枢密,则枢密之设,盖自太宗入汴始矣。天禄四年,建政事省。于是南面官僚可得而书。其始,汉人枢密院兼尚书省,吏、兵刑有承旨,户、工有主事,中书省兼礼部,别有户部使司。以营州之地加幽、冀之半,用是适足矣。中叶弥文,耶律杨六为太傅,知有三师矣。忽古质为太尉,知有三公矣。于韩古得为常侍,刘泾为礼部尚书,知有门下、尚书省矣。库部、虞部、仓部员外出使,则知备郎官列宿之员。室昉监修,则知国史有院。程翥舍人,则知起居有注。邢抱朴承旨,王言敷学士,则知有翰林内制。张干政事舍人,则知有中书外制。大理、司农有卿,国子、少府有监,九卿、列监见矣。金吾、千牛有大将,十六列卫见矣。太子上有师保,下有府率,东宫备官也。节度、观察、防御、团练、刺史,咸在方州,如唐制也。凡唐官可考见者,列具于篇,无徵者不书。

　　辽有北面朝官矣,既得燕、代十有六州,乃用唐制,复设南面三省、六部、台、院、寺、监、诸卫、东宫之官。诚有志帝王之盛制,亦以招徕中国之人也。

三师府。本名三公,汉以丞相、太尉、御史大夫为三公,故称三师。

> 太师。穆宗应历三年见太师唐骨德。
>
> 太傅。太宗会同元年命冯道守太傅。
>
> 太保。会同元年刘煦守太保。
>
> 少师。《耶律资忠传》见少师萧把哥。
>
> 少傅。
>
> 少保。
>
> 　掌印。耶律乙辛,重熙中掌太保印。

三公府。先汉丞相、太尉、御史大夫,后汉更名大司徒、大司马、大司空,唐太尉、司徒、司空,又名三司。

> 太尉。太宗天显十一年见太尉赵思温。
>
> 司徒。世宗天禄元年见司徒划设。
>
> 司空。圣宗统和三十年见司空邢抱质。

汉人枢密院。本兵部之职,在周为大司马,汉为太尉。唐季宦官用事,内置枢密院,后改用士人。晋天福中废,开运元年复置。太祖初有汉儿司,韩知古总知汉儿司事。太宗入汴,因晋置枢密院,掌汉人兵马之政,初兼尚书省。

> 枢密使。太宗大同元年见枢密使李崧。
>
> 知枢密使事。
>
> 知枢密院事。
>
> 枢密副使。杨遵勖,咸雍中为枢密副使。
>
> 同知枢密院事。圣宗太平六年见同知枢密院事耶律迷离已。

　　　　　　知枢密院副使事。杨皙,兴宗重熙十二年知枢密院副使事。

　　　　枢密直学士。圣宗统和二年见枢密直学士郭嘏。

　　　　　　枢密都承旨。圣宗开泰九年见枢密都承旨韩绍芳。

　　　　　　枢密副承旨。杨遵勖,重熙中为枢密副承旨。

　　　　　　吏房承旨。

　　　　　　兵刑房承旨。

　　　　　　户房主事。

　　　　　　厅房主事,即工部。

　　　中书省。初名政事省。太祖置官,世宗天禄四年建政事省,兴宗重熙十三年改中书省。

　　　　　　中书令。韩延徽,太祖时为政事令;韩知古,天显初为中书令;会同五年又见政事令赵延寿。

　　　　　　大丞相。太宗大同元年见大丞相赵延寿。

　　　　　　左丞相。圣宗太平四年见左丞相张俭。

　　　　　　右丞相。圣宗开泰元年见右丞相马保忠。

　　　　　　知中书省事。萧孝友,兴宗重熙十年知中书省事。

　　　　　　中书侍郎。韩资让,寿隆初为中书侍郎。

　　　　　　同中书门下平章事。太祖加王都同政事门下平章事,太宗大同元年见平章事张砺。

　　　　　　参知政事。圣宗统和十二年见参知政事邢抱朴。

　　　　　　堂后官。太平二年见堂后官张克恭。

　　　　　　主事。

　　　　　　守当官。并见耶律俨《建官制度》。

　　　　　　令史。耶律俨,道宗咸雍三年为中省令史。

　　　中书舍人院。

　　　　　　中书舍人。室昉,景宗保宁间为政事舍人;道宗咸雍三年见中书舍人马铉。

右谏院。

　　右谏议大夫。圣宗统和七年见谏议大夫马得臣。

　　右补阙。

　　右拾遗。刘景,穆宗应历初为右拾遗。

门下省。

　　侍中。赵思忠,太宗会同中为侍中。

　　常侍。兴宗重熙十四年见常侍斡古得。

　　散骑常侍。马人望,天祚干乾统中为左散骑常侍。

　　给事中。圣宗统和二年见给事中郭嘏。

　　门下侍郎。杨晳,清宁初为门下侍郎。

　　起居舍人院。

　　起居舍人。圣宗开泰五年见起居舍人程翥。

　　知起居注。耶律敌烈,重熙末知起居注。

　　起居郎。杜防,开泰中为起居郎。

　　左谏院。

　　左谏议大夫。

　　左补阙。

　　左拾遗。统和三年见左拾遗刘景。

　　通事舍人院。

　　通事舍人。统和七年见通事舍人李琬。

　　符宝司。

　　符宝郎。耶律玦,重熙初为符宝郎。

　　东上阁门司。太宗会同元年置。

　　东上阁门使。《韩延徽传》见东上阁门使郑延丰。

　　东上阁门副便。

　　西上阁门司。

　　西上阁门使。统和二十一年见西上阁门使丁振。

　　西上阁门副使。

东头承奉班。

　　东头承奉官。韩德让,景宗时为东头承奉官。

西头承奉班。

　　西头承奉官。

通进司。

　　左通进。

　　右通进。耶律瑶质,景宗时为右通进。

登闻鼓院。

　　登闻鼓使。

甌院。

　　知甌院使。太平三年见知甌院事杜防。

诰院。

　　诰院给事。耶律铎斡,重熙末为诰院给事。

尚书省。太祖尝置左右尚书。

　　尚书令。萧思温,景宗保宁初为尚书令。

　　左仆射。太祖初康默记为左尚书,三年见左仆射韩知古。

　　右仆射。大宗会同元年见右仆射烈束。

　　右丞。武白为尚书左丞。

　　左丞。

　　左司郎中。

　　右司郎中。

　　左司员外郎。

　　右司员外郎。

六部职名总目:

某部。

　　某部尚书。圣宗开泰元年见吏部尚书刘绩。

　　某部侍郎。王观,兴宗重熙中为兵部侍郎;李澣,穆宗朝累迁工部侍郎。

某部郎中。刘辉,道宗大安末为礼部郎中。

某部员外郎。开泰五年见礼部员外郎王景运。

某部郎中。圣宗统和九年见虞部郎中崔祐。诸曹郎官未详。

御史台。太宗会同元年置。

御史大夫。会同九年见御史大夫耶律解里。

御史中丞。

侍御。重熙七年见南面侍御壮骨里。

殿中司。

殿中。圣宗开泰元年见殿中高可恒。

殿中丞。

尚舍局。见《辽朝杂礼》。

奉御。

尚乘局奉御。

尚辇局奉御。

尚食局奉御。

尚衣局奉御。

翰林院。掌天子文翰之事。

翰林都林牙。兴宗重熙十三年见翰林都林牙耶律庶成。

南面林牙。耶律磨鲁古,圣宗统和初为南面林牙。

翰林学士承旨。《赵延寿传》见翰林学士承旨张砺。

翰林学士。太宗大同元年见和凝为翰林学士。

翰林祭酒。韩德崇,景宗保宁初为翰林祭酒。

知制诰。室昉,太宗入汴,诏知制诰。

翰林画院。

翰林画待诏。圣宗开泰七年见翰林画待诏陈升。

翰林医官。天祚保大二年见提举翰林医官李奭。

国史院。

监修国史。圣宗统和九年见监修国史室昉。

史馆学士。景宗保宁八年见史馆学士。

史馆修撰。刘辉,大安末为史馆修撰。

修国史。耶律玦,重熙初修国史。

宣政殿。

宣政殿学士。穆宗应历元年见宣政殿学士李澣。

观书殿。

观书殿学士。王鼎,寿隆初为观书殿学士。

昭文馆。

昭文馆直学士。杨遵勖子晦为昭文馆直学士。

崇文馆。

崇文馆大学士。韩延徽,太祖时为崇文馆大学士。

乾文阁。

乾文阁学士。王观,道宗咸雍五年为乾文阁学士。

宣徽院。太宗会同元年置。

宣徽使。

知宣徽院事。马得臣,统和初知宣徽院事。

宣徽副使。

同知宣徽使事。

同知宣徽院事。

内省。

内省使。圣宗太平九年初见内省使。

内省副使。

内藏库。

内藏库提点。道宗清宁元年见内藏库提点耶律乌骨。

内侍省。

黄门令。

内谒者。

内侍省押班。

内侍左厢押班。

内侍右厢押班。

契丹、汉儿、渤海内侍都知。

左承宣使。

右承宣使。

内库。

都提点内库。

尚衣库。

尚衣库使。

汤药局。

都提点、勾当汤药。

内侍省官,并见《王继恩》、《赵安仁传》。

客省。太宗会同元年置。

都客省。兴宗重熙十年见都客省回鹘重哥。

客省使。会同五年见客省使耶律化哥。

左客省使。萧护思,应历初为左客省使。

右客省使。

客省副使。

四方馆。

四方馆使。高勋,太宗入汴为四方馆使。

四方馆副使。道宗咸雍五年,诏四方馆副使止以契丹人充。

引进司。

引进使。圣宗统和二十八年见引进使韩杞。

点签司。

同签点签司事。兴宗重熙六年见同签点签司事耶律圆宁。

礼信司。

勾当礼信司。兴宗重熙七年见勾当礼信司骨欲。

礼宾使司。

礼宾使。大公鼎曾祖忠为礼宾使。

寺官职名总目:

某卿。兴宗景福元年见崇禄卿李可封。

某少卿。耶律俨子处贞为太常少卿。

某丞。

某主簿。

太常寺。有博士、赞引、太祝、奉礼郎、协律郎。

诸署职名总目:

某署令。

某署丞。

太乐署。

鼓吹署。

法物库。《辽朝杂礼》有法物库所掌图籍。

法物库使。

法物库副使。

崇禄寺。本光禄寺,避太宗讳改。

卫尉寺。

宗正寺。职在大惕隐司。

太仆寺。有乘黄署。

大理寺。有提点大理寺,有大理正,圣宗统和十二年置。

鸿胪寺。

司农寺。

诸监职名总目：

　　某太监。兴宗景福元年见少府监马惮。

　　某少监。兴宗重熙十七年见将作少监王企。

　　某监丞。

　　某监主簿。

秘书监。有秘书郎,秘书郎正字。

　　著作局。

　　　　著作郎。

　　　　著作佐郎。杨晳,圣宗太平十一年为著作佐郎。

　　　　校书郎。杨佶,统和中为校书郎。

　　　　正字。开泰元年见正字李万。

司天监。有太史令,有司历,灵台郎,挈壶正,五官正、丞,主簿,五官灵台郎,保章正,司历,监候,挈壶正,司辰,刻漏博士,典钟,典鼓。

国子监。上京国子监,太祖置。

　　祭酒。

　　司业。

　　监丞。

　　主簿。

　　国子学。

　　　　博士。武白为上京国子博士。

　　　　助教。

太府监。

少府监。

将作监。

都水监。

已上文官。

诸卫职名总目：

各卫。

　　大将军。圣宗开泰七年见皇子宗简右卫大将军。

　　上将军。王继忠，统和二十二年加左武卫上将军。

　　将军。圣宗太平四年见千牛卫将军萧顺。

　　　　折冲都尉。

　　　　果毅都尉。

亲卫。

勋卫。

翊卫。

左右卫。

左右骁卫。

左右武卫。

左右威卫。

左右领军卫。

左右金吾卫。

左右监门卫。

左右千牛卫。

左右羽林军。

左右龙虎军。

左右神武军。

左右神策军。

左右神威军。

已上武官。

东宫三师府。凡东宫官多见《辽朝杂礼》。

　　太子太师。太宗大同元年见太子太师李崧。

太子太傅。世宗天禄五年见太子太傅赵莹。

太子太保。大同元年见太子保赵莹。

太子少师。圣宗太平十一年见太子少师萧从顺。

太子少傅。耶律合里,重熙中为太子少傅。

太子少保。大同元年见太子少保冯玉。

太子宾客院。

太子宾客。

太子詹事院。

太子詹事。

少詹事。

詹事丞。

詹事主簿。

太子司直司。

太子司直。

左春坊。

太子左庶子。

太子中允。圣宗太平五年见太子中允冯若谷。

太子司议郎。

太子左谕德。

太子左赞善大夫。

文学馆。

崇文馆学士。

崇文馆直学士。

太子校书郎。圣宗太平五年见太子校书郎韩滦。

司经局。

太子洗马。刘辉,大安末为太子洗马。

太子文学。

太子校书郎。圣宗太平五年见太子校书郎张昱。

太子正字。

典设局。

　典设郎。

宫门局。

　宫门郎。

右春坊。

　　太子右庶子。

　　太子中舍人。

　　太子舍人。

　　太子右谕德。

　　右赞善大夫。

　　太子通事舍人。

　　太子家令寺。

　　太子家令。

　　丞。

　　主簿。

　　太子率更寺。

　　太子率更令。

　　丞。

　　主簿。

　　太子仆寺。

　　太子仆。

　　丞。

　　主簿。

太子率府职名总目：

　　某率。兴宗重熙十四年见率府率习罗。

太子左右卫率府。

太子左右司御率府。

太子左右清道率府。

太子左右监门率府。

太子左右内率府。

已上东宫官。

王傅府。

　　王傅。萧惟信,重熙十五年为燕赵王傅。

亲王内史府。

　　内史。道宗大康三年见内史吴家奴。

　　长史。

　　参军。

　诸王文学馆。

　　诸王教授。姚景行,重熙中为燕赵国王教授。

　　诸王伴读。圣宗太平八年,长沙郡王宗允等奏选诸王伴读。

已上诸王府官。

汉儿行宫都部署院。亦曰南面行宫都部署司。圣宗开泰九年改左仆射。

　　汉儿行宫都部署。开泰七年见汉儿行宫都部署石用中。

　　汉儿行宫副部署。兴宗重熙十五年见汉儿行宫副部署耶律敌烈。

　　知南面诸行宫副部署。重熙十年见知南面诸行宫副部署耶律褭里。

　　同知汉儿行宫都部署事。道宗大康三年见同知汉儿行宫都部署事萧挞不也。

　　同签部署司事。耶律俨,大康中为同签部署司事。

　　都部署判官。耶律俨,咸雍中为都部署判官。

十二宫南面行宫都部署司职名总目:

　　某宫汉人行宫都部署。

　　　某宫南面副都部署。

　　　某宫同知汉人都部署。

　弘义宫。

　永兴宫。

　积庆宫。

　长宁宫。

　延昌宫。

　彰愍宫。

　崇德宫。

　兴圣宫。

　延庆宫。

　太和宫。

　永昌宫。

　敦睦宫。

辽史卷四八
志第一七下

百官四

南面京官　南面大蕃府官
南面方州官　南面分司官
南面财赋官　南面军官
南面边防官

　　辽有五京。上京为皇都，凡朝官、京官皆有之；余四京随宜设官，为制不一。大抵西京多边防官，南京、中京多财赋官。五京并置者列陈之；特置者分列于后。

　　三京宰相府职名总目：
　　　　左相。
　　　　右相。
　　　　左平章政事。
　　　　右平章政事。
　　东京宰相府。圣宗统和元年，诏三京左右相、左右平章事。
　　中京宰相府。
　　南京宰相府。

诸京内省客省职名总目：

　　某京某省使。

　　某京某省副使。耶律蒲奴，开泰末为上京内客省副使。

上京内省司。

东京内省司。《地理志》，东京大内不置宫嫔，唯以内省使、副、
判官守之。

五京诸使职名总目：

　　某京某使。王棠，重熙中为上京盐铁使。

　　知某京某使事。张孝杰，清宁间知户部使事。

　　某京某副使。刘伸，重熙中为三司副使。

　　同知某京某使事。道宗大康三年见挞不也同知度支使事。

　　某京某判官。圣宗太平九年见户部使判官。

上京盐铁使司。

东京户部使司。

中京度支使司。

南京三司使司。

南京转运使司。亦曰燕京转运使司。

西京计司。

五京留守司兼府尹职名总目：

　　某京留守行某府尹事。圣宗统和元年见上京留守、行临潢
尹事吴王稍。

　　某京副留守。天祚天庆六年见东京副留守高清臣。

　　知某京留守事。萧惠，开泰二年知东京留守事。

　　某府少尹。圣宗太平四年见临潢少尹郑弘节。

　　同知某京留守事。太平八年见中京同知耶律野。

　　同签某京留守事。萧滴冽，太平六年同签南京留守事。

　　某京留守判官。室昉，天禄中为南京留守判官。

　　某京留守推官。圣宗开泰元年见中京留守推官李可举。

上京留守司。

东京留守司。

中京留守司。太宗大同元年命赵延寿为中京留守,治镇州。圣宗统和十二年命室昉为中京留守,治大定府。

南京留守司。太宗天显三年升东平郡为南京,治辽阳。十三年以幽州为南京,治析津。圣宗开泰元年改幽都府为析津府。

西京留守司。

五京都总管府职名总目:

　　某京都总管、知某府事。

　　同知某府事。圣宗太平五年见同知中京事萧尧衮。

上京都总管府。

东京都总管府。

中京都总管府。

南京都总管府。

西京都总管府。

五京都虞候司职名总目:

　　都虞候。

上京都虞候司。

东京都虞候司。

南京都虞候司。

西京都虞候司。

中京都虞候司。

五京警巡院职名总目:

　　某京警巡使。

　　某京警巡副使。

上京警巡院。

东京警巡院。

中京警巡院。

南京警巡院。

西京警巡院。

五京处置使司职名部目：

　　某京处置使。

上京处置司。

东京处置司。

中京处置司。

西京处置司。

南京处置司。

五京学职名总目：道宗清宁五年，诏设学养士，颁经及传疏，置博士、助教各一员。

　　　　博士。

　　　　助教。

上京学。上京别有国子监，见朝官。

东京学。

中京学。中京别有国子监，与朝官同。

南京学。亦曰南京太学，太宗置。圣宗统和十三年，赐水碨庄一区。

西京学。

已上五京官。

上京城隍使司。亦曰上京皇城使。

　　　　上京城隍使。韩德让，景宗时为上京皇城使。

东京渤海承奉官。圣宗开泰八年耶律八哥奏，渤海承奉班宜设官以统之,因置。

　　　　渤海承奉都知押班。

　　辽阳大都督府。太宗会同二年置。

　　　　辽阳大都督。会同二年,都督曷鲁泊等关防辽阳东都。

　　东京安抚使司。

　　　　东京安抚使。

　　东京军巡院。《地理志》,东京有归化营军千余人,籍河朔亡命于此,置军巡院。

　　　　东京军巡使。

　　中京文思院。

　　　　中京文思使。马人望父佺为中京文思使。

　　中京路按问使司。

　　　　中京路按问使。耶律和尚,重熙二十四年为中京路按问使。

　　中京巡逻使司。

　　　　中京巡逻使。耶律古昱,开泰间为中京巡逻使。

　　中京大内都部署司。

　　　　中京大内都部署。圣宗开泰元年见中京大内都部署。

　　　　中京大内副部署。

　　南京宣徽院。

　　　　南京宣徽使。道宗寿隆元年见宣徽使耶律特末。

　　　　知南京宣徽院使事。

　　　　知南京宣徽院事。

　　　　南京宣徽副使。

　　　　同知南京宣徽院事。

　　南京处置使司。圣宗开泰元年见秦王隆庆为燕京管内处置使。

　　　　燕京管内处置使。

　　南京侍卫亲军马步军都指挥使司。

　　　　南京侍卫亲军马步军都指挥使。萧讨古,乾亨初为南京侍卫亲军都指挥使。

　　南京马步副指挥使。

南京侍卫亲军马军都指挥使司。

　　南京马军都指挥使。

　　南京马军副指挥使。

南京侍卫亲军步军都指挥使司。

　　南京步军都指挥使。

　　南京步军副指挥使。

南京栗园司。

　　典南京栗园。

云州宣谕招抚使司。

　　云州管内宣谕招抚使二员。统和四年见韩毗哥、邢抱质为
云州管内宣谕招抚使。

　　黄龙府。

知黄龙府事。兴宗重熙十三年见知黄龙府事耶律瓯里斯。

　　同知黄龙府事。

　　黄龙府判官。

黄龙府侍卫亲军马步军都指挥使。

　　黄龙府侍卫亲军都指挥使。

　　黄龙府侍卫亲军副指挥使。

　　黄龙府侍卫马军都指挥使。

　　黄龙府侍卫步军都指挥使。

　　黄龙府侍卫马军副指挥使。

　　黄龙府侍卫步军副指挥使。

黄龙府学。

　　博士。

　　助教。

兴中府。

　　知兴中府事。咸雍元年见知兴中府事杨绩。

　　同知兴中府事。

　　兴中府判官。

　兴中府学。

　　博士。

　　助教。

　辽东、西,燕、秦、汉、唐已置郡县,设官职矣。高丽、渤海因之。至辽,五京列峙,包括燕、代,悉为畿甸。二百余年,城郭相望,田野益辟。冠以节度,承以观察、防御、团练等使,分以刺史、县令,大略采用唐制。其间,宗室、外戚、大臣之家筑城赐额,谓之"头下州军";唯节度使朝廷命之,后往往皆归王府。不能州者谓之军,不能县者谓之城,不能城者谓之堡。其设官则未详云。

　节度使职名总目:

　　某州某军节度使。

　　某州某军节度副使。

　　同知节度使事。耶律玦,重熙中同知辽兴军节度使事。

　　　行军司马。

　　　军事判官。

　　　掌书记。刘伸,重熙五年为彰武军节度使掌书记。

　　　衙官。

　　某马步军都指挥使司。

　　都指挥使。

　　副指挥使。

　某马军指挥使司。

　　指挥使。

　　副指挥使。

某步军指挥使司。
　　　　指挥使。
　　　　副指挥使。
上京道：
　　怀州奉陵军节度使司。
　　庆州玄宁军节度使司。
　　泰州德昌军节度使司。
　　长春州韶阳军节度使司。
　　仪坤州启圣军节度使司。
　　龙化州兴国军节度使司。
　　饶州匡义军节度使司。
　　徽州宣德军节度使司。
　　成州长庆军节度使司。
　　懿州广顺军节度使司。
　　渭州高阳军节度使司。
　　镇州建安军节度使司。
东京道：
　　开州镇国军节度使司。
　　保州宣义军节度使司。
　　辰州奉国军节度使司。
　　兴州中兴军节度使司。
　　海州南海军节度使司。
　　渌州鸭渌军节度使司。
　　显州奉先军节度使司。
　　乾州广德军节度使司。
　　贵德州宁远军节度使司。
　　沈州昭德军节度使司。
　　辽州始平军节度使司。
　　通州安远军节度使司。

双州保安军节度使司。

同州镇安军节度使司。

咸州安东军节度使司。

信州彰圣军节度使司。

宾州怀化军节度使司。

懿州宁昌军节度使司。

苏州安复军节度使司。

复州怀德军节度使司。

祥州瑞圣军节度使司。

中京道：

成州兴府军节度使司。

兴中府彰武军节度使司。

宜州崇义军节度使司。

锦州临海军节度使司。

川州长宁军节度使司。

建州保静军节度使司。

来州归德军节度使司。

南京道：

幽州庐龙军节度使司。

平州辽兴军节度使司。

西京道：

云中大同军节度使司。

云内州开远军节度使司。

奉圣州武定军节度使司。

蔚州忠顺军节度使司。

应州彰国军节度使司。

朔州顺义军节度使司。

观察使职名总目：

某州军观察使。

某州军观察副使。

某州军观察判官。王鼎，清宁五年为易州观察判官。

州学。

博士。

助教。

中京道：

高州观察使司。

武安州观察使司。

利州观察使司。

东京道：

益州观察使司。

宁州观察使司。

归州观察使司。

宁江州混同军观察使司。

上京道：

永州永昌军观察使司。

静州观察使司。

团练使司职名总目：

某州团练使。

某州团练副使。

某州团练判官。

州学。

博士。

助教。

东京道：

安州团练使。

防御使司职名总目：

　　某州防御使。

　　某州防御副使。

　　某州防御判官。

　州学。

　　博士。

　　助教。

东京道：

　　广州防御使司。

　　镇海府防御使司。

　　冀州防御使司。

　　衍州安广军防御使司。

州刺史职名总目：

　　某州刺史。

　　某州同知州事。耶律独撷，重熙中同知金肃军事。

　　某州录事参军。世宗天禄五年，诏州录事参军委政事省差注。州学。

　　博士。

　　助教。

上京道五州：乌、降圣、维、防、招。

东京道三十七州：穆、贺、庐、铁、崇、耀、嫔、辽西、康、宗、海北、岩、集、祺、遂、韩、银、安远、威、清、雍、湖、渤、郚、铜、涑、率宾、定理、铁利、吉、麓、荆、胜、顺化、连、肃、乌。

中京道十三州：恩、惠、榆、泽、北安、潭、松山、安德、黔、严、湿、迁、润。

南京道八州：顺、檀、涿、易、蓟、景、滦、营。

西京道八州：弘、德、宁边、归化、可汗、儒、武、东胜。

县职名总目：

　　某县令。

　　某县丞。

　　某县主簿。世宗天禄五年，诏县主簿政事省差注。

　　某县尉。

　县学。大公鼎为良乡县尹，建孔子庙。

　　博士。

　　助教。

五京诸州属县，见《地理志》。县有驿递、马牛、、旗鼓、乡正、厅隶、仓司等役。有破产不能给者，良民患之。马人望设法，使民出钱免役，官自募人，仓司给使以公使充，人以为便。

平理庶狱，采摭民隐，汉唐以来，贤主以为恤民之令典。官不常设，有诏则选材望官为之。

分决诸道滞狱使。圣宗统和九年，命邢抱朴等五员，又命马守瑛等三员，分决诸道滞狱。

按察诸道刑狱使。开泰五年遣刘泾等分路按察刑狱。

采访使。太宗会同三年命于骨邻为采访使。

辽国以畜牧、田渔为稼穑，财赋之官，初甚简易。自涅里教耕织而后盐铁诸利日以滋殖，既得燕、代，益富饶矣。

诸钱帛司职名总目：

　　某州钱帛都点检。大公鼎为长春州钱帛都提点。

长春路钱帛司。兴宗重熙二十二年置。

辽西路钱帛司。

平州路钱帛司。

转运司职名总目：

某转运使。

某转运副使。

同知某转运使。

某转运判官。

山西路都转运使司。杨皙，兴宗重熙二十年为山西转运使。

奉圣州转运使司。圣宗开泰三年置。

蔚州转运使司。

应州转运使司。

朔州转运使司。

保州转运使司。已上并开泰三年置。

西山转运使。圣宗太平三年见西山转运使郎玄化。

《传》曰：“虽楚有材，晋实用之。”辽自太祖以来，攻掠五代、宋境，得其人，则就用之，东、北二鄙，以农以工，有事则从军政。计之善者也。

点检司职名总目：

　　某都点检。穆宗十六年见殿前都点检耶律夷剌葛。

　　某副点检。圣宗太平六年见副点检耶律野。

　　同知某都点检。道宗清宁九年见同知点检司事耶律挞不

也。

点检司。

殿前都点检司。

点检侍卫亲军马步司。

诸指挥使司职名总目：

　　某军都指挥使。圣宗统和二年见侍卫亲军都指挥使韩倬。

　　某军副指挥使。

　　某军都监。

某军都指挥使司。

某军副指挥使司。

　　并同前。

侍卫亲军马步军都指挥使司。

　侍卫亲军马军都指挥使司。

　侍卫亲军步军都指挥使司。

侍卫控鹤兵马都指挥使司。

侍卫汉军兵马都指挥使司。

四军兵马都指挥使司。

归圣军兵马都指挥使司。圣宗统和五年，以宋降军置七指挥署，左右厢，凡四十二员。七年，隶总管府。

　归圣军左厢兵马都指挥使司。

　归圣军右厢兵马都指挥使司。

　第一左厢兵马都指挥使司。

　第一右厢兵马都指挥使司。

　第二左厢兵马都指挥使司。

　第二右厢兵马都指挥使司。

　第三左厢兵马都指挥使司。

　第三右厢兵马都指挥使司。

　第四左厢兵马都指挥使司。

　第四右厢兵马都指挥使司。

　第五左厢兵马都指挥使司。

　第五右厢兵马都指挥使司。

　第六左厢兵马都指挥使司。

　第六右厢兵马都指挥使司。

　第七左厢兵马都指挥使司。

　第七右厢兵马都指挥使司。

宣力军都指挥使司。

四捷军都指挥使司。

天圣军都指挥使司。

汉军都指挥使司。

诸军都团练使职名总目：

　　某军都团练使。赵思温，太祖神册二年为汉军都团练使。

　　某军团练副使。

　　某军团练判官。

汉军都团练使司。

诸军兵马都总管府职名总目：

　　某兵马都总管。圣宗太平四年见兵马都总管。

　　某兵马副总管。

　　同知某兵马事。

　　某兵马判官。

兵马都总管府。

归圣军兵马都总管府。

三皇五帝宽柔之化，泽及汉唐。好生恶杀，习与性成。虽五代极乱，习于战斗者才几人耳。宋以文胜，然辽之边防犹重于南面，直以其地大民众故耳。卒之亲仁善邻，桴鼓不鸣几二百年。此辽之所以为美也欤？

易州飞狐招安使司。圣宗统和二十三年改安抚使司。

易州飞狐兵马司。道宗咸雍四年改易州安抚司。

易州飞狐招抚司。

西南面招安使司。耶律合住，景宗保宁初为西南面招安使。

巡检使司。耶律合住，景宗保宁中为巡检使。

五州都总管府。耶律速撒，穆宗应历初为义、霸、祥、顺、圣五州都总管。

山后五州都管司。圣宗统和四年见蒲奴宁为山后五州都管。

五州制置使司。圣宗开泰九年见霸、建、宜、泉、锦五州制置使。

三州处置使司。韩德枢，太宗时为平、滦、营三州处置使。

霸州处置使司。统和二十七年废。

辽史卷四九
志第一八

礼　一

吉　仪

　　理自天设，情系人生。以理制情，而礼乐之用行焉。林豺梁獭，是生郊禘；洼尊燔黍，是生燕飨；蕡橐瓦棺，是生丧葬；俪皮缁布，是生婚冠。皇造帝秩，三王弥文。一文一质，盖本于忠。变通革弊，与时宜之。唯圣人为能通其意。执理者胶瑟聚讼，不适人情；徇情者稊稗绵蕝，不中天理。秦汉而降，君子无取焉。

　　辽本朝鲜故壤，箕子八条之教，流风遗俗，盖有存者。自其上世，缘情制宜，隐然有尚质之风。遥辇胡剌可汗制祭山仪，苏可汗制瑟瑟仪，阻午可汗制柴册、再生仪。其情朴，其用俭。敬天恤灾，施惠本孝，出于悃忱，殆有得于胶瑟聚讼之表者。太古之上，椎轮五礼，何以异兹。太宗克晋，稍用汉礼。

　　今国史院有金陈大任《辽礼仪志》，皆其国俗之故。又有《辽朝杂礼》，汉仪为多。别得宣文阁所藏耶律俨《志》，视大任为加详。存其略，著于篇。

　　祭山仪：设天神、地祇位于木叶山，东乡。中立君树，前植群树，以像朝班。又偶植二树，以为神门。皇帝、皇后至，夷离毕具礼仪。牲用赭白马、玄牛、赤白羊，皆牡。仆臣曰旗鼓拽剌，杀牲，体割，悬

之君树。太巫以酒酹牲。礼官曰敌烈麻都,奏仪办。皇帝服金文金
冠,白绫袍,绛带,悬鱼,三山绛垂,饰犀玉刀错,络缝乌靴。皇后御
绛帔,络缝红袍,悬玉佩,双结帕,络缝乌靴。皇帝、皇后御鞍马。群
臣在南,命妇在北,服从各部旗帜之色以从。皇帝、皇后至君树前下
马,升南坛御榻坐。群臣、命妇分班,以次入就位。合班,拜讫,复位。
皇帝、皇后诣天神、地祇位,致奠。阁门使读祝讫,复位坐。北府宰
相及惕隐以次致奠于君树,偏及群树。乐作。群臣、命妇退。皇帝
率孟父、仲父、季父之族,三匝神门树,余族七匝。皇帝、皇后再拜,
在位者皆再拜。上香,再拜如初。皇帝、皇后升坛,御龙文方茵坐。
再声警,诣祭东所,群臣、命妇从,班列如初。巫衣白衣,惕隐以素巾
拜而冠之。巫三致辞。每致辞,皇帝、皇后一拜,在位者皆一拜。皇
帝、皇后各举酒二爵,肉二器,再奠。大臣、命妇右持酒,左持肉各一
器,少后立,一奠。命惕隐东向掷之。皇帝、皇后六拜,在位者皆六
拜。皇帝、皇后复位坐。命中丞奉茶果、饼饵各二器,奠于天神、地
祇位。执事郎群二十人持福酒、胙肉诣皇帝、皇后前。太巫奠酹讫,
皇帝、皇后再拜,在位者皆再拜。皇帝、皇后一拜,饮福,受胙,复位
坐。在位者以次饮。皇帝、皇后率群臣复班位,再拜。声跸,一拜。
退。

　　太祖幸幽州大悲阁,迁白衣观音像,建庙木叶山,尊为家
神。于拜山仪过树之后,增"诣菩萨堂仪"一节,然后拜神,非胡
剌可汗之故也。兴宗先有事于菩萨堂及木叶山辽河神,然后行
拜山仪,冠服、节文多所变更,后因以为常。神主树木,悬牲告
办,班位奠祝,致嘏饮福,往往暗合于礼。天理人情,放诸四海
而准,信矣。夫兴宗更制,不能正以经术,无以大过于昔,故不
载。

　　瑟瑟仪:若旱,择吉日行瑟瑟仪以祈雨。前期,置百柱天棚。及
期,皇帝致奠于先帝御容,乃射柳。皇帝再射,亲王、宰执以次各一
射。中柳者质志柳者冠服,不中者以冠服质之。不胜者进饮于胜者,
然后各归其冠服。又翼日,植柳天棚之东南,巫以酒醴、黍稷荐植

柳,祝之。皇帝、皇后祭东方毕,子弟射柳。皇族、国舅、群臣与礼者,赐物有差。既三日雨,则赐敌烈麻都马四疋,衣四袭,否则以水沃之。

道宗清宁元年,皇帝射柳讫,诣风师坛,再拜。

柴册仪:择吉日。前期,置柴册殿及坛。坛之制,厚积薪,以木为三级坛,置其上。席百尺毡,龙文方茵。又置再生母后搜索之室。皇帝入再生室,行再生仪毕,八部之叟前导后扈,左右扶翼皇帝册殿之东北隅。拜日毕,乘马,选外戚之老者御。皇帝疾驰,仆、御者、从者以毡覆之。皇帝诣高阜地,大臣、诸部帅列仪仗,遥望以拜。皇帝遣使敕曰:"先帝升退,有伯叔父兄在,当选贤者。冲人不德,何以为谋?"群臣对曰:"臣等以先帝厚恩,陛下明德,咸愿尽心,敢有他固。"皇帝令曰:"必从汝等所愿,我将信明赏罚。尔有功,陟而任之;尔有罪,黜而弃之。若听朕命,则当谟之。"佥曰:"唯帝命是从。"皇帝于所识之地,封土石以志之。遂行。拜先帝御容,宴飨群臣。翼日,皇帝出册殿,护卫太保扶翼升坛。奉七庙神主置龙文方茵。北、南府宰相率群臣围立,各举毡边,赞祝讫,枢密使奉玉宝、玉册入。有司读册讫,枢密使称尊号以进,群臣三称"万岁",皆拜。宰相、北南院大王、诸部帅进赭、白羊各一群。皇帝更衣,拜诸帝御容。遂宴群臣,赐赉各有差。

拜日仪:皇帝升露台,设褥,向日再拜,上香。门使通,阁使或副、应拜臣僚殿左右阶陪位,再拜。皇帝升坐。奏榜讫,北班起居毕,时相已下通名再拜,不出班,奏"圣躬万福",又再拜。各祗候。宣徽已下横班同。诸司、阁门、北面先奏事。余同。教坊与臣僚司。

告庙仪:至日,臣僚昧爽朝服,诣太祖庙。次引臣僚,合班,先见御容,再拜毕,引班首左上,至褥位,再拜。赞上香,揖栏内上香毕,复褥位,再拜。各祗候立定。左右举告庙祝版,于御容前跪捧。中书舍人俯跪,读讫,俯兴,退。引班首左下,复位,又再拜。分引上殿,次第进酒三。分班引出。

谒庙仪:至日昧爽,南北臣僚各具朝服,赴庙。车驾至,臣僚于门外依位序立,望驾鞠躬。班首不出班,奏"圣躬万福"。舍人赞各祗候毕,皇帝降车,分引南北臣僚左右入,至丹墀褥位。合班定,皇帝升露台褥立。宣徽赞皇帝再拜,殿上下臣僚陪位皆再拜。上香毕,退,复位,再拜。分引臣僚左右上殿位立,进御容酒依常礼。若即退,再拜。舍人赞"好去",引退。礼毕。

　　告庙、谒庙,皆曰拜容。以先帝、先后生辰及忌辰行礼,自太宗始也。其后正旦、皇帝生辰、诸节辰皆行之。若忌辰及车驾行幸,亦尝遣使行礼。凡瑟瑟、柴册、再生、纳后则亲行之。凡柴册、亲征则告,幸诸京则谒。四时有荐新。

　　孟冬朔拜陵仪:有司设酒馔于山陵。皇帝、皇后驾至,敌烈麻都奏"仪办"。阁门使赞皇帝、皇后诣位,四拜讫,巫赞祝燔胙及时服,酹酒荐牲。大臣、命妇以次燔胙,四拜。皇帝、皇后率群臣、命妇,循诸陵各三匝。还宫。翼日,群臣入谢。

　　燕节仪:皇帝即位,凡征伐叛国俘掠人民,或臣下进献人口,或犯罪没官户,皇帝亲览间田,建州县以居之,设官治其事。及帝崩,所置人户、府库、钱粟,穹庐中置小毡殿,帝及后妃皆铸金像纳焉。节辰、忌日、朔望,皆致祭于穹庐之前。又筑土为台,高丈余,置大盘于上,祭酒食撒于其中,焚之,国俗谓之烧节。

　　岁除仪:初夕,敕使及夷离毕率执事郎君至殿前,以盐及羊膏置炉中燎之。巫及大巫以次赞祝火神讫,阁门使赞皇帝面火再拜。

　　初,皇帝皆亲拜,至道宗始命夷离毕拜之。

辽史卷五〇
志第一九

礼　二

凶　仪

　　丧葬仪：圣宗崩，兴宗哭临于菆涂殿。大行之夕四鼓终，皇帝率
群臣入，柩前三致奠。奉柩出殿之西北门，就輼辌车，藉以素裀。巫
者祓除之。诘旦，发引，至祭所，凡五致奠。太巫祈禳。皇族、外戚、
大臣、诸京官以次致祭。乃以衣、弓矢、鞍勒、图画、马驼、仪卫等物
皆燔之。至山陵，葬毕，上哀册。皇帝御幄，命改火，面火致奠，三拜。
又东向，再拜天地讫，乘马，率送葬者过神门之木乃下，东向又再
拜。翼日诘早，率群臣、命妇诣山陵，行初奠之礼。升御容殿，受遗
赐。又翼日，再奠如初。兴宗崩，道宗亲择地以葬。道宗崩，菆涂于
游仙殿，有司奉丧服。天祚皇帝问礼于总知翰林院事耶律固，始服
斩衰。皇族、外戚、使相、矮敦官及郎君服如之。余官及承应人皆白
枲衣巾以入，哭临。惕隐、三父房、南府宰相、遥辇常衮、九奚首郎
君、夷离毕、国舅详稳、十闸撒郎君、南院大王、郎君，各以次荐奠，
进鞍马、衣袭、犀玉带等物，表列其数。读讫，焚表。诸国所赗器服，
亲王、诸京留守奠祭、进赗物亦如之。先帝小敛前一日，皇帝丧服上
香，奠酒，哭临。其夜，北院枢密使、契丹行宫都部署入，小敛。翼日，
遣北院枢密副使、林牙，以所赗器服，置之幽宫。灵柩升车，亲王推
之，至食羖之次。盖辽国旧俗，于此刑羖羊以祭。皇族、外戚、诸京

州官以次致祭。至葬所，灵柩降车，就窆，皇帝免丧服，步引至长福冈。是夕，皇帝入陵寝，授遗物于皇族、外戚及诸大臣，乃出。命以先帝寝幄，过于陵前神门之木。帝不亲往，遣近侍冠服赴之。初奠，皇帝、皇后率皇族、外戚、使相、节度使、夫人以上命妇，皆拜祭，循陵二匝而降。再奠，如初。辞陵而还。

上谥册仪：先一日，于菆涂殿西廊设御幄并臣僚幕次。大乐令展宫悬于殿庭，协律郎设举麾位。至日，北、南面臣僚朝服，昧爽赴菆涂殿。先置册、宝案于西廊下。阁使引皇帝至御幄，服宽衣皂带。臣僚班齐，分班引入，向殿合班立定。引册案上殿至褥位，宝案次之，设于西阶。阁使引皇帝自西阶升殿。初行，乐作。至位立，乐止。宣徽使揖皇帝鞠躬再拜，陪位者皆再拜。翰林使执台盏以进，皇帝再拜。引至神座前，跪，奠三，乐作。进奠讫，复位，乐止。又再拜，陪位者皆再拜。引皇帝于神座前，北面立。捧册函者去盖，进前跪。册案退，置殿西壁下。引读册者进前，俯伏跪，自通全衔臣读谥册。读讫，俯伏兴，复位。捧册函者置于案上，捧宝函者进前跪，读宝官通衔跪读讫，引皇帝至褥位再拜，陪位者皆再拜。礼毕，引皇帝归御幄。初行，乐作。至御幄，乐止。引臣僚分班出。若皇太后奠酒，依常仪。

忌辰仪：先一日，奏忌辰榜子，预写名纸。大纸一幅，用阴面后第三行书“文武百僚宰臣某以下谨诣西上阁门进名奉慰”。至日，应拜大小臣僚并皂衣、皂鞊带，四鼓至时，于幕次前，在京于僧寺，班齐，依位望阙叙立。直日舍人跪右，执名纸在前，班首以下皆再拜。引退。名纸于宣徽使面付内侍奏闻。

宋使祭奠吊慰仪：太皇太后至菆涂殿，服丧服。太后于北间南面垂帘坐，皇帝于南间北面坐。宋使至幕次，宣赐素服、皂带。更衣讫，引南北臣僚入班，立定。可矮敦以下，并上殿依位立。先引祭奠使副捧祭文南洞门入，殿上下臣僚并举哀，至丹墀立定。西上阁门使自南阶下，受祭文，上殿启封，置于香案，哭止。祭奠礼物列殿前。引使副南阶上殿，至褥位立，揖，再拜。引太使近前上香，退，再拜。

大使近前,跪,捧台盏,进奠酒三。教坊奏乐,退,再拜。揖中书二舍人跪捧祭文,引大使近前俯伏跪,读讫,举哀。引使副下殿立定,哭止。礼物担床出毕,引使副近南,面北立。勾吊慰使副南洞门入。四使同见大行皇帝灵,再拜。引出,归幕次。皇太后别殿坐,服丧服。先引北南面臣僚并于殿上下依位立,吊慰使副捧书匣右入,当殿立。阁门使右下殿受书匣,上殿奏“封全”。开读讫,引使副南阶上殿,传达吊慰讫,退,下殿立。引礼物担床过毕,引使副近南,北面立。勾祭奠使副入。四使同见,鞠躬,再拜。不出班,奏“圣躬万福”,再拜。出班,谢面天颜,又再拜,立定。宣微传圣旨抚问,就位谢,再拜。引出,归幕次。皇帝御南殿,服丧服。使副入见,如见皇太后仪,加谢远接、抚问、汤药,再拜。次宣赐使副并从人,祭奠使副别赐读祭文例物。即日,就馆赐宴。高丽、夏国奉吊、进赗等使礼,略如之。道宗崩,天祚皇帝问礼于耶律固。宋国遣使吊及致祭、归赗,皇帝丧服,御游仙之北别殿。使入门,皇帝哭。使者诣柩前上香,读祭文讫,又哭。有司读遗诏,恸哭。使者出,少顷,复入。陈赗赠于柩前,皇帝入临哭。退,更衣,御游仙殿南之幄殿。使者入见且辞,敕有司赐宴于馆。

宋使告哀仪:皇帝素冠服,臣僚皂袍、皂鞓带。宋使奉书右入,丹墀内立。西上阁门使右阶下殿,受书匣。上殿,栏内鞠躬,奏“封全”。开封,于殿西案授宰相,读讫,皇帝举哀。舍人引使者右阶上,栏内俯跪,附奏起居讫,俯兴,立。皇帝宣问“南朝皇帝圣躬万福”,使者跪奏“来时皇帝圣躬万福”,起,退。舍人引使者右阶下殿,于丹墀西,面东鞠躬。通事舍人通使者名某祗候见,再拜。不出班,奏“圣躬万福”,再拜。出班,谢面天颜,再拜。又出班,谢远接、抚问、汤药,再拜。赞祗候,引出,就幕次,宣赐衣物。引从人入,通名拜,奏“圣躬万福”。出就幕,赐衣,如使者之仪。又引使者入,面殿鞠躬,赞谢恩。再赞“有敕赐宴”,再拜。赞祗候,出就幕次宴。引从人谢恩,拜敕赐宴,皆如初。宴毕,归馆。

宋使进遗留礼物仪:可官眜爽朝服,殿前班立。宋遗留使、告登

位使副入内门，馆伴副使引谢登位使就幕次坐。馆伴大使与遗留使
副奉书入，至西上阁门外毡位立。阁使受书匣，置殿西阶下案。引
进使引遗留物于西上阁门入，即于廊下横门出。皇帝升殿坐。宣徽
使押殿前班起居毕，引宰臣押文武班起居，引中书令西阶上殿，奏
宋使见榜子。契丹臣僚起居，控鹤官起居。遗留使副西上阁门入，
面殿立。舍人引使副西阶上殿，附奏起居讫，引西阶下殿，于丹墀
东，西面鞠躬，通名奏"圣躬万福"，如告哀使之仪。谢面天颜，谢远
接、抚问、汤药。引遗留使从人见亦如之。次引告登位使副奉书匣，
于东上阁门入，面殿立。阁使东阶下殿，受书匣。中书令读讫，舍人
引使副东阶上殿，附奏起居。引下殿，南面立。告登位礼物入，即于
廊下横门出。退，西面鞠躬，附奏起居，谢面天颜、远接等，皆如遗留
使之仪。宣赐遗留、登位两使副并从人衣物，如告哀使。应坐臣僚
皆上殿就位立，分引两使副等于两廊立。皇帝问使副"冲涉不易"，
丹墀内五拜。各引上殿祗候位立。大臣进酒，皇帝饮酒。契丹通，
汉人赞，殿上臣僚皆拜，称"万岁"。赞各就坐，行酒肴、茶膳、馒头
毕，从人出水饭毕，臣僚皆起。契丹通，汉人赞，皆再拜，称"万岁"。
各祗候。独引宋使副下殿谢，五拜，引出。控鹤官门外祗候，报阁门
无事，供奉官卷班出。

　　高丽、夏国告终仪：先期，于行宫左右下御帐，设使客幕次于东
南。至日，北面臣僚各常服，其余臣僚并朝服，入朝。使者至幕次，
有司以嗣子表状先呈枢密院，准备奏呈。先引北面臣僚并矮墩已上
近御帐，相对立，其余臣僚依班位序立。引告终人使右入，至丹墀，
面殿立。引右上，立。揖少前，拜，跪奏讫，宣问。若嗣子已立，恭身
受圣旨。奏讫，复位。嗣子未立，不宣问。引右下丹墀，面北鞠躬。
通班毕，引面殿再拜。不出班，奏"圣躬万福"，再拜。出班，谢面天
颜，复位，再拜。出班，谢远接，复位，再拜。赞祗候，退就幕次。再
入，依前面北鞠躬，通辞，再拜。叙恋阙，再拜。赞"好去"。礼毕。

辽史卷五一
志第二○

礼　三

军　仪

　　皇帝亲征仪：常以秋冬应敌制变或无时。将出师，必先告庙。乃立三神主祭之：曰先帝，曰道路，曰军旅。刑青牛白马以祭天地。其祭，常依独树；无独树，即所舍而行之。或皇帝服介胄，祭诸先帝宫庙，乃阅兵。将行，牝牡麃各一为禓祭。将临敌，结马尾，祈拜天地而后入。下城克敌，祭天地，牲以白黑羊。班师，以所获牝马牛各一祭天地。出师以死囚，还师以一谍者，植柱缚其上，于所向之方乱射之，矢集如猬，谓之“射鬼箭”。

　　腊仪：腊，十二月辰日。前期一日，诏司猎官选猎地。其日，皇帝、皇后焚香拜日毕，设围，命猎夫张左右翼。司猎官奏成列，皇帝、皇后升辇，敌烈麻都以酒二尊、盘飱奉进，北南院大王以下进马及衣。皇帝降舆，祭东毕，乘马入围中。皇太子、亲王率群官进酒，分两翼而行。皇帝始获兔，群臣进酒上寿，各赐以酒。至中食之次，亲王、大臣各进所获。及酒讫，赐群臣饮，还宫。应历元年冬，汉遣使来贺，自是遂以为常仪。统和中，罢之。

　　出军仪：制见《兵志》。

礼　四

宾　仪

常朝起居仪：昧爽，臣僚朝服入朝，各依幕次。内侍奏"班齐"。先引京官班于三门外，当直舍人放起居，再拜，各祗候。次依两府以下文武官于丹墀内面殿立，竖班诸司并供奉官，于东西道外相向立定。当直阁使副赞放起居，再拜，各祗候，退还幕次，公服。帝升殿坐，两府并京官丹墀内声喏，各祗候。教坊司同北班起居毕，奏事。

燕京嘉宁殿，西京同文殿。朝服，幞头、袍笏；入服，紫衫、帽。

正座仪：皇帝升殿坐，警声绝。契丹、汉人殿前班毕，各依位侍立。次教坊班毕，卷退。京官班入拜毕，揖于右横街西，依位班立。次武班入拜毕，依位立。文班入拜毕，依位立。北班入，起居毕，于左横街东，序班立。次两府班入，鞠躬，通宰臣某官已下起居，拜毕，引上殿奏事。

已上六班起居，并七拜。内有不带节度使，班首止通名，亦七拜。卷班，与常朝同。直院有旨入文班。留守司、三司、统军司、制置司谓之京官。都部署司、宫使、副宫使、都承以下令史，北面主事以下随驾诸司为武官。馆、阁、大理寺，堂后以下，御史台、随驾闲员、令史、司天台、翰林、医官院为文官。

天庆二年冬，教坊并服袍。

臣僚接见仪：皇帝御座，奏见榜子毕，臣僚左入，鞠躬。通文武百僚宰臣某官以下祗候见。引面殿鞠躬，起居，凡七拜。引班首出班，谢面天颜，复位。舞蹈，五拜，鞠躬。宣答问制，再拜。宣讫，谢宣谕，五拜。各祗候毕，可矮敦以上引近前，问"圣躬万福"。传宣问"跋涉不易"，鞠躬。引班舍人赞各祗候毕，引右上，准备宣问。其余臣僚并于右侍立。

宣答云："卿等久居乡邑，来奉乘舆，时属霜寒，或云炎蒸，谅多劳止。卿各平安好。想宜知悉。"

问圣体仪：皇帝行幸，车驾至捺钵，坐御帐。臣僚公服，问"圣躬万福"。赞再拜，各祗候。奏事。宣徽以下常服，教坊与臣僚同。

保大元年夏，特旨通名，再拜，不称宰臣。

车驾还京仪：前其一日，宣徽以下横班，诸司、阁门并公服，于宿帐祗候。至日诘旦，皇帝乘玉辂，阁门宣谕军民讫，导驾。时相以下进至内门，阁副勘前毕，通事舍人鞠躬，奏"臣宣放仗"。礼毕。

勘箭仪：皇帝乘玉辂至内门，北南臣僚于辂前对班立，场箭官执雌箭门中立。东上阁门使诣车前，执雄箭在车左立，勾勘箭官进。勘箭官揖进，至车约五步，面车立。阁使言"受箭行勘"。勘箭官拜跪，受箭。举手勘讫，鞠躬，奏"内外勘同"。阁使言"准敕行勘"。勘箭官平立，退至门中旧位立，当胸执箭，赞"军将门仗官近前"。门仗官应声开门，举声两边齐出，并列左右，立。勘箭官举右手赞"呈箭"，次赞"内出唤仗御箭一双，准敕付左金吾仗行勘"；赞"合不合"，应"合、合、合"；赞"同不同"，应"同、同、同"。讫，勘箭官再进，依位立，鞠躬，自通全衔臣某对御勘箭同，退门中立。赞"其箭谨付阁门使进入"。事毕，其箭授阁使，转付宣徽。

宋使见皇太后仪：宋使贺生辰、正旦。至日，臣僚昧爽入朝，使者至幕次。臣僚班齐，皇太后御殿坐。宣徽使押殿前班起居毕，卷班。次契丹臣僚班起居毕，引应坐臣僚上殿，就位立。其余臣僚不应坐者，退于东面侍立。汉人臣僚东洞门入，面西鞠躬。舍人鞠躬，通某以下起居，凡七拜毕，赞各祗候。引应坐臣僚上殿，就位立。中书令、大王西阶上殿，奏宋使并从人榜子讫，就位立。其余臣僚不应坐者，退于西面侍立。次引宋使副六人于东洞门入，丹墀内面殿齐立。阁使自东阶下，受书匣，使人捧书匣者皆跪，阁使搢笏立，受书

匣。自东阶上殿,栏内鞠躬,奏"封全"讫,授枢密开封。宰臣对皇太
后读讫,引使副六人东阶上殿,栏内立。使者揖生辰节大使少前,使
者俯伏跪,附起居讫,起,复位立。次引贺皇太后正旦大使,附起居,
如前仪。皇太后宣问"南朝皇帝圣躬万福",舍人揖生辰大使并皇太
后正旦大使少前,皆跪,唯生辰大使奏"来时圣躬万福",皆俯伏,
兴。引东阶下殿,丹墀内面殿齐立。引进使引礼物于西洞门入,殿
前置担床。控鹤官起居,四拜。担床于东便门出毕,揖使副退于东
方,西面,皆鞠躬。舍人鞠躬,通南朝国信使某官某以下祗候见,舞
蹈,五拜毕。不出班,奏"圣躬万福",再拜。揖班首出班,谢面天颜
讫,复位,舞蹈,五拜毕,赞各上殿祗候,引各使副西阶上殿就位。勾
从人两洞门入,面殿鞠躬,通名,赞拜,起居,四拜毕,赞各祗候,分
班引两洞门出。若宣问使副"跋涉不易",引西阶下殿,丹墀内舞蹈,
五拜毕,赞各上殿祗候,引西阶上殿,就位立。契丹舍人、汉人阁使
齐赞拜,应坐臣僚并使副皆拜,称"万岁"。赞各就坐,行汤,行茶。供
过人出殿门,揖臣僚并使副起,鞠躬。契丹舍人、汉人阁使齐赞,皆
拜,称"万岁"。赞各祗候。先引宋使副西阶下殿,西洞门出,次揖臣
僚出毕,报阁门无事。皇太后起。

　　宋使见皇帝仪:宋使贺生辰、正旦。至日,臣僚昧爽入朝,使者
至幕次。奏"班齐",声警,皇帝升殿坐。宣徽使押殿前班起居毕,卷
班出。契丹臣僚班起居毕,引应坐臣僚上殿,就位立。其余臣僚不
应坐者,并退于北面侍立。次引汉人臣僚北洞门入,面殿鞠躬。舍
人鞠躬,通某官某以下起居,皆七拜毕,引应坐臣僚上殿,就位立。
引首相南阶上殿,奏宋使并从人榜子,就位立。臣僚并退于南面侍
立。教坊入,起居毕,引南使副北洞门入,丹墀内面殿立。阁使北阶
下殿,受书匣,使人捧书匣者跪,阁使揖笏立,受于北阶。上殿,栏内
鞠躬,奏"封全"讫,授枢密开封。宰相对皇帝读讫,舍人引使副北阶
上殿,栏内立。揖生辰大使少前,俯伏跪,附起居。俯伏兴,复位立。
大使俯伏跪,奏讫,俯伏兴,退。引北阶下殿,揖使副北方,南面鞠
躬。舍人鞠躬,通南朝国信使某官某以下祗候见,起居,七拜毕。揖

班首出班,谢面天颜,舞蹈,五拜毕。出班,谢远接、御筵、抚问、汤药,舞蹈,五拜毕,赞各祗候。引出,归幕次。阁使传宣赐对衣、金带。勾从人以下入见。舍人赞班首姓名以下,再拜。不出班,奏"圣躬万福",赞再拜,称"万岁"。赞各祗候。引出,舍人传宣赐衣。使副并从人服赐衣毕,舍人引使副入,丹墀内面殿鞠躬。舍人赞谢恩,拜,舞蹈,五拜毕,赞上殿祗候。引使副南阶上殿,就位立。勾从人入,赞谢恩,拜,称"万岁"。赞"有敕赐宴",再拜,称"万岁"。赞各祗候。承受官引北廊下立。御床入,大臣进酒,皇帝饮酒。契丹舍人、汉人阁使齐赞拜,应坐并侍立,臣僚皆拜,称"万岁"。赞各祗候。卒饮,赞拜,应坐臣僚皆拜,称"万岁"。赞各就坐,行酒,亲王、使相、使副共乐曲。若宣令饮尽,并起立饮讫。放盏,就位谢。赞拜,并随拜,称"万岁"。赞各就坐。次行方茵地坐臣僚等官酒。若宣令饮尽,赞谢如初。殿上酒一行毕,赞廊下从人拜,称"万岁"。赞各就坐。若传宣令饮尽,并拜,称"万岁"。赞各就坐。殿上酒三行,行茶、行肴、行膳。酒五行,候曲终,揖廊下从人起,赞拜,称"万岁"。赞各祗候,引出。曲破,臣僚并使副并起,鞠躬。赞拜,应坐臣僚并使副皆拜,称"万岁"。赞各祗候。引使副南阶下殿,丹墀内舞蹈,五拜毕,赞各祗候。引出。次引众臣僚下殿出毕,报阁门无事。皇帝起,声跸。

曲宴宋使仪:昧爽,臣僚入朝,宋使至幕次。皇帝升殿,殿前、教坊、契丹文武班,皆如初见之仪。宋使副缀翰林学士班,东洞门入,面西鞠躬。舍人鞠躬,通文武百僚臣某以下起居,七拜。谢宣召赴宴,致词讫,舞蹈,五拜毕,赞各上殿祗候。舍人引大臣、使相、臣僚、使副及方茵朵殿应坐臣僚,并于西阶上殿,就位立。其余不应坐臣僚并于西洞门出。勾从人入,起居,谢赐宴,两廊立,如初见之仪。二人监盏,教坊再拜,赞各上殿祗候。入御床,大臣进酒。舍人、阁使赞拜,行酒,皆如初见之仪。次行方茵朵殿臣僚酒,传宣饮尽,如常仪。殿上酒一行毕,两廊从人行酒如初。殿上行饼茶毕,教坊致语,揖臣僚、使副并廊下从人皆起立,候口号绝,揖臣僚等皆鞠躬。赞拜,殿上应坐并侍立臣僚皆拜,称"万岁"。赞各就坐,次赞廊下从人拜,亦如之。歇宴,揖臣僚起立,御床出,皇帝起,入阁。引臣僚东西阶下殿,还幕次内赐花。承受官引从人出,赐花,亦如之。簪花毕,引从人复两廊位立。次引臣僚、使副两洞门入,复殿上位立。皇帝出阁,复坐。御床入,揖应坐臣僚、使副及侍立臣僚鞠躬。赞拜,称"万岁",赞各就坐。赞两廊从人,亦如之。行单茶,行酒,行膳,行果。殿上酒九行,使相乐曲。声绝,揖两廊从人起,赞拜,称"万岁",赞"各好去",承受引出。曲破,殿上臣僚、使副皆起立,赞拜,称"万岁"。赞各祗候。引臣僚使副东西阶下殿。契丹班谢宴出,汉人并使副班谢宴,舞蹈,五拜毕,赞"各好去。"引出毕,报阁门无事。皇帝起。

贺生辰正旦宋使朝辞太后仪:臣僚、使副班齐,如曲宴仪。皇太后升殿坐,殿前契丹文武起居,上殿毕,宰臣奏宋使副、从人朝辞榜子毕,就位立。舍人引使副北洞门入,面南鞠躬。舍人鞠躬,通南朝国信使某官某以下祗候辞,再拜。不出班,奏"圣躬万福",再拜。出班,恋阙,致词讫,又再拜。赞各上殿祗候。舍人引南阶上殿,就位立。引从人,赞姓名,再拜。奏"圣躬万福",再拜,称"万岁"。赞"各好去",引出。殿上揖应坐臣僚并使副就位鞠躬。赞拜,称"万岁"。赞各就坐,行汤、行茶毕,揖臣僚并南使起立,与应坐臣僚鞠躬。赞拜,称"万岁"。赞各祗候,立。引使副六人于栏内拜跪,受书匣毕,直起立,揖少前,鞠躬,受传答语讫,退。于北阶下殿,丹墀内面殿鞠躬。舍人赞"各好去",引出,臣僚出。

贺生辰正旦宋使朝辞皇帝仪:臣僚入朝如常仪,宋使至幕次,于外赐从人衣物。皇帝升殿,宣徽、契丹文武班起居,上殿,如曲宴仪。中书令奏宋使副并从人朝辞榜子毕,臣僚并于南面侍立。教坊起居毕,舍人引使副六人北洞门入,丹墀北方,面南鞠躬。舍人鞠躬,通南朝国信使某官某以下祗候辞,再拜。起居,恋阙,如辞皇太后仪。赞各祗候,平身立。揖使副鞠躬。宣徽赞"有敕",使副再拜,鞠躬,平身立。宣徽使赞"各赐卿对衣、金带、疋段、弓箭、鞍马等,想宜知悉",使副平身立。揖大使三人少前,俯伏跪,揖笏,阁门使授别录赐物。过毕，俯起，复位立。揖副使三人受赐，亦如之。赞谢恩，舞蹈，五拜。赞上殿祗候，舍人引使副南阶上殿，就位立。引从人，赞谢恩，再拜。起居，再拜。赞赐宴，再拜，皆称“万岁”。赞各祗候，承受引两廊立。御床入，皇帝饮酒，舍人、阁使赞臣僚、使副拜，称"万岁"，皆如曲宴。应坐臣僚拜，称"万岁"。就坐，行酒，乐曲，方茵、两廊皆如之。行殽、行茶、行膳亦如之。行馒头毕，从人起，如登位使之仪。曲破，臣僚、使副皆起立，拜，称"万岁"，如辞太后之仪。使副下殿，舞蹈，五拜。赞各上殿祗候，引北阶上殿，栏内立。揖生辰、正旦大使二人少前，齐跪，受书毕，起立。揖磬折受起居毕，退。引北阶下殿，丹墀内并鞠躬。舍人赞“各好去”，引南洞门出。次引殿上臣僚南北洞门出毕，报阁门无事。

　　高丽使入见仪：臣僚常服，起居，应上殿臣僚殿上序立。阁门奏榜子，引高丽，使副面殿立。引上露台拜跪，附奏起居讫，拜，起立。阁门传宣“王询安否”，使副皆跪，大使奏“臣等来时询安”。引下殿，面殿立。进奉物入，列置殿前。控鹤官起居毕，引进使鞠躬，通高丽国王询进奉。宣徽使殿上赞进奉赴库，马出，担床出毕，引使副退，面西鞠躬。舍人鞠躬，通高丽国谢恩进奉使某官某以下祗候见，舞蹈，五拜。不出班，奏“圣躬万福”，再拜。出班，谢面天颜，五拜。出班，谢远接、汤药，五拜。赞各祗候。使副私献入，列置殿前。控鹤官起居，引进使鞠躬，通高丽国谢恩进奉某官某以下进奉。宣徽使殿上赞如初。引使副西阶上殿序立。皇帝不入御床，臣僚伴酒。契丹舍人通，汉人阁使赞，再拜，称"万岁"，各就坐。酒三行，肴膳二味，若宣令饮尽，就位拜，称"万岁"，赞各就坐。肴膳不赞，起，再拜，称"万岁"。引下殿，舞蹈，五拜。赞各祗候。引出，于幕次内别差使臣伴宴。起，宣赐衣物讫，遥谢，五拜毕，归馆。

　　曲宴高丽使仪：臣僚入朝，班齐，皇帝升殿。宣徽、教坊、控鹤、文武班起居，皆如常仪。谢宣宴，如宋使仪。赞各上殿祗候。契丹臣僚谢宣宴。勾高丽使入，面南鞠躬。舍人鞠躬，通高丽国谢恩进奉使某官某以下起居，谢宣宴，共十二拜。赞各上殿祗候，臣僚、使副就位立。大臣进酒，契丹舍人通，汉人阁使赞，上殿臣僚皆拜。赞各祗候，进酒，大臣复位立，赞应坐臣僚拜，赞各就坐行酒。若宣令饮尽，赞再拜，赞各就坐。教坊致语，臣僚皆起立。口号绝，赞再拜赞各就坐。凡拜，皆称"万岁"。曲破，臣僚起，下殿。契丹臣僚谢宴，中书令以下谢宴毕，引使副谢，七拜。赞"各好去"。控鹤官门外祗候，报阁门无事。供奉官卷班出。来日问圣体。

高丽使朝辞仪：臣僚起居，上殿如常仪。阁门奏高丽使朝辞榜子，起居、恋阙，如宋使之仪。赞各上殿祗候，引西阶上殿立。契丹舍人赞拜，称"万岁"。赞各就坐，中书令以下伴酒三行，肴膳二味，皆如初见之仪。既谢，赞"有敕宴"，五拜。赞"各好去"，引出，于幕次内别差使臣伴宴。毕，赐衣物，跪受，遥谢，五拜。归馆。

西夏国进奉使朝见仪：臣僚常朝毕，引使者左入，至丹墀，面殿立。引使者上露台立。揖少前，拜跪。附奏起居讫，俯兴，复位。阁使宣问"某安否"，鞠躬听旨，跪奏"某安"。俯伏兴，退，复位。引左下，至丹墀，面殿立。礼物右入左出，毕，阁使鞠躬，通某国进奉使姓名候见，共一十七拜。赞祗候，平立。有私献，过毕，揖使者鞠躬，赞"进奉收讫"。赞祗候，引左上殿，就位立。臣僚、使者齐声喏。酒三行，引使左下，至丹墀，谢宴，五拜。毕，赞"有敕宴"，五拜。祗候，引右出，礼毕。于外赐宴，客省伴宴，仍赐衣物。

西夏使朝辞仪：常朝毕，引使者左入，通某国某使祗候辞，再拜。不出班，起居，再拜。出班，恋阙、致词，复再拜。赐衣物，谢恩如常仪。若赐宴，五拜。毕，赞"好去"，引右出。